Inhalt

W0288183

Vorwort

Wir sind *unter anderem* türkisch. Niemand in diesem Buch will sich aufs Türkischstämmigsein reduzieren lassen. Wir wollen uns umgekehrt aber auch nicht abgrenzen, sondern einfach nur unsere weite deutsch-türkische Lebenswelt bewahren und zugleich für Neugierige öffnen. Wir sind die Brückengeneration, der die Türkei meist schon etwas fremd ist – und Deutschland nicht immer selbstverständlich. Unsere Eltern sind »türkischer« als wir, unsere Kinder und Kindeskinder werden »deutscher« sein. Schon die Sprache zeigt allerdings, wie skurril es ist, Herkunft oder Nationalität zu steigern: deutsch, deutscher, am deutschesten …

Und überhaupt passen wir in keine Playmobil-Uniform. Lebensgefühle und Lebenswirklichkeiten sind dafür zu vielfältig. Folglich haben wir keinen Anspruch auf irgendeine Vollständigkeit, schon gar nicht integrations- oder türkeipolitisch. Trotzdem versuchen wir, so etwas wie einen emotionalen Kern zu sammeln, ein gemeinsames Gefühl: die Ernsthaftigkeit, mit der wir einen Platz in der deutschen Gesellschaft suchen; die Selbstironie, mit der wir es tun; die Leidenschaft, die wir einsetzen, um über Hürden zu steigen, die Türken und Deutsche aufgestellt haben, und die Leichtigkeit, mit der wir uns zuweilen genau darum gar nicht scheren.

Was lebst du? ist eine Sammlung von – überwiegend sehr persönlichen, authentischen – kurzen Geschichten und Beobachtungen von jungen »Deutschländern«. In der deutschen Öffentlichkeit wird oft gefordert, dass »jene, die zu uns gekommen sind, auch ihre eigenen Geschichten erzählen. Ob die uns etwas angehen, ob sie gefährlich für uns sind oder bereichernd, das werden wir erst sagen können, wenn wir sie kennen.«

Hier sind sie!

Die Herausgeber

Türkisch für Anfänger

In diesem Buch kommen türkische Namen, Orte und Dialoge vor. Deshalb hier eine kleine Aussprachehilfe für türkische Schriftzeichen.

c: dsch
ç: tsch
ğ: stimmloses Dehnungs-g, wird nicht gesprochen (wie im Deutschen zum Beispiel das o in *Soest*)
ı: i ohne Punkt, wird gesprochen wie ein stimmloses, kehliges e
s: wird immer als scharfes s gesprochen
ş: sch
z: wird immer als weiches s gesprochen (wie im Deutschen das *s* in *Summen*)

Wo meine Wurzeln sind

Der Bahnhof

von Ayşegül Acevit

Er liegt direkt am Meer und ich hatte einmal gehört, dass es ein historischer Bahnhof sei. Aber immer, wenn ich an ihm vorbeikam, erschien er mir ganz gewöhnlich und langweilig. Der Haupteingang ist einer viel befahrenen Straße zugewandt und sieht aus, wie Bahnhofseingänge nun mal aussehen: grau und trist, mit Zeitungsständen und *Kebab*verkäufern. Es hatte mich nie gereizt, hineinzugehen.

Doch diesmal kam ich aus einer anderen Richtung auf den Bahnhof zu und sah ihn zum ersten Mal aus einer neuen Perspektive. An der ruhigen Seitenstraße bemerkte ich die wunderschön verzierte Fassade und die alte schwarze Lokomotive, die um die Ecke stand. Nanu? Ist das der Bahnhof, an dem ich sonst immer vorbeigegangen bin?, dachte ich und sah, dass früher der Eingang auf dieser Seite gewesen sein muss. Ich hob den Kopf zu dem riesigen Portal und staunte über die greisen, weißen Mauern.

Dann lief ich bewundernd an der Wand mit den alten Inschriften entlang und siehe da, ich stand vor dem Haupteingang. Diesmal konnte ich nicht anders und ging hinein. Eine belebte kleine Halle mit drei oder vier Bahnsteigen. In Deutschland wäre es vielleicht der Bahnhof einer größeren Kleinstadt. Links und rechts Glaskabinen mit Schaltern, in der Mitte blaue Gittertüren, die über einige Treppenstufen zu den Bahnsteigen führen. Kein moderner Bahnhof, eher nostalgisch gemütlich.

Plötzlich sah ich alte osmanische Inschriften an den Wänden und mehr und mehr wurde mir klar, wo ich mich gerade befand. Ich war als kleines Mädchen schon mal hier gewesen, aber ich hatte es vergessen. Dies war er, der Bahnhof, der meinem Leben eine neue Richtung gegeben hatte. Der Ort, an dem das Schicksal meiner Familie neu geschrieben worden war.

Hier schlug die Geschichte ein neues Kapitel auf. Von diesem Bahnhof fuhren die ersten Gastarbeiter nach Deutschland. Ich sah, wie mein Vater, ein stattlicher junger Mann mit schwarzen Haaren und Schnurrbart, mit einem alten Koffer in der Hand die Stufen hinaufschritt. Seinen neuen Anzug mit Hut und Krawatte hatte er sich von seinem letzten Geld gekauft. Dies war keine gewöhnliche Reise. Es war die erste lange Reise in seinem Leben und er wusste nicht, was ihn erwartete außer harter Arbeit und Heimweh. Ich sah, wie hunderte junger Männer in die Züge einstiegen, voller Aufbruchstimmung und voller Freude, voller Ungewissheit und voller Hoffnung. Wie sie sich verabschiedeten, von den Müttern, den Frauen, den Töchtern und Söhnen, die weinend zurückblieben. Wie sie versprachen, bald zurückzukommen, sie nachzuholen, irgendwann, hoffentlich, vielleicht in einem Jahr – oder zwei? Ich sah, wie mein Vater mir eine kleine Puppe in die Hand drückte, meine Mutter umarmte und uns verließ, während er in einem dieser Züge davonfuhr – nach Almanya. Hier also hatte unsere Geschichte angefangen.

Ich konnte mir die Tränen nicht mehr verkneifen und schlenderte den stillen Bahnsteig entlang, beobachtete die wartenden Menschen, den Schaffner, die Mütter mit ihren Kindern und die Jugendlichen, die auf den Bänken saßen. Ein ganz gewöhnlicher Bahnhof eigentlich. Keine Spur davon, welchen Geniestreich sich die Allmacht des Lebens hier ausgedacht hatte. Keine Spur von ihrer Freude am Experiment mit menschlichen Hoffnungen. Kein Hinweis darauf, wie es ausgegangen war. So, wie ihre Laune gekommen war, so war sie offenbar auch wieder gegangen. Ohne Ankündigung und ohne Abschied. Keine Hinweisschilder, keine Gedenktafeln. Als wäre nie etwas passiert. Nur in unserer Erinnerung dampfen sie noch, die Züge nach Almanya.

Der Botschafter von Niederbayern

von Django Asül

Das hat man nun davon. Man sagt voreilig zu, weil einem vorgegaukelt wird, dass man für so ein Buchprojekt prädestiniert sei. Die Euphorie darüber lässt dem Unterscheidungsvermögen keine Chance. Und schon ist man mittendrin im Schlamassel und hat auch nicht die Courage, sich mit Würde und Anstand beim Verlag zu melden, um zu melden, dass man nichts zu melden hat.

Die Grundidee für dieses Buch ist ja eigentlich nachvollziehbar: Türkischstämmige Menschen in Deutschland erzählen, wonach ihnen eben gerade ist. Und da beginnt schon das Unheil seinen Lauf zu nehmen. Also, nicht dass ich was dagegen hätte, wenn angebliche oder tatsächliche Fremdkörper auf bundesrepublikanischem Boden sich autobiographisch bis belletristisch oder gar polemisch äußern. Nein, das Problem liegt eher darin, dass ich ein schlechtes Gewissen habe. Ich habe dem Verlag etwas Schwerwiegendes verschwiegen: Im ursprünglichen Sinne bin ich gar nicht so richtig türkischstämmig. Und ich habe nie in Deutschland gelebt.

Aber jetzt, wo das Kind mit dem Bade ausgeschüttet ist, sollte man es auch beim Namen nennen beziehungsweise sich der Aufgabe stellen. Obwohl: Ich könnte mich aus moralischen oder auch staatsrechtlichen Gründen von diesem Projekt distanzieren. Denn es ist noch keine zwei Monate her, da fragten mich hochrangige Mitarbeiter des türkischen Konsulats in München, wann ich denn jetzt endlich gedenke, einen deutschen Pass zu beantragen. Das war nicht mal böse gemeint. Denn eigentlich bin ich im Konsulat ein gern gesehener Gast. Mindestens alle zwei Jahre sehen wir uns. Immer dann, wenn die Freistellung vom Wehrdienst verlängert werden muss. Da hat ja der türkische Staat so eine Art militärische Agenda 2010 für »Auslandstürken« geschaffen: Erst mit 38 Jahren muss man den Dienst für das Vaterland geleistet beziehungsweise sich freigekauft haben. Ich habe dem Konsul einmal für meinen Fall eine Mischform vorgeschlagen: Ich verzichte auf den Wehrdienst und im Gegenzug verzichtet der türkische Staat auf mein Geld. Da hörte beim Türken im Staatsdienst der Spaß aber auf.

Dabei weiß ich gar nicht, was in meinem Fall das Vaterland ist. Etwa das Land meines Vaters? Mein Vater verbrachte bis jetzt schon über 60 Prozent seiner bisherigen Lebenszeit in Bayern. Tendenz steigend. Und er hat im Gegensatz zu mir einen deutschen Pass. Wobei das genau der Widerspruch ist: Wieso kriegt ein türkischer Mann, der in Bayern lebt, einen deutschen Pass?

Um diese zentrale Frage drehen sich meine Skrupel, ob ich denn für dieses Buch schreiben soll. Ich bin geboren und aufgewachsen in Bayern und habe nach wie vor meinen Lebensmittelpunkt dort. Lediglich TV-Auftritte und Tourneen bringen mich in Länder wie Deutschland, Schweiz oder Österreich. Das ist jetzt keinesfalls Koketterie. Denn es passiert immer wieder, dass gewöhnliche Deutsche sehr ungewöhnlich reagieren, wenn sie wissen oder hören, dass ich in Bayern, ja sogar in Niederbayern lebe. Das veranlasst mich zu der mittlerweile empirisch belegten Annahme, dass das Bayerische im Besonderen mit dem Deutschen im Allgemeinen nicht viel zu tun haben kann.

Mit »dem Bayerischen« meine ich in erster Linie natürlich Altbayern ohne Franken. Denn Franken spricht Fränkisch und nicht Bayerisch. Und mentalitätsmäßig findet erst seit den letzten Jahren eine vorsichtige Annäherung zwischen Bayern und Franken statt. Die Franken mussten eine lange Durststrecke durchmachen, bis sie wieder dort ankamen, wo sie dereinst Karl der Große hinführte. Nach ihm kam nicht mehr viel. Das sieht man schon an den Namen der folgenden fränkischen Regenten: Karl der Kahle, Karl der

Dicke, Karl der Einfältige. Wahrlich nichts Ruhmreiches. Irgendwann kam zwar dann noch Karl der Käfer. Aber richtig nach vorne gebracht hat das die Franken auch nicht. Erst Günther Beckstein als unbeirrbarer Innenminister des Bayernlandes machte die Franken wieder salonfähig und verschaffte ihnen ein geschliffenes Image. Günther Beckstein war es auch, der von mir wissen wollte, warum ich denn noch keinen deutschen Pass hätte. Aber mit meiner niederbayerischen Sozialisation ist Deutschland für mich genauso weit weg wie die Türkei. Also würde nur ein bayerischer Pass Sinn machen. Und das habe ich Herrn Beckstein auch gesagt.

Während außerhalb Bayerns der Franke als vollwertiges Mitglied der deutschen Wertegemeinschaft aufgefasst wird, wird der Niederbayer in »Außerbayern« als der legitime Nachfahre der Barbaren wahrgenommen. Denn – um das fränkisch-bayerische Intermezzo wieder zu beenden – mir widerfährt ab und zu große Be- und Verwunderung ob meiner niederbayerischen Heimat. Und zwar von Menschen, die über eine sehr plakative Logik verfügen: Niederbayern ist CSU-Land. Die CSU ist eine ausländerfeindliche Partei. Also muss das Leben in Niederbayern für einen Ausländer die Hölle auf Erden sein.

Ich gebe zu: Wenn Niederbayern die Hölle sein soll, bin ich gerne ein Höllenkind. Zu schön war und ist das Leben dort. Zu idyllisch und harmonisch war die Kindheit seit meiner Geburt. Zu intensiv sind die Bande, die in drei Jahrzehnten geknüpft wurden und heute stärker sind denn je. Das klingt jetzt alles fürchterlich nach Heimatfilm und Regionalpathos. Und bei genauerem Nachdenken muss ich eigentlich auch zugeben, dass mein privater Alltag zu Hause ein regionalpathetischer Heimatfilm ist. Nur passt das eben nicht so sehr in das typische Bild von einem »Einwandererkind«. Die klassische Laufbahn habe ich kläglich verfehlt: Keine Hauptschule, keine abgebrochene Lehre, kein Dasein am Fließband einer Fabrik. Kein einziger Gang zum Sozialamt. Und das

Allerschlimmste: Ich spürte nie den Kampf der Kulturen in mir. Es kann also durchaus stressfrei sein, als Kulturbanause umherzustreunen.

Dass ich nie zwischen irgendwelchen imaginären interkulturellen Stühlen saß, daran sind alle schuld: meine Eltern, die Nachbarschaft, die Lehrer und was weiß ich noch wer. Meine Eltern gaben mir nie das Gefühl, dass wir hier »woanders« leben. Die Nachbarschaft war nie der Meinung, dass wir »irgendwie anders« seien. Die Grundschullehrer gaben sich nie sonderlich Mühe, mir vernünftiges Deutsch beizubringen. So blieb nur der pragmatische Ansatz, dass ich ohne Sonderrechte und -pflichten lediglich einer von vielen war und das Beste daraus machen musste.

Mein Exotenstatus kam nur in Randbereichen zum Tragen. Wenn wir türkische Gäste daheim hatten oder selber bei befreundeten Gastarbeitern eingeladen waren, kam ich mir wie ein Fisch ohne Wasser vor. Mein Türkisch war sowieso bis zu meinem zwölften Lebensjahr ein löchriges Fragmentarium. Und die anatolische Küche war mir damals schon ein kulinarisches Stonehenge, sofern nicht von meiner Mutter zubereitet.

Das deutsche Fernsehen tat ebenso das Seine dazu, um mir ab und an meine Abnormität vor Augen zu führen. Was heißt hier meine – es ging um die Abnormität meiner gesamten Umwelt. Im Fernsehen wurde gepflegtes Deutsch gesprochen. Das kannte ich weder aus den Dialogen mit den Gleichaltrigen noch aus der Konversation mit der Erwachsenenwelt. Da der Fernseher kein direkter Gesprächspartner war, fiel das nicht weiter ins Gewicht. Beim täglichen Umgang mit den Ureinwohnern Niederbayerns wäre man mit der deutschen Sprache nicht allzu weit gekommen. Abgesehen vom Dialekt gibt es eine schier unendliche Hülle und Fülle von Spezialausdrücken, die das Niederbayerische quasi zu einer Art verklausulierter Geheimsprache macht. Dadurch wurde ich natürlich auch in meiner Grundschulzeit oft Zeuge von extremen semantischen Verwerfungen, wenn so manch ein Sprössling eines Bauernhofes seinen Erlebnisaufsatz frei von jeglichen germanistischen Einflüssen verfasste. Auch wenn ich mich von diesen Naturburschen akustisch in keinster Weise unterschied, beherrschte ich »Deutsch in Schriftform« als erste Fremdsprache glänzend.

Apropos Fremdsprache: Der anfangs angedeutete Umstand, gar nicht so richtig türkischstämmig zu sein, fiel mir sehr früh auf. Vor allem in der Türkei sprachen meine Eltern sehr oft und fließend Arabisch. In der weit verzweigten Verwandtschaft gibt es sogar Leute, von denen ich heute noch behaupte, dass sie gar kein Türkisch können. Des Rätsels Lösung: Die Vorfahren meines Clans kamen vor Urzeiten aus einem Eck, das heute auf syrischem Territorium liegt. Damals war ja alles da unten das Osmanische Reich, das durch eine höchst einseitig formulierte Gebietsreform mit repressiven Elementen zu beachtlicher Größe wuchs. So wurde Arabisch bis zur Generation meiner Eltern zur Alltagssprache am östlichen Ende des Mittelmeers. Und damit stellt sich eben die Frage, ob ein Niederbayer mit arabischem Hintergrund das Recht hat, sich in diesem Buch zu präsentieren. Muss sich der Herausgeber nicht der Themaverfehlung bezichtigen lassen? Verwässert der Verlag mit meinem Beitrag nicht das ganze Werk? Wie werden all die Autoren und Leser reagieren, die tatsächlich Türken sind oder waren und sich mit einem Leben in Deutschland herumplagen müssen, während ich in der bayerischen Oase ein sorgenfreies Dasein friste?

Gut, das braucht mich eigentlich nicht näher zu beschäftigen. Ebenso bin ich juristisch nicht zu belangen in dieser Angelegenheit, da ich Diplomatenstatus genieße. Seit Oktober 2004 bin ich auf Initiative des Bayerischen Staatsministers Erwin Huber tatsächlich Botschafter von Niederbayern. Sollte der Verlag irgendwann ein Buch planen, in dem niederbayerische Autoren über ihr Leben in Bayern berichten, werde ich wohl keine Skrupel haben, mich darin temporär zu verewigen …

Die Türkei ist da oben

von Erdoğan Atalay

Für Amira

Wenn ich meine Tochter frage, wo die Türkei ist, streckt sie ihren Arm hoch, zeigt mit dem Finger in den Himmel und sagt: »Die Türkei ist da oben!«

Mit ihren fast zwei Jahren beschreibt sie damit den Weg des Flugzeugs in den Wolken. Wie soll sie auch schon wissen, dass die Türkei zum einen Teil zu Europa gehört und der Rest in Asien liegt. Es ist ihr völlig egal. Wenn ich ihr erklären würde, dass Opa sein Haus auf einem anderen Planeten hat, nähme sie das selbstverständlich auch völlig wertfrei zur Kenntnis. Länder, Kontinente, Nationalitäten, Religionen und Hautfarben, das alles ist für sie sicher interessant, aber noch ohne Bedeutung. Es ist, weil es ist. Ich weiß nicht genau, wann wir Menschen anfangen, unserer Herkunft eine Bedeutung zu geben, sicher ist nur, dass es irgendwann geschieht.

Da mein Vater aus der Türkei kommt, meine Mutter aus Deutschland stammt und ich Türkisch nie gelernt habe, bin ich für viele ein Deutscher mit türkischem Vater, ein Türke mit deutscher Mutter, ein Deutscher mit türkischem Namen, ein Türke, der kein Türkisch spricht, oder ein in Deutschland geborener und aufgewachsener Halbtürke. Mein Vater war einer der ersten türkischen Gastarbeiter und politisch engagiert, so dass die für ihn fremde Sprache von größter Wichtigkeit war. Deshalb sprachen wir deutsch.

Mir war meine Herkunft selbstverständlich, und da ich nicht

gläubig erzogen wurde, wunderte ich mich sehr darüber, dass ich in meiner Schulzeit vom normalen Religionsunterricht ausgeschlossen sein sollte. Der Lehrer erklärte mir, ich dürfe nicht teilnehmen, weil ich ein Muslim sei. Ich wusste gar nicht, was das ist, ein Muslim, ich war nur verärgert, weil ich nicht dabei sein durfte. Der Lehrer ging – wohl wegen meines Namens – davon aus, dass ich in der orientalischen Religion eng verwurzelt war und meine Eltern es missbilligen würden, wenn ich mich mit einer fremden Religion beschäftigte. Als mein Vater davon erfuhr, stellte er den Lehrer zur Rede, klärte das Vorurteil auf und ich hatte später eine Eins in Religion.

Ich denke, die wenigsten Menschen haben die Möglichkeit, aus sich selbst heraus ihre Wurzeln zu entdecken, meistens weist schon die Außenwelt darauf hin, dass bei ihnen etwas anders ist. Meine Tochter ist, wenn man das so beschreiben mag, noch ein Viertel türkisch. Was bringe ich ihr bei, später, was kann ich ihr über dieses Viertel erzählen? Sie wird höchstwahrscheinlich nicht mehr in die Situationen kommen, dass ihr ein deutscher Beamter in gebrochenem Deutsch und sehr eindringlich beizubringen versucht, dass sie ein Formular für was auch immer so und so ausfüllen muss, weil er selbstverständlich davon ausgeht, dass jemand mit einem türkischen Namen nichts versteht. Oder dass plötzlich ihr deutscher Pass, obwohl er bloß verlängert werden soll, einbehalten wird und sie nachzuweisen hat, rechtmäßige Deutsche zu sein.

Ich bin als türkischer Staatsbürger geboren, weil man damals automatisch die Nationalität des Vaters bekam. Aber die Regierung fand sieben Jahre nach meiner Geburt heraus, dass Menschen, die in Deutschland aufwachsen und einen deutschen Elternteil haben, doch auch irgendwie dazugehören sollten. Also bürgerte man diese Menschen ein. Ich hielt das erst für einen Irrtum, als ich nach über 30 Jahren meinen Reisepass, der nur verlängert werden sollte, bei der Meldestelle abholen wollte und mir ein Beamter mitteilte, dass auf meiner Akte ein Kreuz sei.

»Was für ein Kreuz?«, fragte ich.

»Das Kreuz, hinter dem *Vermerk* steht.«

Ich wechselte den Beamten und fragte nach.

»Wer sagt denn, dass Sie, nur weil Sie einen deutschen Pass haben, auch Deutscher sind?«, war die Antwort.

»Was soll ich denn Ihrer Meinung nach sonst sein? Ich habe gar keinen anderen Pass.«

Der Beamte schaute mich mit einer Mischung aus Distanz und der Gewissheit, im Recht zu sein, an. »Sie haben einen türkischen Namen!«

Prima, dachte ich, haben Sie das ganz alleine herausgefunden?

»Gesetzt den Fall, es würde sich herausstellen, dass ich, wie auch immer, vor über 30 Jahren fälschlicherweise in den Besitz der deutschen Staatsbürgerschaft gekommen bin, was passiert dann?«

»Dann würden wir Ihnen die deutsche Staatsbürgerschaft aberkennen und Sie müssten sie neu beantragen.«

»Ist das nicht ein bisschen schwachsinnig nach so langer Zeit?«

»So sind die Gesetze, die machen wir nicht!«

Ich musste mich sehr beherrschen, nicht ausfallend zu werden, zumal es im Ermessen des Beamten liegt, ein Kreuz zu machen oder nicht, aber für diesen Beamten war es selbstverständlich, dass geforscht werden muss, wenn nicht Erwin Müller draufsteht.

Man hat mir auch mal nahe gelegt, meinen Namen aus beruflichen Gründen zu ändern, weil der mich festlegen würde. Natürlich gibt ein Name den ersten Hinweis auf die eventuelle Herkunft, aber man kann doch erwarten, dass sich die Mitmenschen damit nicht zufrieden geben.

Wahrscheinlich erfüllt die Abgrenzung zu anderen Menschen, selbst im offenen und sympathischen Sinn, den Zweck, bewusst oder unbewusst, sich selbst besser zu definieren, um in den unterschiedlichen Sicht- und Lebensweisen der Vielfalt der Kulturen und Religionen seinen Platz zu finden – sofern man damit überhaupt in persönliche Berührung kommt. Ich finde es oft amüsant, dass Bekannte sich bei mir entschuldigen, bevor sie sich negativ über Ausländer äußern – als ob ich eine Art Repräsentant wäre.

Als ich mit meiner Studienklasse im Jahre 1987 nach Leningrad in die Sowjetunion fuhr und wir versuchten, in einem der wenigen Lokale etwas zu trinken, kam plötzlich ein alter hinkender Mann auf mich zu und fragte mich, ob ich Deutscher sei. Ich zögerte ein bisschen mit der Antwort, nicht weil ich ein Identitätsproblem hatte, sondern weil ich wusste, dass es in Leningrad, dem heutigen Sankt Petersburg, kaum eine Familie gab, die nicht ein Opfer des Zweiten Weltkriegs zu beklagen hatte. Ich war mir nicht sicher, wie seine Antwort ausfallen würde, aber es interessierte mich und so bestätigte ich, dass ich aus Deutschland sei. Der Mann bat mich, einen Moment zu warten, ging an die Theke und kam mit zwei Wodkagläsern zurück. Er stellte mir eines hin und mit den Worten: »Lass uns den Krieg vergessen«, kippte er sein Glas hinunter. Damals dachte ich noch, was für eine groteske Situation, den staatlichen Institutionen in Deutschland ständig nachzuweisen, dass ich Deutscher bin, und in diesem Fall stellvertretend für die grauenvolle deutsche Geschichte einen Freundschaftsdrink einzunehmen. Heute weiß ich allerdings, dass mein deutscher Großvater im Kessel von Stalingrad gekämpft hat und als einer der Letzten gerettet wurde. Er kam aus Ostpreußen, das heute zu Polen gehört. Wenn er dort geblieben wäre, hätte er die polnische Staatsbürgerschaft bekommen, und wenn mein türkischer Urgroßvater im Osmanischen Reich in seiner Heimat Georgien geblieben wäre, wäre ich heute entweder gar nicht vorhanden oder ein polnischer Kaukasusgeorgier, der in Deutschland lebt. Irgendwie ist die Frage nach der Staatsbürgerschaft sehr eng mit den Ereignissen der Geschichte verknüpft.

Ich kann nicht sagen, dass ich ein Weltenbummler zwischen Orient und Okzident bin. Ich verbringe die meiste Zeit in Deutschland und das wird wohl auch auf absehbare Zeit so bleiben. Deutsch ist die Sprache, mit der ich aufgewachsen bin, und wenn man den Begriff »Heimat« damit beschreibt, wo die meisten Erinnerungen liegen und man sich wohl fühlt, dann ist es Deutschland. Aber ich empfinde ein großes, warmes Gefühl für die Türkei und eine Solidarität den Menschen gegenüber. Mir ist die Mentalität vertraut, die Melodie der Sprache, obwohl ich sie nicht verstehe.

Jedes Mal, wenn ich in die Türkei einreise und ein ernst dreinschauender Einreisepolizist meinen deutschen Pass begutachtet, spricht er mich auf türkisch an, und jedes Mal habe ich das Gefühl, dass er beleidigt ist, weil ich nicht antworten kann.

Als ich einmal versehentlich durch die Absperrung des Flughafens von Antalya gelaufen bin, um einen Freund zu verabschieden, hielten mich Polizisten auf, die wissen wollten, was ich vorhabe. Ich versuchte ihnen mit Händen und Füßen zu erklären, dass ich bloß hinterherwinken wollte. Es kam ein Offizier, verlangte meinen Pass und fragte mich auf Türkisch, wo ich herkomme. Das konnte ich erschließen. Ich antwortete auf Englisch und merkte, wie sich sein Gesicht verfinsterte. Er glaubte, ich hätte etwas zu verbergen. Nun fragte er immer und immer wieder dasselbe: »Where do you come from?«

Und ich antwortete immer wieder: »From Germany.«

Der Offizier verzog keine Miene und starrte mich mit seinen stahlblauen Augen böse an. Ich wurde immer nervöser und sah mich schon in einem dunklen Verlies um ein Telefongespräch betteln.

Plötzlich fragte er mich: »Where is your father born?«

Und bis heute weiß ich nicht, wie ich auf diesen Städtenamen kam. Ich schaute ihn verzweifelt an: »Erzurum?«

Erzurum liegt sehr weit östlich in der Türkei, mein Vater aber ist an der Westküste in Izmir geboren. Das wusste ich natürlich, aber mein Gehirn war aufgrund der stupiden Befragung und der Aussicht auf eine Menge Ärger irgendwie fehlgeleitet.

Der Offizier lächelte mich plötzlich an und erklärte mir, dass er auch aus Erzurum käme.

Peinlicherweise fragte er weiter, wo genau mein Vater geboren wurde, aber da mir diese Stadt völlig unbekannt ist, sagte ich ihm: »Im Zentrum.«

Als er irgendeinen bedeutenden Platz nannte, nickte ich heftig. Nun lachten wir beide, er gab mir meinen Pass zurück und verabschiedete sich. Ich will mir nicht vorstellen, wie es weitergegangen wäre, wenn ich Izmir gesagt hätte …

Nur, warum habe ich eigentlich nie Türkisch gelernt? Weil ich es nie wirklich gebraucht habe. Fast alle meine türkischen Verwandten sprechen besser englisch als ich. Die Türkei war zwar oft gegenwärtig, aber nie so dominant, dass es für mich den Kraftaufwand gerechtfertigt hätte, diese schwere Sprache zu lernen. Erst jetzt beginne ich, mich damit auseinander zu setzen und diesen verschütteten Teil langsam auszugraben, um zumindest eine simple Unterhaltung führen zu können. Und da wir unserer Tochter diesen Teil der Welt und ihrer Herkunft nicht vorenthalten möchten, ist es an der Zeit.

Die Türkei ist für mich auch immer ein bisschen abenteuerlich. Die Zeit hat dort einen anderen Rhythmus, die Menschen sind oft gelassener, viele Speisen sind mir vertraut sowie der Geruch der Städte, insbesondere der Duft des Eau de Cologne, der, seit ich denken kann, Bestandteil der Busreisen ist. Ich schätze den Respekt vor älteren Menschen, den Familiensinn, die Offenheit und natürliche Selbstverständlichkeit, mit denen man Kindern begegnet. Ich muss mich immer erst daran gewöhnen, dass wildfremde Menschen ungefragt unsere Tochter auf den Arm nehmen und herzen, aber es ist ein Symbol für die Anerkennung und das Willkommensein der noch kleinen Generation. Es fühlt sich niemand gestört, Kinder sind ein wichtiger Bestandteil der Gesellschaft. In Deutschland ist diese Art leider nicht selbstverständlich und ich frage mich zuweilen, ob manche Menschen vergessen haben, dass sie selbst einmal klein waren.

Irgendwann, wenn für unsere Tochter die Türkei nicht mehr nur da oben sein wird, dann wird sie mich vielleicht fragen, was dieses Land mir bedeutet. Und vielleicht werde ich einen Moment überlegen und sagen: »Was bedeutet es dir?«

Alaturka Höflichkeit

von Birand Bingül

Die Gastfreundlichkeit der Türken ist ja inzwischen fast sprichwörtlich. Wirklich jeder deutsche Türkei-Urlauber schwärmt mir davon vor.

Viel weniger bekannt ist, dass die Türken auch sehr schöne Rituale der Höflichkeit haben, richtig knigge. Leider haben meine Landsleute es bisher verpasst, dies in Deutschland unters Volk zu bringen. Also holen wir das jetzt an dieser Stelle in einem Crashkurs nach. Schließlich können nicht nur die Türken jede Menge von den Deutschen lernen, die türkische Höflichkeit stünde den ohnehin sehr zuvorkommenden Deutschen – Danke schön! Bitte schön! – sicher gut zu Gesicht.

Beispiel eins: Geht man an jemandem vorbei, der schwer arbeitet – insbesondere körperlich –, sagt man: »Kolay gelsin! Es möge leicht fallen.« Eine kleine Anerkennung ist das, eine Respektbekundung für den Hausmeister, der die Wand neu streicht; für die Putzfrau, die die Treppen reinigt; oder für einen Bauarbeiter, der die Straße repariert. Wie oft bin ich hier peinlich berührt, wenn ich quer über frisch gewischte Fliesen laufen muss und der Putzfrau nicht dieses »kolay gelsin« zurufen kann. Es möge leicht fallen, danke schön – daraus entwickelt sich in der Regel kein Gespräch, es ist ein Zuruf im Vorübergehen.

Ich mag auch sehr den türkischen Höflichkeitsakt, wenn jemand niest. In Deutschland sagt man: »Gesundheit!« – »Danke.« Das war's. Unter Türken geht das so: Jemand niest, der andere sagt: »Çok yaşa!«, das heißt: Lebe lang! Was sich mit dem deutschen »Gesundheit« in etwa gleichsetzen lässt. Dann aber kommt der türkische Extradreh. Der Nieser erwidert nämlich: »Sen de gör! Mögest du es sehen und erleben.« Die Logik finde ich bestechend: Du wünschst mir Nieser Gesundheit, also wünsche ich dir auch Gesundheit, als Dank dafür, dass du mir Gesundheit gewünscht hast. Man wünscht dem anderen also Gesundheit, obwohl er gar nicht krank ist. Prophylaktisch sozusagen, einfach aus Höflichkeit. Wundervoll!

So richtig nobel finde ich eine Höflichkeitsform, bei der eigentlich gar nicht gesprochen wird. Unter Türken ist es ungeschriebenes Gesetz, dass Jüngere in Bussen und Bahnen den Älteren ihren Sitzplatz abgeben. Und zwar ohne Kommentar, ohne Brimborium. Im hektischen Istanbul ist das ein wahres Schauspiel: Ein junger Student springt auf, tippt der Oma an die Schulter, sie wird sich womöglich mit: »Danke, mein Sohn«, erkenntlich zeigen, aber der Jüngere wendet sich bereits mit großer Selbstverständlichkeit ab. Mit Würde und Grandezza. Und das Schöne ist: Neulich habe ich das auch hier gesehen, wie ein türkischer Jugendlicher ungefragt seinen Platz für eine ältere deutsche Dame räumte. Zur Nachahmung empfohlen.

Und wenn ich irgendwann zwei Deutsche höre, die: »Gesundheit!« – »Ihnen auch«, sagen, dann müssen wir bei der Integration einen ganz speziellen Schritt weitergekommen sein.

Attacke!

von Birand Bingül

Gleich werden sie uns wieder attackieren«, flüstert mir meine Cousine Zeynep zu und lächelt mich schicksalsergeben an. Ich nicke. Ich bin zu Besuch bei meiner Istanbuler Verwandtschaft. Das läuft so ab, dass jeden Abend zu meinen Ehren ein circa zwölfgängiges Menü serviert wird. Feinste Vorspeisen à la Auberginenpüree, Zwischengänge wie *Börek*, ordentlich Fleisch und schließlich Desserts wie *Kazandibi*, danach Melonen und Eis.

Die eigentliche Attacke ist aber nicht das Essen, sondern das Dauerfeilbieten, das der jeweilige Gastgeber veranstaltet.

»Möchtest du noch *Börek*?«

»Nein, danke. Ich hatte schon.«

»Ganz sicher nicht?«

»Ja, wirklich nicht mehr, vielen Dank.«

»Ich habe es ganz frisch gemacht.«

»Es schmeckt auch fantastisch. Aber ich kann nicht mehr. Hier sind so viele leckere Sachen – und ich will sie ja alle probieren können.«

»Na gut, du musst es wissen«, sagt sie – und legt raffiniert den Kopf zur Seite. Ein flehender Blick. Ich bleibe hart und schenke ihr ein geduldiges, buddhistisches Lächeln.

Attacke abgewehrt. Bis fünf Sekunden später meine Tante von ihrem Stuhl aufspringt, wie von der Tarantel gestochen, und – bereits mit beiden Händen an der entsprechenden Schale – fragt: »Willst du vielleicht schon mal etwas Obst?«

»Nein, danke, ich muss mal eine Pause machen.«

»Ach so, mach dir ruhig den obersten Knopf auf. Oder nimm noch etwas Wasser.«

»Nein, wirklich lieben Dank, ich habe von allem reichlich und genug – und vorher gab es ja auch so einiges«, verweise ich auf unser Mittagessen bei meiner anderen Tante.

»In Ordnung, na gut, aber sag, wenn du etwas willst, ja?«

»Natürlich, Tante.«

»Fein … Ich sag dir schon mal: Diese Wassermelone, die hat mir mein Händler wärmstens empfohlen. Davon musst du gleich probieren. Nur einen Happen – für mich.«

Meine Cousine und ich sehen uns nur kurz geheimbündlerisch an, gerade lange genug, um sich gegenseitig zu vergewissern, dass die anderen irre sind und nicht wir.

Dieses übermäßige Insistieren und Anbieten nennt man in der Türkei *israr*. Das Ganze wiederholt sich bei jedem Gericht in etwa zwei- bis dreimal. Attackeee! Vielleicht kann der eine oder andere nachvollziehen, dass mich das gelegentlich aggressiv macht. Noch weit bevor Land in Sicht ist – also deutlich vor dem Dessert, dem folgenden Obst und dem abschließenden Eis –, beginne ich quer zu schießen. Ich unterbreche die Kaskade von Höflichkeiten und Gegenhöflichkeiten mit Sätzen wie: »Vielen, vielen Dank, Tante, aber es geht nichts mehr.« Das heißt so viel wie: Ich spiele nicht mehr mit. Im Sandkasten früher hat das funktioniert. Hier nicht. Irgendein ungeschriebenes türkisches Gesetz besagt, dass nicht der Gast zu entscheiden hat, wann das Spiel zu Ende ist, sondern der Gastgeber. Meine Tante hat die Macht – Scharfrichterin meiner Gedärme.

Nächste Eskalationsstufe: Ich sage Dinge wie: »Ich bin älter als drei, ich habe Augen im Kopf, ich habe zwei Hände, ich kann es selber nehmen. Setzt euch hin, lasst uns einfach in Ruhe essen.«

Meine Tanten sehen mich dann eine Schrecksekunde lang mit großen Augen an und sagen: »Tamam, okay … brauchst du nur zu sagen … aber dieser Salat, den habe ich …« – Sie wissen, wie es weitergeht.

Ich spüre, wie in mir nicht nur gigantische Blähungen und ähnlich formatierte Fettpolster entstehen – sondern auch, als Abfallprodukt, Zorn. Feinster, frischer Zorn. Dieses Mal fresse ich ihn nicht in mich hinein. Liebe Verwandte, ich kann, will und werde nicht meine Liebe und Zuneigung in gegessenen Kilogramm pro Stunde zum Ausdruck bringen! Deshalb mache ich dieses Mal Revolution. Ich verlasse die harmlose Ebene familienfreundlicher Floskeln und rede Tacheles. Ich verlange vehement, dass meine Verwandtschaft bei meinen Besuchen die Kulturtechnik *israr* ausfallen lässt!

In der Folge entspinnt sich eine Grundsatzdiskussion, die nur bei der SPD länger dauern könnte. Konsens ist schließlich: Der Gastgeber will mit *israr* seine Gäste nicht nerven. Er geht davon aus, dass sein Gast zu freundlich und zu bescheiden ist, um sich zu nehmen, was er will. Und selbst wenn er Gerichte angeboten bekommt, wird er aus reiner Höflichkeit ein- bis fünfmal ablehnen, bevor er dann doch etwas nimmt, weil er ja tatsächlich auch etwas haben wollte. Superlogik! Die kannte ich ja schon.

Ich schlage vor, die deutsche Variante mit einmal Nachfragen einzuführen, was gnadenlos scheitert. Wir einigen uns aber darauf, mich nicht unbedingt als Gast zu betrachten und den ganzen Zirkus etwas einzuschränken.

Konsens. Sieg! Auf der ganzen Linie. Meine Cousine wirft mir einen respektvollen Blick zu, zwischen zwei Bissen, sie muss sich noch bei der Familie – wahlweise beim Europäischen Gerichtshof für Menschenrechte – als »Nicht-Gast« anerkennen lassen.

Dann lehnt sich meine Tante zu mir und sagt: »Ach, Birand, du siehst richtig gut aus. Du hast abgenommen, nicht?«

»Nein.«

»Doch, ganz sicher, seitdem ich dich das letzte Mal gesehen habe, hast du richtig abgenommen.«

»Also, meine Waage zu Hause sagt sogar, dass ich zugenommen habe.«

»Quatsch, nein, du hast niemals zugenommen. Im Gesicht ist er viel schmaler geworden, findest du nicht?«, fragt sie meine Mutter, die schon bereitwillig nickt. Meine Cousine grinst weise.

Ich beiße mir auf die Lippen. Tief atmen. Buddhistische Geduld erflehen. Und einfach einsehen: Mission impossible.

Türkenkost

von Ayşegül Acevit

Der Rhein glitzerte schöner als sonst. Es war Sonntag und die Sonne schien. Genau der richtige Tag, um auf dem Flohmarkt nach Raritäten zu suchen, dachte ich.

Entlang der Rheinuferpromenade standen sie schon, die Verkäufer von allem, was andere nicht mehr haben wollen. Handtaschen von verstorbenen Damen, wackelnde Stühle aus leer geräumten Wohnungen und Schmuck aus alten Schatztruhen oder aus Taiwan – alles konnte man hier finden. Ein Stand neben dem anderen war aufgereiht und dazwischen *Rievkoche*, *Döner* und *Chapati*. Ein Grund, warum ich Flohmärkte liebe, liegt darin, dass man sich dort fühlt wie auf orientalischen Bazaren. Ein weiterer ist, dass man Menschen und Waren aus aller Welt begegnet. An jedem Stand hätte ich eine halbe Stunde stöbern können, aber das Gedränge und Geschubse trieb mich schneller voran, als mir lieb war.

So landete ich an einem großen Tisch mit Küchenzubehör aus Blech und Glas: Keksdosen, Bonbondosen, Kaffeedosen, Butterdosen, verrostete Dosen und glitzernde Dosen. Da ich es liebe, Gegenstände zu betasten, nahm ich das eine oder andere Teil auf und begutachtete es, darunter eine kleine, goldfarbene Blechdose, die schon halb verrostet war. Nichts Besonderes eigentlich. Etwas größer als eine Zigarettenschachtel mit einem auf den ersten Blick schwer erkennbaren roten Motiv und schwarzer Schrift. Ich drehte und wendete die Dose hin und her, und zwischen Rost und Staub lachte mich ein Mann mit einem roten osmanischen Filzhut an. Sollte das ein Türke sein? Er hatte schwarze Haare, einen dicken, schwarzen Schnurrbart, trug ein weißes Hemd und eine rote Weste und hatte ein Gebetskettchen in der Hand. Ich war aufgeregt. Was war das? Hatte ich etwa ein altes Schätzchen aus der Türkei gefunden? Vorsichtig kratzte ich an dem Rost und wischte den Staub ab. Allmählich kam die Schrift zum Vorschein. Altdeutsche Schrift. Direkt über dem Kopf des Mannes. Ich versuchte sie zu entziffern. Tü – Tür –Tür-ken, Ko – Kost. Türkenkost? Ich musste lachen. Türkenkost? Was ist denn das? Ich drehte die Dose um, machte den Deckel auf und zu und rätselte. Türkenkost. Was konnte das sein? Zumindest war es offenbar eine deutsche Dose. Aber der Inhalt? Was war da drin gewesen? Auf der Innenseite des Deckels konnte man ganz schwach die Zahl 1873 erkennen. Ich erwischte mich dabei, dass ich begann, an der Dose zu riechen, und musste über mich selbst lachen. 1873, Ayşegül, sagte ich zu mir, da ist doch kein Geruch mehr drin. Aber die Sinne kennen keine Zeit und hoffen.

Der Mann auf dem Deckel hatte eine Zigarette im Mund und in dem verrosteten Text, der kaum zu erkennen war, las ich das Wortende »-spezialität«. Ich feuchtete die Schrift ein wenig an und sie wurde deutlicher. »Eine erlesene Tabakspezialität aus der Türkei«, war da zu lesen. Also doch Türkei? Irgendetwas hatte diese Dose mit der Türkei zu tun. Mein Herz machte einen Luftsprung und meine Gedanken begaben sich auf Reisen.

In den vergangenen Jahrhunderten wurde Tabak aus der Türkei nach Deutschland importiert. Es gab große Fabriken, in denen er dann weiterverarbeitet wurde. Diese warben damit, dass sie nur »original türkischen Tabak« verwendeten. Nur das Beste, sollte das wohl heißen. Es muss eine Zeit gewesen sein, in der die Türkei im Westen noch bewundert wurde. Eine muselmanische Großmacht, die über ein riesiges Reich verfügte, vom Balkan bis zum Nahen Osten. Die »Türkenmode« im Europa des 15. Jahrhunderts lag schon lange Zeit zurück, aber der Orient galt immer noch als exotisch und geheimnisvoll. Der Orient, das war auch die Türkei. In einem Teil von ihr spielten die *Geschichten aus 1001 Nacht*, die 1706 Frankreich, dann bald ganz Europa eroberten und schließlich nach Deutschland kamen. Sie waren der Rahmen, in den der Westen seine Träume hineinprojizierte. Träume von verbotener Sinnlichkeit und ketzerischer Lust. Träume von frevelhaftem Genuss und sündiger Leidenschaft. Träume, die Christen zu reuigen Schäfchen in den Beichtstühlen oder zu ewigen Bewohnern des Höllenfeuers gemacht hätten. Wie gut hatte es da doch der muselmanische Türke. Ohne ein schlechtes Gewissen haben zu müssen, konnte er sich hemmungslos den irdischen Freuden hingeben: Lieben, leben und – rauchen.

Mir fielen die Bilder aus alten Hollywoodfilmen ein. Dudelige Musik, enge verwinkelte Gassen, lebhafte, windige Basare, geheimnisvoll verschleierte Frauen. Osmanische Türken mit roten Filzhüten und Pluderhosen schlendern zwischen glitzernden Goldwaren und duftenden Gewürzsäcken umher, während Marktschreier ihre Waren anpreisen. Und dann liegen sie im kühlenden Schatten einer Platane auf einem fliegenden Teppich und rauchen eine blubbernde Wasserpfeife mit köstlichem Tabak. Türkischem Tabak. Genuss pur.

Die Fabrik, in der der Tabak verarbeitet wurde, ist irgendwann von der Bildfläche verschwunden. So wie der Türke auf dem Teppich. Nur diese Tabakdose ist geblieben. Ein Relikt aus einer Welt, die vom Zeitgeist einfach weggezaubert wurde. »Buff.«

Ich fühlte mich wie eine Archäologin, die einen seltenen Fund gemacht hatte. Er war rostig und hart und kühl, aber er war ein Teil meiner Vergangenheit. Mitten in Köln. »Türkenkost für deutsche Raucher.« So alt war unsere Beziehung schon. Ich musste schmunzeln, klappte die Dose auf, rieb mit dem Zeigefinger auf der Innenseite und schnupperte daran. Was hätte ich gegeben, um diese Vergangenheit riechen zu können.

»Drei Euro«, hörte ich dann eine Stimme sagen.

»Drei Euro?« Ich drehte den Kopf von meiner inneren Leinwand und sah den Verkäufer vor mir stehen.

»Die können Sie für drei Euro haben«, sagte der brummige Mann. Ich musste lachen. »Wo haben Sie die denn her?«, fragte ich ihn. »Schauen Sie mal, da ist ein Türke drauf!«

»Watt für 'n Türke?«, fragte der Mann, warf einen gelangweilten Blick auf die Dose und sagte: »Joaa!«

»So hat man sich hier vor 130 Jahren einen Türken vorgestellt, cool was?«, meinte ich.

»Wollen Sie sie haben oder nicht?«

»Für eins fünfzig nehme ich sie!«

»Neee«, sagte der Mann. »Drei Euro!«

Wir einigten uns auf zwei und seitdem steht die Dose mit Türkenkost in meinem Regal. Wenn man sie aufmacht, findet man heute Gummibärchen darin.

Nach Hause

von Fatih Çevikkollu

Meine Eltern sagten immer: »Irgendwann kehren wir in die Türkei zurück.« Ich selbst bin in Köln-Longerich geboren und wuchs in Köln Nippes auf. Ich bin Türke und wohne in Deutschland – schon mein ganzes Leben lang.

Die Türkei war für mich immer ein luxuriöser Urlaubsort, an dem man die Sprache der Einheimischen sprechen konnte, nicht in einem Hotel leben musste und zu allem Überfluss 'ne Menge Menschen um sich hatte, die sich als Verwandte ausgaben. In diesem Land, in einer Stadt namens Mersin, sind meine Eltern geboren, dort haben sie sich kennen gelernt und geheiratet.

Ende der 60er Jahre machte sich mein Vater auf nach Deutschland, meine Mutter kam ein paar Jahre später nach und wir Kinder erblickten das Licht der Welt in Deutschland. Da ist zum einen mein Bruder, der drei Jahre älter war als ich und es immer noch ist, und mein zweiter Bruder, der sieben Jahre jünger ist als ich, und auch das wird so bleiben – manche Dinge ändern sich nie.

In Deutschland aufgewachsen, genoss ich das gesamte Sozial- und Bildungssystem des Landes. Ich fing an im Kindergarten, ging in den Schülerhort, anschließend auf die katholische Grundschule und dann auf die Gesamtschule in Köln Chorweiler. In dieser Zeit lebte ich zwischen zwei Welten, was mir selbst nie sonderlich bewusst war. Es war meine Umwelt, die mich auf Unterschiede und Besonderheiten aufmerksam machte. Auf dem Pausenhof meiner Grundschule lernte ich beispielsweise, dass mein Name für viele Kinder fremd und lustig klang. Da sagte schon mal ein Kind: »Fatih, wo ist denn die Mutti?«, und die andern lachten. Ich war erstaunt.

Der Hausmeister der Schule fragte, wo es mir denn besser gefalle, hier oder da? Mit »da« meinte er dieses luxuriöse Land, in dem man so privilegiert Urlaub machen konnte, auch wenn es ein strenges Protokoll gab: Regeln beim Besuch, den Älteren die Hände küssen, sich von kreischenden Omas abknutschen lassen und Ähnliches. Und mit »hier« meinte er Köln: die Stadt, in der ich zu Hause war. Ich wusste nie eine Antwort auf diese Frage, weil ich sie, ehrlich gesagt, nicht verstand. Um eine Antwort zu geben, einen Ort zu benennen, an dem es mir »besser« gefiel, musste ich eine Entscheidung treffen – aber Entscheidungen zu treffen war für mich in dem Alter überhaupt nicht möglich und auch nicht nötig.

Die Fragen aber blieben. Im Urlaub in diesem luxuriösen Land wurden meine Eltern auch immer gefragt, wann sie denn nun zurückkehren wollten. Oft nannten sie uns Kinder als Grund, weshalb sie noch nicht wüssten, wann sie wiederkommen würden.

Im Laufe der Zeit aber kristallisierten sich für mich zwei Welten heraus, und jede dieser Welten hatte Fragen, Erwartungen und Ansprüche an mich. Eine Welt war die elterliche Wohnung, in der wir auf 50 Quadratmetern zu fünft lebten, in der meine Mutter kochte und backte, was sie von ihrer Mutter kannte, in der ausschließlich türkisch gesprochen wurde – nur der Fernseher sprach immer deutsch und mein Bruder und ich auch. Es war die Welt, in der meine Eltern von Zeit zu Zeit erzählten, dass wir irgendwann zurückkehren würden. Das hatte zur Folge, dass wir uns nie richtig einrichteten, jeder Langzeitplan wurde durchkreuzt vom Gedanken der Rückkehr und somit war die Zeit *hier* eine Vorbereitung auf die Zeit *dort*. Und die Vorbereitungsphase wurde so spartanisch wie möglich gehalten.

Die andere Welt betrat ich jeden Tag, wenn hinter mir die Tür ins Schloss fiel, eine Welt, in der niemand türkisch sprach, keiner so aussah wie ich und mein Name für 'nen Spruch herhalten durfte. Eine Welt, die mich fragte, ob ich an Gott oder an Allah glaube. Nicht selten zitierte ich dabei meine Eltern, einfach nur um eine Antwort zu geben und Ruhe zu haben.

Als ich 15 war, eröffneten mir meine Eltern, dass sie nun vorhätten zurückzukehren. Auf diesen Zeitpunkt hatten sie hingearbeitet und gespart; sie hatten kalkuliert und investiert; sie hatten abgewartet und observiert, um den richtigen Moment nicht zu verpassen.

In unserer Wohnung gab es eine Wand voll mit Kartons, große und kleine, die sich bis unter die Decke stapelten. Als wir noch ganz klein waren, kletterten mein Bruder und ich darauf herum, was uns unsere Eltern aber schnell verboten. Das waren die Sachen, die aufbewahrt wurden, um sie zu benutzen, wenn wir dann zurückgekehrt wären. In diesen Kisten war alles drin, was das Leben leichter zu machen versprach. Die tollsten Haushaltsgeräte, Mixer, Entsafter, Toaster, Waffeleisen, Töpfe, Pfannen, Geschirr, Besteck für eine ganze Armee und ich weiß nicht, was noch alles. Aber nicht hier und nicht jetzt sollten diese Sachen benutzt werden, sondern alles wurde direkt nach dem Kauf samt Verpackung aufbewahrt. In unserer Küche fand man nichts von alldem, der größte Luxus war warmes Wasser.

Jetzt, wo der große Zeitpunkt gekommen war, gab es auch einen Plan, wie die Rückkehr ausgeführt werden sollte. Stufe 1: Das Überführen der bis zur Decke gestapelten Kisten und meine Einschulung in Izmir, in einem deutschsprachigen Internat. Mein kleiner Bruder ging noch in die Grundschule und musste bleiben. Mein großer Bruder war inzwischen ausgezogen und arbeitete bei irgendeiner Firma. Meine Eltern mussten also zurück nach Deutschland und meine Brüder auch.

Genau genommen war der Plan mit Stufe 1 auch schon beendet, nämlich nur mich und die Kisten an der Wand in die Türkei zu schicken. Meine Situation war am günstigsten, so schien es, die zehnte Klasse war abgeschlossen und es galt nun, etwas Neues zu beginnen. Ob ich in Deutschland Abitur machte oder im deutschsprachigen Internat in der Türkei, spielte eigentlich keine Rolle. Die Alternative »Internat in der Türkei« klang für mich viel exotischer und aufregender. Ich würde in dem Land sein, aus dem ich offensichtlich zu kommen schien.

Also Plan A: Kisten rüberschaffen. Und Plan B: Wenn wir schon mal da sind, stecken wir den Fatih dort in ein Internat. Fatih – im Entscheiden nicht sehr geübt – ließ es mit sich geschehen.

Für mich hieß es nun Abschied nehmen von meinen Freunden, meiner Schule, meinen Kumpels aus dem Viertel, von der Wohnung, kurz und gut von meinem Leben in Deutschland – und etwas anderes kannte ich ja nicht. Ich hatte auf jeden Fall eine sensationelle Nachricht für alle meine Freunde. In der Schule war es eine große Überraschung, dass ich in die Türkei gehen würde.

Irgendjemand fragte mich sogar: »Was willste denn da?«

Ich sagte: »Zur Schule gehen!«

Er: »Ach so!«

Ich war in den Vorbereitungen und wusste überhaupt nicht, was auf mich zukam, aber ich freute mich darauf. So oder so ähnlich müssen sich auch die Männer gefühlt haben, die zum ersten Mal auf den Mond geflogen sind – obwohl die bestimmt besser vorbereitet waren als ich.

Ich borgte mir den Fotoapparat meines Vaters, was unter normalen Umständen unmöglich gewesen wäre. Ging es nicht gerade um die nationale Sicherheit, borgte mir mein Vater niemals seine Kamera. Er war sehr streng in dieser Hinsicht, doch diesmal machte er eine Ausnahme. Ich lief nun ständig mit dem Apparat in der Hand durch die Gegend und machte Abschiedsfotos. Wenn ich auf der Straße zufällig jemanden traf, den ich kannte, erzählte ich sofort von meinem Abschied, löste eine kalkulierte Betroffenheit oder Rührung aus und machte ein Abschiedsfoto. Auf diesen Fotos war jeder sehr darum bemüht, einen vertrauten Eindruck zu hinterlassen, egal wie fremd wir uns waren, und ich genoss es.

Zu Hause packte ich meine Sachen zusammen und stellte fest, wie wenig ich besaß. Der Plan meiner Eltern, hier nicht zu viel zu kaufen, schien sich zum ersten Mal auszuzahlen. Wenn du nichts hast, kannst du auch nichts mitnehmen. Eine bestechend einfache Rechnung. Die Vorbereitungen meiner Eltern liefen ebenfalls auf Hochtouren. Eine Speditionsfirma wurde beauftragt, die Kisten in die Türkei zu schaffen. An der Grenze sollten wir uns treffen, die Sachen durch den Zoll bringen, weiter nach Mersin fahren und sie dort wieder entgegennehmen.

Das Schuljahr näherte sich dem Ende, alle bekamen ihre Abschlusszeugnisse, es gab ein Abschlussfest und eine Abschlussparty. Ich fing an, Sätze zu hören wie: »Pass auf dich auf! Viel Spaß in der Türkei! Lass es dir gut gehen! Schade, dass du gehst! Ich werd dich vermissen … und schreib mal! Viel Glück!« Für mich begann die »Das-letzte-Mal-Phase«. Das letzte Mal in die Schule fahren und das letzte Mal zurück, das letzte Mal die Lieblingspommes vom Grill 77 essen – bis hin zum letzten Mal im eigenen Bett schlafen.

Dann war der Tag der Abreise gekommen. Wir standen in aller Herrgottsfrühe auf, denn der Weg war lang. Ich rief meinen Freund Dani an, der unbedingt kommen wollte, um mich zu verabschieden. Es war irgendwann zwischen sechs und sieben Uhr morgens, als Dani angeradelt kam. Dani war mein bester Freund und jetzt hieß es Abschied nehmen, zum letzten Mal. Da standen wir neben dem voll bepackten *Ford Taunus* mit dem Dachgepäckträger, auf dem zwei Koffer in blaue Müllsäcke gehüllt von Expandern festgehalten wurden und aussahen wie ein ungesunder Rollbraten: mein kleiner Bruder, mein großer Bruder, Vater, Mutter, ich – und Dani. Die anderen stiegen ein. Dani und ich standen voreinander, versicherten, dass wir uns schreiben würden, er sagte, dass er mich besuchen wolle, und der Rest waren Schweigen, eine Umarmung und der Versuch, nicht zu weinen. Ich stieg ein, wir fuhren los und Dani wurde winkend kleiner in der Heckscheibe unseres *Ford Taunus*.

Die Autofahrt in die Türkei war eine Geschichte für sich, mit dem Titel *Gefangen im Taunus*.

Drei Tage und zwei Nächte später kamen wir an der türkischen Grenze an und dort griff das Schicksal in meine Zukunftsplanung ein. Der LKW der Speditionsfirma war nicht da. Obwohl wir davon ausgingen, dass er ein paar Tage vor uns abgefahren war und jetzt auf uns warten müsste, war er nicht da. Mit dieser Überraschung, die schon ein kleiner Schock war, bezogen wir ein Hotel in der Nähe der Grenze. Das Hotel war eines von der Sorte, die sich auf Durchgangsverkehr eingestellt hatte und nicht auf Familienurlaub. Wir bezogen die Zimmer und warteten auf den Wagen der Spedition. Es konnte sich ja nur um ein paar Tage handeln, dachten wir, und somit war auch dieses Hotel fürs Erste interessant und aufregend. Eine kurze Zwischenstation auf meinem Weg in eine andere Welt.

Die ersten zwei Tage passierte nichts, es wurde einzig und allein die Neugierde für diesen Ort aufgebraucht – und es erreichte uns die Nachricht: »Der LKW ist unterwegs und in ein paar Tagen am Zoll.« Das Gefühl der Sicherheit, dass alles nach Plan läuft, kehrte zurück. Freude machte sich breit, weil die Tage in diesem Muff-Motel gezählt waren, und neue Energie war geliefert, um durch Warten aufgebraucht zu werden. Warten kostet Kraft und es vergingen drei weitere Tage, bis jeglicher Charme der Plastikstühle im Foyer und Restaurant verflogen war und wir zum Grenzübergang fuhren, um den LKW zu empfangen.

Doch als wir dort ankamen, erhielten wir nur die Nachricht, es hätte Probleme technischer Natur gegeben und der Wagen käme erst in ein paar Tagen. Zu den fünf Tagen kamen fünf weitere hinzu. Gelangweilter Frust war nicht mehr zu vermeiden und wir hielten nur noch aus. Von dem Wagen keine Spur.

In den folgenden Tagen wurde es immer schwieriger, die Speditionsfirma zu erreichen, weil niemand ans Telefon ging. Als wir nach drei weiteren Tagen beschlossen, nach Mersin zu fahren, rief die Speditionsfirma an, entschuldigte sich vielmals, erzählte von einem Motorschaden und bot uns an, die Zollabfertigung in unserer Heimatstadt zu machen. Mersin ist eine Hafenstadt mit Zollbehörde.

Nach 14 Tagen fuhren wir also unverrichteter Dinge nach Mersin. Mein Bruder machte darauf aufmerksam, dass seine Urlaubstage in einer Woche zu Ende seien und er zurückkehren müsse. Zu den Hotelkosten kamen jetzt also auch noch die Kosten für einen Rückflug. Unsere Begeisterung kannte keine Grenzen.

In Mersin angekommen, warteten wir weiter auf den LKW. Er kam nicht. Mein Vater rief ständig frustriert die Speditionsfirma an und diese blieb bei ihrer Behauptung vom Motorschaden und schlug noch weitere zehn Tage raus. Wir hatten keine Wahl und warteten. Mein Bruder kehrte nach drei Wochen mit dem Flugzeug zurück nach Deutschland. Die Speditionsfirma strapazierte unsere Geduld und die Finanzen meines Vaters. Zudem gefährdete sie mein Internatsabenteuer. Von Letzterem war allerdings keine Rede mehr. Unsere Plänen drohten an der Realität zu scheitern. Seit einem Monat waren wir nun unterwegs und hatten nichts von dem Geplanten umgesetzt, im Gegenteil – es wurde zu viel umgesetzt, was so überhaupt nicht geplant war. Hinzu kam, dass mein Vater sich beim Arbeitsamt zurückmelden musste, da er als Arbeitssuchender nicht längere Zeit wegbleiben durfte.

Die fünfte Woche zog ins Land und wir hatten uns an diese ständige Alarmbereitschaft bereits gewöhnt. Der Lkw der Spedition hatte inzwischen Mythoscharakter – eine Legende, von der niemand mit Bestimmtheit sagen konnte, was von ihr stimmte und was nicht. Ich hatte inzwischen sämtliche Hoffnungen aufgegeben, Izmir, geschweige denn dieses Internat jemals zu sehen. Wir konnten froh sein, wenn wir es rechtzeitig nach Köln schafften und mein Vater seine Meldefrist einhalten konnte – es ging nur noch um Schadensbegrenzung.

An einem Sonntagmorgen, zu Beginn der sechsten Woche, tauchte der Laster auf wie Phönix aus der Asche. Am Montag war er durch den Zoll gebracht, am Dienstag wurde alles in die Wohnung gestellt und am Mittwoch fuhren wir los Richtung Deutschland, in der Hoffnung, es bis Freitag 12 Uhr zum Arbeitsamt in Köln zu schaffen.

Wir fuhren bis tief in die Nacht und kamen am Mittwoch bis hinter Zagreb – was eine beachtliche Leistung war, aber nur ein Drittel der Gesamtstrecke ausmachte. Nach einer kurzen Nacht in einem Motel fuhren wir Donnerstag früh weiter, verbrachten den restlichen Tag auf den Straßen Jugoslawiens und erreichten am späten Abend Österreich. Wir fuhren die Nacht über durch Österreich und erreichten die deutsche Grenze Freitag früh um drei Uhr. An Schlaf war nicht zu denken und nach etlichen kurzen Pausen an zahlreichen Raststätten und Tankstellen, an denen mein Vater überwiegend schwarzen Kaffee tankte, erreichten wir Köln am Freitagvormittag um 10.45 Uhr. Wir wurden samt Dachgepäckträger zu Hause abgeladen und mein Vater raste weiter zum Amt. Zum ersten Mal verstand ich, was meine Eltern meinten, wenn sie davon sprachen, dass wir »zurückkehren«. Nirgendwo ist es so schön wie zu Hause.

Die türkischen Momente im Leben

von Yıldız Deniz

Manchmal bin ich ganz schön neidisch auf die Italiener – sie sind des Deutschen Lieblingsausländer. Alles, was sie tun, findet in den Augen der eingeborenen Tedeschi Gefallen und erntet Wohlwollen. Die Italiener haben sich mit Eros-Ramazotti-Gesängen, zahllosen Pizzen und Spaghetti-Portionen sowie ihren Gelaterien den Logenplatz in den Herzen der Deutschen erobert. Die Deutschen revanchieren sich mit einer unerschütterlichen Toskana-Leidenschaft, streiten fachmännisch über das richtige Olivenöl, grüßen sich lässig mit *ciao,* und wer etwas auf sich hält, hat sowieso seinen »Lieblingsitaliener«. Die Crema auf dem Espresso ist eine Frage der Ehre, weshalb in jeder zehnten deutschen Küche eine überteuerte Maschine steht – wohingegen man in Italien seine macchinetta, im edelsten Fall aus Stahl, zusammenschraubt und kurzerhand auf den Herd stellt.

Aber wen schert die öde Realität, hier geht's um Sehnsucht, um die italienischen Momente im Leben und so begegnen wir dem Lieblingsausländer auch permanent in der Werbung: dem glücklichen, kochenden, irre romantischen Italiener, dem ewig gut gelaunten Latin Lover, der seine Liebste über den Balkon hinweg mit Magenbitter und seine deutsche Nachbarin mit Instantcappuccino abfüllt. Das soll dann alles auch noch verführerisch wirken … unglaublich, aber mit Italienern funktioniert eben alles.

Oder kann sich jemand so eine Werbung mit einem Türken vorstellen, wie er der Nachbarin, die auf der Suche nach ihrem Auto bei ihm landet, einen Mokka vor die Nase setzt und ihr dann ins Ohr säuselt: »Ich nix Auto«? Irgendwie doch wohl nicht.

Oder wie ein Serbe seine schmollende Freundin mit einem ordentlichen Schluck Sliwowitz wieder milde stimmt? Oder ein Russe schelmisch im Fruchtjoghurt rührt und dabei treuherzig »Issä crämig, Brüderchen! Issä Wahnsinn!« dröhnt? Nein, nicht wirklich.

Aber der Italiener – in diesem Fall Trapattoni – durfte für das deutsche Milchprodukt werben, er wirbt übrigens auch in Italien, aber da für deutsche Waschmaschinen. Scheinbar steht Trapattoni im Süden mehr für den nordischen Typ, für jenen Typ eben, der mit moderner Technik überzeugt.

Aber in Deutschland sitzen wie im echten Leben auch in der Werbung die Italiener in der ersten Reihe. Ein wenig streitig machen es ihnen nur die Franzosen, die sind zuständig für die Abteilung Erotik, wenn etwa die Freundin von Harald an das Bier denkt, das noch lange im Bauchnabel geprickelt hat, und so weiter. Na ja, vielleicht gibt's noch ein bisschen Konkurrenz von ein paar Südamerikanerinnen, die in verrauchten Bars weißen Männern mit Hochprozentigem den Kopf verdrehen, gut aussehenden Menschen, die mit wenig an am Strand tanzen und dabei wahlweise saufen oder Eis essen.

Und sonst? Weit und breit nix. Kein Pole, der für gut gespülte Gläser wirbt, keine Türkin, die sich ihr Haar mit Rosenwasser-Shampoo einschäumt – der einzig wirklich gern gesehene Ausländer in der Werbung ist und bleibt doch der Italiener.

Gut, es gibt jetzt die Klitschko-Brüder, die für Kindersnacks und Papiertaschentücher werben, aber mal unter uns: Wirken die beiden nicht in erster Linie tapsig und drollig? Sie sind doch nicht ganz Herr ihrer selbst, oder?

Und wo bleibt der Türke in der Werbung? Inzwischen weiß man doch, dass Türken Reklame lieben, markenbewusst und konsumfreudig sind. Türken verbrauchen viel Strom, telefonieren dauernd, sind für jeden Technik-Schnickschnack zu haben – kurz:

Sie geben das Geld aus, das ihre Eltern angespart haben. Das wissen natürlich auch die Unternehmen und sie umwerben die Türken. Aber sie tun das, indem sie Werbung in türkischen Zeitungen und Spots in den türkischsprachigen TV-Sendern schalten. Ja bitte schön, was ist das denn? Ist das vielleicht Integration? Nein, aber das Image der Türken scheint man dem allgemeinen Publikum nicht zumuten zu wollen. Denn das Türken-Bild in vielen Köpfen schwankt zwischen sozialen Problemen, Billigläden, Kopftuch und Hammelkoteletts.

Das war mal ganz anders, Anfang des letzten Jahrhunderts, als die Türken ein Volk unter vielen im Osmanischen Reich waren und der Orient für Luxus, Exotik, Abenteuer und Sinnlichkeit stand. Auch in der Werbung, verpackt als Schokolade, Zigaretten und Likör. Heute steht das Label »Morgenland« für Fundamentalismus und Terrorgefahr. Und da traut sich scheinbar keine Werbeagentur ran.

Aber ist das nicht auch eine echte Herausforderung – Clips jenseits von Gastarbeiterklischee und weltpolitischer Schere im Kopf? Anknüpfungspunkte gibt es genug: Schwärmen Türkeiurlauber nicht von der sprichwörtlichen Gastfreundschaft und der exquisiten türkischen Küche? Die gibt es auch in Deutschland. Außerdem ist die Zukunft bikulturell: Wenn deutsche Frauen keinen Landsmann heiraten, bevorzugen sie laut Statistik einen Deutsch-Türken, nicht den Deutsch-Italiener. Das tun sie nur in der Werbung.

Darauf angesprochen, dass sie die Streber unter den Ausländern sind, tun Italiener übrigens zunächst ahnungslos. Doch irgendwann platzen sie: »Meinst du, das macht Spaß, immer der nette, singende, temperamentvolle Italiener zu sein? Es ist furchtbar, die Deutschen halten uns doch damit nur klein.« Der Italiener will für Aktienpakete werben. Und außerdem wäre er gerne mal böse, so richtig böse. In solchen Augenblicken schäme ich mich für meine

Schadenfreude. Aber nur ganz kurz: Es gibt sie also doch – die höhere Gerechtigkeit.

Und vielleicht gibt es sie auch irgendwann im Werbeblock: die Hausfrau, die ihre Lieben mit Tiefkühl-*Döner* beglückt, das türkische Rentnerpaar, das für Knoblauchkapseln wirbt, die schöne Frau, die ihrem neuen deutsch-türkischen Nachbarn einen Original-Mokka rührt und der ihr dafür einen prima Bauchtanz hinlegt.

Auch für die Stuttgarter Autobauer hätte ich eine Idee, schließlich fährt jeder fünfte Türke ein Auto mit Stern, aber nur jeder 17. Deutsche. Also, wie wär's mit folgendem Werbespot: Ein türkisches Brautpaar braust in seinem mit Blumen verzierten *Mercedes* durch die Landschaft der aufgeregten Hochzeitsgesellschaft entgegen. Und eine angenehme männliche Stimme aus dem Off verspricht: »Nicht nur die Ehe hält bis ans Lebensende, sondern auch der Wagen.« Wäre doch was, oder? Die Sache hat nur einen Haken: Diesen Spot gibt's bereits. Er lief im türkischen Fernsehen. Aber erst wenn dieser Spot im deutschen Kino im Werbeblock vor einem Hollywoodfilm läuft, dann sind die Türken wirklich in Deutschland angekommen.

Café-Besuche

von Murat Ham

Eine Frau mit schwarzen Haaren betritt das Café am Marktplatz im niedersächsischen Stadthagen und es ist, als hätte jemand die Tür aufgelassen an einem regnerischen Nachmittag. Ein kühler Wind weht an diesem Tag im April 2004. Ein russisches Paar verweilt neben einer Stehlampe mit Fransen mehrere Stunden lang bei einer einzigen Tasse Kaffee, ein Mann im frisch gebügelten Nadelstreifenanzug starrt auf seinen Laptop – ohne auf die Tasten zu tippen.

Gegenüber, am vorletzten Fenster des Cafés, sitzt eine alte Dame – die grauen Locken sind am Hinterkopf zerdrückt; wahrscheinlich verbringt sie viel Zeit auf dem Wohnzimmersofa. »Ich möchte keine Perücke oder ein Hütchen mit Leopardenfell tragen«, erzählt sie der Bedienung. Sie raucht und trinkt Rotwein. Mit demonstrativem Ekel rückt sie den vollen Aschenbecher beiseite und bekommt ein paar Sekunden später einen neuen. Sie hält die Zigarette hoch, als sei sie etwas Besonderes. Als wüsste sie noch, wie es war, als es nichts zu rauchen gab, und genieße nun den Augenblick. Dass sie mich an meine alte Geographie-Lehrerin erinnert, liegt nicht an ihrem braunen Kostüm oder an den Lackpumps, auch nicht an dem Brillanten an ihrem Finger. Es liegt an der Art, von oben auf die Welt herabzusehen, im sicheren Bewusstsein, dass die eigene Meinung richtig ist. Plötzlich kreuzen sich unsere Blicke.

»Sie«, sagt die betagte Dame mit den wasserblauen Augen, »genau Sie. Sie schauen so fragend. Bevor Sie mich die ganze Zeit anstarren, können Sie sich auch zu mir setzen.«

Ich überlege nicht lange und nehme das Angebot an.

»Sie sind ein neugieriger Mensch – oder nicht? Was treiben Sie in diesem 5000-Mann-Nest, in der Provinz?«

Ich muss lachen. »Sie sind aber auch neugierig. Ich bin Journalist und schreibe für eine Beilage der *Schaumburger Nachrichten*.«

»Fragen Sie nur, fragen Sie! Ich bin ein zufriedener Mensch; die Nachkriegszeit hat mich sehr stark beeinflusst.«

»Inwiefern?«, will ich wissen.

Heute habe sie vor nichts mehr Angst. »Schauen Sie mal, wir haben damals in Preußen alles verloren, unser gesamtes Vermögen. Viele meiner Verwandten haben den Freitod gewählt, als die Russen kamen. Wir sind nach Sachsen geflüchtet.« Ihr Vater sei depressiv geworden, die Mutter habe sie und ihre sechs Geschwister alleine durchgebracht. Als sich abzeichnete, welche Richtung die DDR einschlagen würde, sei die Familie über die Grenze.

Die alte Dame ist eine energische Frau, ein Eindruck, den ihr preußisches »r«, das heranrollt wie ein voll beladener Güterzug, effektvoll unterstützt. Mit kräftiger, dunkler Raucherstimme lässt die 83-Jährige ihr Leben Revue passieren: Sie lebte bis zu dem Tod ihres Mannes in Wolfenbüttel. Als er starb, verließ sie die Stadt, die für sie immer schon zu groß gewesen war. Ihr Lebensbericht zwischen einem Glas Rotwein und einem Pott Kaffee passt auf sonderbare Weise an diesen Ort. Es passt zu diesem renovierungsbedürftigen Café, passt zu den Menschen, die schnelle Antworten auf schwierige Fragen geben. Sie sei sehr glücklich, dass sie einige Jährchen hinter sich gelassen habe, betont die alte Dame.

»Diese jungen Gören in der heutigen Zeit – laufen wie Modepuppen durch die Gegend. Meine Generation musste richtig arbeiten.« Sie macht eine längere Pause.

»Ich habe zwar keine Ahnung, wie Sie politisch denken, wir haben doch den Krieg bezahlt, wir, die Flüchtlinge und Vertriebenen. Okay, Hitler war schlecht, aber ich möchte auch festhalten: Es war nun mal Krieg.« Alles drehe sich jetzt »wieder« um die Juden.

Der Friedman könne doch heute im Fernsehen wieder sagen, was er wolle. »Die haben doch alle Rechte, was wollen sie mehr?«, unterstreicht sie ihr Unverständnis.

Die alte Dame zeigt auf die Frau mit den schwarzen Haaren. Sie hat üppige Locken und Augen, tief wie Brunnen in der Wüste. Eine Braunäugige mit einem Gesicht schöner als der Mond, mit starken Hüften und einer zarten Taille, so werden Frauen in den *Geschichten aus 1001 Nacht* beschrieben.

»Früher waren es die Juden – heute haben wir die Türken an den Fersen, wie diese Frau mit den schwarzen Haaren. Na ja, gegen Spanier oder Italiener habe ich nichts. Selbst gegen Griechen, wie Sie zum Beispiel, habe ich nichts.«

Ich muss erst einmal schlucken. »Nein, ich bin weder Italiener noch Grieche, sondern Türke. Bald werde ich wieder in einer Großstadt arbeiten, das ist auch gut so«, bringe ich gerade noch über meine Lippen.

Meine Gefühle wechseln von Enttäuschung über Wut bis zu Hoffnung auf bessere Zeiten. Kleben meine Eltern oder ich irgendjemandem an den Fersen? Nein! Meine Eltern haben Deutschland mit aufgebaut. Hätte die alte Dame ihnen, als sie Ende der 60er Jahre nach Deutschland kamen, geholfen – oder sie freundlich begrüßt? Nein! Weil sie – wie zum Beispiel viele Beamte aus dem ehemaligen Nazideutschland – meine Eltern als bloße Arbeitskräfte, aber nicht als Menschen angesehen hätte.

Ich bin froh, der Kleinstadt wenige Tage später den Rücken zu kehren. Das Leben in einer Großstadt ist anders. Ganz besonders im Osten Deutschlands. Das fällt mir auf, als ich für die *Leipziger Volkszeitung* arbeite. Über der ratlosen Weite von Leipzig liegt als verbindliche Erklärung ein vorlauter blauer Himmel. Vor zehn Jahren dachte ich, dass diese Gegend auf ewig aussehen würde wie von einem DDR-Maler gemalt – sozialistisch realistisch. Größe ohne Grund, Antwort ohne Frage, das Überangebot an Himmel als Rechtfertigung für alles. »Wirklich reich ist, wer mehr Träume in seiner Seele hat, als die Realität zerstören kann«, hat jemand mit dicker, schwarzer Schrift auf die Litfasssäule gesprüht – jeder sollte darüber stolpern. Und in großen, krakeligen Kreidebuchstaben steht an einer Hauswand. »Wir schaffen, ihr fickt«, nicht weit vom umgebauten Leipziger Hauptbahnhof. Vorwurf der Malocher an die Kreativen der Gegend? Die Platte: Hochhäuser mit frischem Anstrich, ein verlassener Achtgeschosser, breite Straßen.

Als ich 2004 wieder hier bin, finde ich ein anderes Leipzig vor. Punks, Alkoholiker und Drogensüchtige, die Mitte der 90er Jahre im Sommer wie freche Vögel an seinen Rändern hockten, sind verschwunden. Überraschend kuschelt sich zwischen die Plattenbauten ein Gässchen nach dem anderem. Am Marktplatz reihen sich etliche neue Cafés auf. Nirgendwo im Osten ist der Westen so zu Hause wie am Barfußgässchen in Leipzig. Alte Häuser, junge Eigentümer, das Dachgeschoss ein Traum. Im *Sowohl als auch* hocken die Frühstücksmenschen dicht an dicht. Schauspieler und Steuerberater, Studenten mit ihren Müttern, die zu Besuch aus Oldenburg sind.

Wie so oft zieht es mich ins lange, breite, runde, mondäne *Café Telegraph*, keinen Kilometer vom Barfußgässchen entfernt. Hier kann ich meiner Leidenschaft für Café-Besuche besonders gut nachgehen. Vor einem gigantischen Stück Himbeertorte sitzt ein junger Mann mit dünnem, dunkelblondem, straff nach hinten gekämmtem Haar. Ich setze mich ungewollt neben ihn, da an diesem Freitagnachmittag keine Plätze sonst mehr frei sind. Er trägt ein altmodisches Jackett, eine gestrige Hose und Schuhe von irgendwann. Der Mann scheint aus der Zeit gefallen. Sein Habitus ist auf den ersten Blick eine Inkarnation von Glanz und Elend der 20er Jahre, Tanzpalast und Stempelstelle.

»Ich reise durch die Zeit«, erzählt Philipp, »die Menschen reiben sich die Augen, wenn ich auftauche.«

Wir duzen uns auf Anhieb.

»Warum verkleidest du dich?«, ist eine Frage, die mir besonders unter den Nägeln brennt.

»Mir gefällt das Lebensgefühl von damals, das Spielerische, Chaotische, bis dann Hitler kam.«

Nach dem Hauptschulabschluss hat Philipp die Schule geschmissen und auch keine Lehre gemacht. »Hauptsache was Handwerkliches, nichts, wo ich lange grübeln muss.« Er hat über 100 Bewerbungen rausgejagt, aber ohne Erfolg. »Die haben mich abgelehnt, irgendwas reiche nicht aus, haben sie behauptet.«

Er gehe mit dem Erbe seiner Eltern sparsam um. »Ich weiß ja nicht, was die Zukunft noch so mit sich bringt.« Seine Kleidung habe er schon vor Jahren billig im Secondhandladen gekauft. »Meine Wohnung ist original wie früher, ohne Bad und Heizung. Wenn ich Reis brauche, kaufe ich gleich einen ganzen Sack – das ist billiger.«

Das Leben? Es bestehe aus Abschieden. 18 Arbeitsstellen in 18 Monaten – irgendwelche Hilfsjobs. »Man knüpft Kontakte, arbeitet sich ein und sagt ade.«

Kalt und unberührt steht der schwarze Kaffee ohne Milch und Zucker vor ihm. Das Leben sei dicht besetzt mit der Gefahrenabwendung.

»Hast du Hobbys?«

»Hobbys begeistern Menschen, deren Freizeit kostbar ist.« Doch Philipps Freizeit ist nichts als eine bedrohliche Lücke in seinem Leben. Er fühlt sich aus der sozialen Gemeinschaft ausgeschlossen. »Ich sehe mich von Menschen umzingelt, die eine Stelle haben.« Philipp hat das schmale Gesicht des ewigen Proletariers, Schnauzbart, blaue Augen.

»Wann war das Leben besser, vor oder nach der Wende?«

»Plus minus null«, resümiert er. »Beziehungen musst du überall haben. Im Osten, damit du ’n Fischfilet im Handel ergatterst – im

Westen, damit du Arbeit bekommst.« Sehnsucht scheint durch, als Philipp das erzählt, Sehnsucht nach sozialem Aufstieg.

Vor mir die Serviererin, die Glas für Glas gegen das helle Licht hält. Großzügig wie Rosinen in einem Kuchen verteilen sich die Gäste über das Café. Das verlorene Lächeln auf Philipps Gesicht wirkt wie eine Verletzung.

Angefangen hat er vor sechs Jahren, mit Ecstasy in der Disco. »Man vergisst die Probleme, ist ein schönes Gefühl.«

»Was für Probleme?«

Philipp zuckt die Schultern und schweigt. Ob die Frage angekommen ist oder nicht, verliert sich in Gleichmut. Seltsam der Gegensatz zwischen Philipps betont selbstbewusster Aufmachung und seinem hageren Gesicht. Als würde Unverwundbarkeit demonstriert, wo Verletzlichkeit ist – die Spuren des Lebens womöglich.

»Meine Mutter und ich, wir haben, als sie noch lebte, immer zusammengehalten, gegen alles. Sie wollte nicht mehr, sie hat sich das Leben genommen.«

Philipp antwortet widerwillig, es scheint, als hätte er mit allem abgeschlossen, als sei er gepanzert gegen Glück und Unglück gleichermaßen, gefangen in Gleichgültigkeit. Sein Alter: erst 25 Jahre. Nur seine gepflegten Haare signalisieren, dass da noch Leben sein muss, sogar Sehnsucht. Sehnsucht nach Anerkennung.

Oder ist es doch nur einfach Orientierungslosigkeit nach 15 Jahren deutscher Einheit? Der Mauerfall sei seinerzeit mit der »Großen Lüge« beantwortet worden; alles könne immer so weitergehen. Das Einheitsgerede habe immer an seinem säuerlichen Retro-Ton gekrankt. Es habe nur Konzepte ventiliert, die von Demografie und gesellschaftlicher Wirklichkeit längst überholt waren: Nation mal mit mehr, mal mit weniger Leitkultur – Sozialismus, mal mehr, mal weniger renoviert, Liberalismus für alle, wenn nötig auch ohne Unternehmer und Beitragszahler. Nostalgie pralle auf obrigkeitlich verordnete gute Laune. Für Philipp ist die DDR zu einem Land der Träume geworden. Es sind Träume von Sicherheit und Aufgehobensein, von Freundschaft und Zusammenhalt. »Tolle Freiheit im Wessi-Land, heute möchte ich sogar die Mauer zurück.«

Spätestens seit dem Aufkommen der Ostalgie-Welle wird die DDR wechselweise aus zwei verschiedenen Blickwinkeln betrachtet. Einerseits richtet sich der Blick auf die Herrschenden, auf den Stasi-Apparat und die Clique der Politiker. Andererseits betrachtet man die DDR als Kuriosum. So, wie Mauerspechte sich willkürlich ihren Teil Geschichte aus der Berliner Mauer hackten, brechen sich die Medien nun einzelne Brocken aus der historisch gewordenen Lebenswirklichkeit, zum Beispiel Ampelmännchen und Spreewaldgurken. Aus dem Blickwinkel einer kapitalistischen Konsumkultur ersteht die DDR als Illusion noch einmal auf – aus den Ruinen ihres Alltags. Totalitäre Herrschaft und entpolitisierte Lebenswelt: Es ist, als blicke man in zwei Rückspiegel, die völlig verschiedene Bilder zeigen. Das Leben in der DDR liegt wohl irgendwo im toten Winkel dazwischen.

»Der Staat hat mich enttäuscht, denn ich konnte mich mit der DDR identifizieren.« Vielleicht ein Grund für Philipps Sinnkrise, in die er nach dem Mauerfall gestürzt ist. Der Staat als Beschützer und Erzieher, die Ideologie als Glücks- und Liebesversprechen, die Gesellschaft als Familie: Hier artikuliert sich als Utopie, was – real existierend – zu einer »Diktatur der Liebe« pervertierte, in der Vertrauen gleichzeitig eingeklagt und permanent über das Bespitzeln von Kollegen bis zu Familienangehörigen missbraucht wurde.

»Die Leute im Osten wollen im Nachhinein das alles nicht gewusst haben«, erzählt Philipp. »Stasi, Verhaftungen, Überwachung: Man konnte das aber wissen. Ich hab's gewusst.«

Mit 17 Jahren geriet Philipp in die Fänge einer rechten Gruppierung. »Die haben mir damals Nähe, Wärme und Wahrheiten gegeben, die ich genauso brauchte wie meinen Stoff.«

Als Philipp keinen Erfolg bei seiner Suche nach einem Ausbildungsplatz hatte, musste es einen Schuldigen geben. Aber wen? »Ich dachte, die Türken nehmen uns die Jobs. Du bist auch Türke – oder?«

»Bingo, ich bin auch einer von denen«, antworte ich mit ernster Miene, kurz und knapp.

Mir fällt auf, dass Philipp nichts über Türken weiß. Ob sie in Deutschland leben oder nicht, ist ihm mittlerweile egal. Er ist mit seinem Alltag beschäftigt. Er will überleben und dabei bleibt nicht viel Zeit, über andere zu grübeln.

Philipps Leben ist nach der Wende mehr und mehr aus dem Takt geraten. Er gehört nach wie vor zu den über vier Millionen gemeldeten deutschen Arbeitslosen. Jede Wirtschaftskrise kostet Arbeitsplätze in Deutschland und nach jeder überstandenen Krise werden weniger Arbeitslose eingestellt – wie eine auslaufende Welle im Meer, die am Strand kaum noch spürbar ist. Nach der Wende glaubte jeder noch, Arbeitslosigkeit sei eine leicht heilbare Krankheit, ein Infekt der sozialen Marktwirtschaft. »Damals ahnte keiner, dass Arbeitslosigkeit eine Seuche des deutschen Kapitalismus werden würde.« Philipp sucht nach einem Sinn, der von den Absagen ablenkt, die morgens der Briefträger bringt.

Er beteuert, dass er heute nicht mehr »rechts«, sondern »links« sei. »Ich wähle die PDS«, verkündet er plötzlich voller Stolz. Er habe vor zwei Jahren die Kurve gekriegt. »Wir hatten früher die Vietnamesen und Afrikaner als Gastarbeiter. Ich habe nie gelernt, zu unseren Ausländern Respekt aufzubauen. Ich war durcheinander – bin's vielleicht noch heute.« Nun will er, dass insbesondere die Ostdeutschen aufhören sollen, Angst vor Überfremdung zu haben, Angst um ihr Geld, Angst, dass 'ne Bombe von irgendwelchen Islamisten hochgeht. Denn Angst sei ein schlechter Ratgeber.

Er fahre neuerdings in den Wald, betrachte den Himmel und sehe sich an den ausfransenden Wolken satt. »Manager, einfache Angestellte, Arbeiter – jeden kann es treffen, jederzeit. Kaum jemand kann sich sicher fühlen, egal wie gut er ist, egal wie viel er leistet.« Das sei das neue Merkmal des bekannten Unglücks »Arbeitslosigkeit«. »Die Beschäftigten lernen mittlerweile unternehmerisches Denken – und deswegen macht ihnen eine Kündigung besonders zu schaffen.« Sie dächten in den Bahnen eines Arbeitgebers und schrieben sich selbst eine Mitschuld zu. »Früher, bei Massenentlassungen in der Industrie, solidarisierten sich die Arbeiter und schimpften gemeinsam auf die Konzernspitze«, erklärt er mit an deutscher Geschichte interessierten Worten und bringt mir sein Faible für das Zurückliegende, für die Historie in Erinnerung. Das habe den Arbeitslosen geholfen, da sie die Schuldfrage von sich weggeschoben hätten. »Heute kocht jeder sein eigenes Süppchen – ich bin verwirrt; das vereinte Deutschland ist jedenfalls nicht mein Deutschland.«

Das Gespräch versickert in Schweigen. Warum hat er eingewilligt, mit mir zu reden? In der Hoffnung, erlöst zu werden aus der Einsamkeit? Weil er es nicht gewagt hat, nein zu sagen?

Warum ich gerade mit ihm spreche, will er am Ende wissen. Es ist das einzige Mal bei unserem Zusammentreffen, dass er temperamentvoll wirkt.

»Mich interessierten dieses Land und die Leute, die darin leben«, sage ich. Das hilft mir zu verstehen, warum Deutschland so ein spezielles Verhältnis zu uns hat.

Was ich erlebe

Im Reich der Strandliegenmänner

von Birand Bingül

Wie deutsch bin ich? Beziehungsweise wie türkisch? Um das festzustellen, gibt es einen ganz simplen Identitätstest: einen Sommerurlaub in der Türkei. Ich war gerade mal wieder in einer der Touristenhochburgen.

Die Wahrheit findet man am Strand. Er ist das Reich der Strandliegenmänner. Sie verleihen die begehrten Objekte. Ihre Spezies zeichnet sich durch gute Laune, Tiefenbräune, Schlitzohrigkeit sowie umfassende Sprachkenntnisse in Pidgin-Englisch, -Deutsch und -Niederländisch aus. Die meisten kommen aus dem Landesinneren und dem armen Osten der Türkei, heißt es. Leichtes Geld und echte Blondinen ziehen sie magisch an.

Mein erster Tag am Strand. Die Liegenmänner führen sich auf, als gehöre ihnen der Strand.

»Hello, my friend!«

»Ne kadar?«

»Two million. Iki milyon. Türkmüsün? Tekmisin?«

Ich ziehe zwei Eine-Million-Lira-Scheine – umgerechnet 1,25 Euro – aus der Tasche und gebe sie dem Strandliegenmann.

»Evet.« Ja, ich bin Türke. Und allein.

Während seine Augen den Strand sondieren, wickeln seine Hände die Scheine lässig in sein Bündel.

»Almancı?«, fragt er.

»Evet.« Ja, Deutschländer.

»Nereden?«

»Köln.«

»Benimde amcam Almanya'da.«

Mein Onkel lebt auch in Deutschland.

»Öyle mi?«

So?

»Stuttgart'da.«

In Stuttgart.

»Stuttgart güzel.«

Stuttgart ist schön, sage ich.

»Ben gitmedim daha.«

Ich war noch nicht da, sagt er.

»Güzel şehir.«

»Zamanim olursa bir gitmek istiyorum.«

Wenn ich mal Zeit habe, fahre ich hin, sagt er, als sei er ein gestresster Manager mit zwei Terminkalendern, der Verabredungen mit seiner Frau über seine Sekretärin abwickelt. In Wirklichkeit kann er sich die Reise wohl kaum leisten.

Ich nicke nur.

»Haydi, iyi eylenceler.« Er wünscht mir viel Spaß und zieht ab.

Ich schaue ihm hinterher, wie er mit seinen haarigen O-Beinen durch den heißen Sand sichelt. Bevor ich die Sonnencreme ausgepackt habe, geht es los: »Hello, beautiful girl«, ruft der Strandliegenmann und setzt sich ungefragt zu einer durchschnittlich attraktiven Touristin. Wieder diese peinliche Anmache! Das heißt: Immer noch. Und zwar plump im Quadrat. Der türkische Strand-Macho lässt sich wirklich gar nichts Neues einfallen. Offenbar muss er das auch nicht. Und ich stehe dann auf deutschen Partys vor Türkei-Urlauberinnen und soll das erklären … Ich nenne das die »Eins-von-zehn-Strategie«. Der Strandliegenmann macht sich gar nicht erst die verkopfte Mühe, einen speziellen Plan für jede Frau zu entwickeln. Immer die gleiche Masche, eine von zehn wird sich schon darauf einlassen. Und zehn Frauen sind schnell angebaggert, man ist ja nicht wählerisch, ist ja auch nicht für die Ewigkeit. Zum Heiraten sind die Europäerinnen ja eh nichts, weiß der türkische

Macho, sind ja fast alle Schlampen, sonst würden sie sich ja nicht von Strandliegenmännern verführen lassen. Bestechende Logik.

Trotzdem. Ich merke, dass mich das Gegockele aufregt. Aber das ändert nichts an den Tatsachen: Der Strandliegenmann und die Frau verlassen den Strand.

Tag zwei. Anmachen: etwa zwölf pro Strandliegenmann pro Stunde. Liegenpreis: zwei Millionen. Ich will eine Einzelliege.

»Der Chef will keine einzelnen Liegen vermieten wegen Geld«, erklärt der Liegenmann knapp, führt mich aber in die letzte Reihe, wo eine Liege allein steht. Sie ist kaputt.

»Das ist die einzige Einzelliege?«

»Ist halt so.«

»Kann man das Ding nicht einfach mal reparieren?«

Er zuckt nur mit den Schultern.

Aha.

Neben mir liegt ein älteres türkisches Paar. Die Frau dreht sich zu mir um und sagt: »Sie wollen keine türkischen Touristen. Wir sind hier zweite Klasse. In unserem eigenen Land! Sie meinen, wir bringen kein Geld. Und weil du allein bist, mein Sohn, denken sie, du wirst die Mädchen ansprechen und Ärger machen. Und dann bist du noch Almancı, aus Deutschland, wie ich an deinem Türkisch höre. Euch können etliche hier nicht leiden. Weil ihr's besser habt drüben.«

Ich kenne diese Theorien. Aber ich will nicht an sie glauben.

Tag drei. Hello, beautiful girl – ich kann es nicht mehr hören. Liegenpreis: vier Millionen Lira. Für zwei Liegen.

»Zwei pro Sonnenschirm – anders können wir die Liegen leider nicht vermieten.«

Als ich im Wasser bin, zieht der Strandliegenmann meine Zweitliege fort zu einer dreiköpfigen holländischen Familie, mit einem Sonnenschirm. Ich tauche unter und schreie ins Meer. Ich lege mir diverse Argumente und Beleidigungen zurecht. Der Strandliegenmann hockt sich auf die Liege der holländischen Tochter. Sie ist vielleicht 16 und wird so rot, dass ich es selbst aus dem Meer sehen kann. Ihre Eltern lachen.

Tag vier bis zehn. Liegenpreis: siebeneinhalb Millionen (fast fünf Euro!). Ich gehe vor die teuren Hotels, spreche nur noch Englisch und lege mir mein T-Shirt aufs Gesicht. Ich will mit niemandem etwas zu tun haben. Ich kein Türke. Die Erde eine Scheibe. Niemand will mir zwei Liegen in der letzten Reihe andrehen. Na also.

Was für dämliche Spielchen. Das hier soll meine »Heimat« sein.

Am letzten Tag sitze ich in einer Strandbar. Der Barmann und ich kommen ins Gespräch. Und ich erzähle, was ich mit den Strandliegenmännern erlebt habe. Der Barmann lächelt still.

»Was ist?«

»Die Strandliegenjungs dürfen eigentlich nur Matten vermieten. Die Liegen und die Sonnenschirme hat die Stadt aufgestellt. Die sind kostenlos. Aber mach dir nichts draus: Burası Türkiye.«

Ja, hier ist die Türkei. Daran werde ich mich nie gewöhnen.

Partynächte

von Murat Acevit

Endlich zu Hause«, denke ich mir, nachdem ich mich auf dem Sofa im Wohnzimmer breit gemacht habe. Na ja, die Woche war anstrengend, es mussten viele Dinge erledigt werden und heute ist Freitag. Das Wochenende steht vor der Tür. Entspannung ist angesagt. Ruhe und stressfreie Tage. Ich lehne mich zurück und schnappe mir eine der Zeitschriften, die sortiert auf einer Ablage liegen. Eigentlich fällt mir in diesem Moment sogar das Lesen schwer. Ich schaue mir nur die Bilder an – bei einer Modezeitschrift ist das erlaubt. Morgen will ich mit einer Freundin shoppen gehen und anschließend noch ein paar Freunde treffen, am Abend steht ein kurzes Cage-Ball-Turnier an und gegen 23 Uhr machen wir uns mit einer kleinen Gruppe auf den Weg nach Düsseldorf zu einer Party. Schon seit längerem ist dieser Tag in meinem Kalender rot angestrichen. House Music, etwas Deep, Funk und Electro Beats. Dazu kann man feiern. Ein Hauch von Ibiza. Auch der DJ, der morgen Nacht auflegt, wird extra aus Ibiza eingeflogen.

Mein Handy klingelt. Es ist Ercan, sagt das Display.

»Ja, hallo?«

»Hey, Murat, wie läuft's?«

»Gut, Mann, sitze gerade zu Hause, bin etwas müde.«

»He, ne diyorsun? Wir haben uns zwei Wochen nicht gesehen, heute ist Freitag!«

»Ja, komm vorbei, bisschen quatschen und Tee trinken.«

»Tee trinken? Danke, aber ich trinke schon den ganzen Tag Tee, mein Onkel ist zu Besuch, mit meinen kleinen Cousinen, aus Berlin. Die sind übers Wochenende hier. Ich muss weg, sonst krieg ich die Krise.«

Ercan brennt etwas unter den Nägeln, aber er zögert, es herauszulassen – aus welchem Grund auch immer.

»Murat, mach dich fertig, wir fahren auf 'ne Party!« Wenn Ercan sagt, wir fahren auf 'ne Party, dann ist da mehr dran, als nur auf irgendeine Party zu fahren. Aber mir ist gar nicht danach.

»Das ist die türkische Party schlechthin«, sagt er.

»Ach nee, nicht türkisch!«

»Wir stehen auf der Gästeliste, ich hab das schon klargemacht, und da sind Frauen, sag ich dir!«

»Sorry, aber ich muss passen. Heute Abend nicht.«

»Okay, Murat, ich hol dich in zwei Stunden ab!« Tuuut, tuuut, tuuut.

Dieser Junge schafft es immer wieder, meine Pläne zu durchkreuzen. Eigentlich ist er ein feiner Kerl. Wir kennen uns seit der Grundschule, das heißt eine Ewigkeit. Ich stelle mein Handy auf lautlos und tue so, als ob dieses Gespräch nie stattgefunden hat. Ich blättere weiter in der Zeitschrift. Die neue Kollektion von *Dsquared* ist der Kracher, leider für Studenten nicht erschwinglich, also blättere ich weiter. Dann fällt mir ein, ich wollte nochmal duschen. Kaum stehe ich unter dem plätschernden Wasser, klingelt es an der Tür. Mein kleiner Bruder macht auf.

»Hasan, wer ist da?«, rufe ich aus dem Bad.

»Murat, bist du noch nicht fertig, beeil dich, wir müssen los.« Es ist Ercan. Er wird im Wohnzimmer warten.

Ich ziehe mir eine leicht zerrissene Jeans an und dazu ein T-Shirt im Vintagelook, neu ergattert aus einem Store in Düsseldorf. Als ich unter Zeitdruck und den kritischen Blicken von Ercan versuche, meine Haare zu stylen, meint er: »Du musst dir was anderes anziehen, so kommst du da nicht rein.«

Ich tausche also die Jeans. Die neue ist ganz ohne Löcher, eigentlich langweilig für eine Party, aber die wollen es eben klassisch. Dazu passt mein Hemd von *D. Alessandrini* und braune Stiefeletten. Ich komme mir vor, als ob ich auf dem Weg zu einer Vernissage bin.

Ercan hat ein Mädchen getroffen, anscheinend eine ganz Süße. Die will er heute Abend unbedingt sehen, sie richtig kennen lernen und schauen, wie sie tanzt. Da kann ich als Begleiter nicht wie eine Vogelscheuche aussehen. Während ich mir die Haare style, macht sich ein glückliches Grinsen in Ercans Gesicht breit.

»Na los, auf geht's!«

Vor dem Club eine lange Schlange. Wir pirschen uns an die Türsteher heran, einer von ihnen ist ein alter Bekannter von Ercan. Für so etwas ist er Spezialist. Zur Begrüßung gibt es einen festen Handschlag und Küsschen auf die Wangen.

Als wir uns drinnen unter die Menge mischen und dezent an den Rand der Tanzfläche stellen, habe ich das Gefühl, dass sich einer richtig freut. Ercan sucht aufgeregt nach seiner neuen Eroberung. Die Musik ist nicht schlecht. Remixe von *Nez* und *Nalan*. Gut zum Abtanzen. Die Organisatoren haben sich Mühe gegeben mit der Deko. Ein riesiger Monitor mit Videoclips. Eine Leinwand mit Schnappschüssen aus der Menge. An der Decke Neonstrahler und unter der DJ-Kabine Projektionen mit türkischen Ornamenten. Etwas kitschig, aber kommt gut. Die Mädels sind spitzenklasse! Überall wallende Haare, glänzende Lippen und schwingende Hüften. Was will man mehr.

Ercan hat nur noch Augen für seine Neue. Freundlicherweise stellt er mich ihr vor – und viel wichtiger, ich lerne auch ihre Freundin kennen. Ein verdammt süßes Mädchen mit einer so was von selbstbewussten Ausstrahlung und einem Lächeln, das sogar das fieseste Ungeheuer aus *Der Herr der Ringe* verzaubern könnte. Ein kleiner Smalltalk, dann zieht sie mich in die Mitte der Tanzfläche und beginnt, ihren vollkommenen Körper mit den orientalischen Beats in Einklang zu bringen. Total überrumpelt von der Situation, hypnotisiert von dieser Natürlichkeit und stolz wegen der neidvollen Blicke ringsum fange ich an, die Party zu genießen. Sehr lange halte ich diesen Zustand allerdings nicht aus. Ich muss etwas trinken und das Mädchen kennen lernen. Ich bemühe mich, mit ihr zu sprechen. Ein schwieriges Unterfangen, denn auf der Tanzfläche kommt es nie zu einem richtigen Gespräch. Also ergreife ich die Initiative, signalisiere ihr mit dem Kopf, dass ich nicht mehr will, nehme ihre Hand und ziehe sie wieder aus der Tanzfläche heraus in Richtung Bar. Sie kommt lächelnd mit. Ich frage sie, was sie trinken möchte, und bestelle eine *Pina Colada* für sie und ein *Heineken* für mich.

»Von wo kommst du?«, frage ich.

»Langendreer«, höre ich ihre süßen Lippen säuseln.

Ich beuge mich zu ihr rüber, damit sie mich besser versteht, und natürlich auch, damit ich einen verbotenen Blick in ihr Dekolletee erhasche.

»Nerelisin? Von wo stammst du?«

»Aus Izmir«, sagt sie.

Nicht schlecht. Die Mädels aus Izmir sind raffiniert.

»Was machst du beruflich?«, will ich wissen.

»Ich studiere«, antwortet sie.

»Hey, cool. Was denn?«

»Was ganz Tolles«, meint sie und grinst frech. Dann tanzt sie im Stehen.

»Sag schon, was studierst du?«

Keine Antwort. Sie zwinkert mir nur zu. Plötzlich fängt sie an, in ihrer süßen Handtasche zu kramen. Ein kleines Seidentuch fällt heraus. Ich hebe es auf und schaue sie an. Schlüssel, Make-up, ein Flakon, alles wird durchwühlt. Lange dauert es nicht und sie hat ihr Handy in der Hand, klickt auf den Tasten herum und macht ein entsetztes Gesicht.

»Mist, ich muss gehen!«

»Wie, jetzt schon? Ist etwas passiert?«

»Nee, nichts Schlimmes, muss nur weg.«

»Hey, ich würde dich gern kennen lernen!« Shit, war das zu voreilig?

»Okay, sag mir deine Nummer!«

Versuche, jetzt ganz relaxed zu wirken, und gebe ihr meine Zahlen. Im nächsten Augenblick verabschiede ich mich mit einem Kuss auf ihre zarte Wange und schaue ihr nur noch hinterher, wie sie sich grazil durch die Menge zum Ausgang bewegt. Zuvor flüstert sie mir ins Ohr, dass sie mich sympathisch findet und sich auf jeden Fall meldet. Wird sie es tun? Ich gehe an die Bar. Plötzlich fällt mir das kleine Seidentuch ein. Zu spät. Es duftet nach *Joop*. Ich stecke es in meine Hosentasche und gehe zu Ercan.

Er hat sich kein Stück von seiner Anfangsposition wegbewegt, flirtet mit seinem Mädel und beschäftigt sich intensiv mit ihr. Ich trinke mein *Heineken*, die Musik wird zur Nebensache.

Nach einer Dreiviertelstunde stehe ich einer noch heißeren Südländerin gegenüber. Was für eine Party! Hellbraune Haare, Augen wie Mandeln und ein zarter, brauner Teint. Sich ihrer Qualitäten bewusst, legt sie einen Auftritt hin, der auf den Mailänder Modewochen für Aufsehen sorgen würde. Ich lächle sie leicht verzweifelt an, mit der Flasche in der Hand, und bekomme ein zartes Lächeln zurück.

Plötzlich zieht jemand ruckartig an meinem Arm und zerrt mich im nächsten Moment Richtung Ausgang. Es ist Ercan.

»Murat, wir müssen hier weg! Schnell.«

Ich drehe mich nochmal in Zeitlupe um und sehe nur noch einen entzückenden Rücken. Mist! Sie ist weg.

»Was ist los, wir können noch nicht weg!«, sage ich.

»Murat, lass uns schnell bezahlen und raus hier. Es ist ernst, erzähle es dir gleich.«

Es stellt sich heraus, dass Ercans Eroberung in festen Händen ist. Ihr egal, lässt sie sich auf meinen Kumpel ein, der dann von ihrem eins neunzig großen Freund böse angemacht wird. Das Thema türkische Party und süßes Mädchen ist erledigt.

Wir lassen uns trotzdem die Laune nicht verderben und beschließen, in eine andere Disko zu gehen, obwohl sich alternativ wenig anbietet an diesem Freitag. Die Ansprüche runtergeschraubt fahren wir in eine berühmte Großraum-Disko. Black Music. »Nicht schlecht!« Vor der Tür eine Horde von südländischen Jungs, mindestens zwölf an der Zahl. Nach kurzem Zögern steuern wir den Eingang an. Je näher wir kommen, desto lauter dröhnen die Musik und das Gekreische. Ein klares Signal.

Kurz vor der Kasse streckt der Türsteher seinen Arm aus – Reichweite mindestens ein Meter sechsundfünfzig. »Sorry Jungs, ist grad überfüllt. Es sind zu viele Männer da. Ihr wisst schon.«

»Aha.«

Das erklärt auch, warum sich vor der Tür ein Rudel gebildet hat. Unsere anfangs euphorische Partylaune droht zu verschwinden. Ercan zündet sich eine Zigarre an, ich mustere die Konkurrenz. Die Jungs haben sich alle in Schale geworfen. *Dolce & Gabbana, Boss, Prada.* Sie wissen, wie es geht. Statt an der Börse legt Mann sein Geld in Edelboutiquen an – oder fliegt einmal weniger in den Türkeiurlaub, dann passt es auch. Die meisten von ihnen sind Geschäftsleute. Telekommunikation, Gastronomie, Bekleidung. Selfmade-Männer. Die Eltern waren Arbeiter. Als Kind musste man ja auf manches verzichten, aber diese Zeiten sind längst vergessen. Einige Jungs verabschieden sich, jetzt kann es nicht mehr lange dauern.

Plötzlich kommt eine Gruppe von Mädels. Auf Highheels und mit Minis. Eine Augenweide. An dem ersten Türsteher vorbei, bekomme ich von dem zweiten eine Verzehrkarte in die Hand gedrückt und dazu ein diplomatisches »Viel Spaß!« Ich rieche ein letztes Mal an dem Seidentuch, mische mich unter die Menge und die Nacht gehört uns.

Das geheime Paradies

von Ayşegül Acevit

Jeden Freitag träfen sie sich in der Wohnung einer anderen. Es würde viel geredet, gesungen und gegessen. Die Männer schicke man aus dem Haus, damit sie die ganze Wohnung für sich hätten, und jede Frau könne ihre Kinder mitbringen oder Freundinnen. Meine Mutter überredete mich, auf ihr Frauentreffen mitzukommen, während sie sich schick machte: blaues Kopftuch, blauer Mantel, dunkelblaue Schuhe und Tasche.

Wir fuhren einige Kilometer mit meinem Auto zum Haus des Treffens. Meine Mutter wusste, wo es war. Sie hat nie eine Schule besucht und wisse nicht, ob man dort sitzt oder steht, wie sie manchmal scherzhaft sagt, aber sie hat einen guten Orientierungssinn. »Richtung Autobahn, an der Sparkasse links, an dem Gemüseladen vorbei, neben dem gelben Haus rechts rein, dann müsste irgendwo ein altes Garagentor zu sehen sein.« Wir parkten vor dem Haus, und als wir ausstiegen, kam uns ein kleiner Junge entgegen. Seine Mutter hatte ihm aufgetragen, vor der Tür zu warten, alle ankommenden Frauen zu begrüßen und ihnen den Weg zu zeigen. Dabei wäre das gar nicht nötig gewesen. Der Duft frischer *Böreks* und *Köftes* drang aus allen Fensterritzen und kam uns schon von weitem entgegen. Meine Mutter drückte dem Jungen eine Tafel Schokolade in die Hand. Bei Familienbesuchen hat sie so etwas immer in der Tasche. Kindern Freude zu bereiten ist eine gute Tat. Wir klingelten bei Yılmaz. Die Tür ging auf und der Duft des Essens umarmte uns, noch bevor die Dame des Hauses es tat. Und auch bevor die jungen Mädchen uns kreischend empfingen. »Aaah Ayşegül abla ist auch gekommen. Coool!«

Als wir im Wohnzimmer ankamen, fielen uns die Frauen, eine

nach der anderen, um den Hals und begrüßten uns mit doppeltem Wangenkuss. Etwa 20 Frauen dürften es gewesen sein. Ältere und Jüngere, Frauen mit und ohne Kopftuch, Frauen mit und ohne Kind. Studentinnen und Arbeiterinnen. Mädchen, die kaum türkisch sprachen und die Türkei kaum kannten, und Mädchen, die kaum deutsch sprachen und Deutschland kaum kannten – Bräute, die erst vor einigen Monaten hier gelandet waren. Eine deutsche Nachbarin war auch dabei. Eine ältere Dame, die im selben Haus wohnte und alleine lebte. Sie hieß Tante. So jedenfalls nannten sie die Frauen und sie fand das offenbar gut. Sie saß mitten auf dem Rundecksofa, umgeben von sieben oder acht Frauen, die ihre Hand hielten oder mit ihren weißen Locken spielten und ihr jeden Wunsch von den Lippen ablasen. Mal brachten sie ihr etwas zu trinken, mal warme Pantoffeln. »Tante ist alt, sie wird frieren, bringt ihr ein Jäckchen!« Sie genoss es sichtlich, betütert zu werden. Das Tuch, das sie um den Hals trug, hatten die jungen Mädchen nach anatolischem Muster mit Perlen bestickt. Die meisten älteren Frauen trugen so etwas. Sie redete nicht viel, saß glücklich grinsend in der Menge und hielt Augenkontakt zur Dame des Hauses, ihrer Nachbarin. Man merkte, dass die beiden sich von Herzen verbunden waren, und das Herz braucht bekanntlich nicht viele Worte. Zwei Mädchen standen auf und machten uns Platz.

Man tauschte sich aus und es war ein schönes Gefühl, zu wissen, dass man willkommen war. Nach einer Weile gingen einige Frauen ins Nebenzimmer. Es war Gebetszeit. Zehn Minuten später war das Wohnzimmer wieder voll und es wurde Tee gebracht. Es war gegen Mittag. Das Treffen würde sicher bis abends dauern. Manche würden sogar bis neun oder zehn Uhr bleiben.

Die älteren Frauen lästerten zaghaft. Lästern ist eine Sünde und niemand wollte sich heute Sünden aufladen. Aber der einen sei doch die Tochter weggelaufen – was für ein Schicksal –, der anderen der Mann. Die Dritte habe Brustkrebs und wieder eine lebe jetzt die Hälfte des Jahres in der Türkei. Das muss man sich doch sagen dürfen. Dann begannen sie, sich von ihren Wehwehchen zu erzählen. Tante Nurten hob ihr Bein, schob ihre dicke, lange, weiße Baumwollhose unter dem Rock über das Knie, raffte die grauen Wollstrümpfe herunter und zeigte die Stelle, die schmerzte. Dann nahm sie den Zeigefinger der Frau neben sich und strich damit darüber. »Ja, ja, das kann man fühlen«, pflichtete ihr die alte Dame bei und die anderen schauten neugierig zu. Niemand hätte Tante Nurten die Schmerzen absprechen wollen. Sie arbeitete seit über 30 Jahren in Fabriken. Mal am Fließband, mal im Akkord, mal mit Fleisch und mal mit Autoteilen. Ihr Mann hatte auf der Zeche gearbeitet, aber die wurde stillgelegt. Seitdem ist sie Alleinverdienerin. Frauen sind stärker als Männer. Zu arbeiten und sechs Kinder großzuziehen ist nicht einfach. Tante Nurten hatte es geschafft. Ihr Mann wusste das. Er war stolz auf sie, wirklich stolz. Aber es zehrte auch an seinem männlichen Ego und deshalb schwieg er in der Öffentlichkeit. Das taten auch die Männer von Tante Ayşe, Tante Hatice und Tante Zeliha. Aber denen war es egal. Was der Mann nach außen hin tut, ist nicht so wichtig. Er muss nicht in aller Öffentlichkeit zeigen, wie er zu seiner Frau steht, oder allen sagen, dass er sie liebt, oder Händchen halten. Beziehung ist etwas Intimes. Wichtig ist, was zu Hause passiert, und da waren sie mit ihren Männern zufrieden. Meistens jedenfalls. »Wenn Männer alt werden, werden sie brav wie Lämmer«, bestätigten die Frauen. Früher hätten die Männer gerne den Boss gespielt und sie selbst seien nicht ganz unbeteiligt daran gewesen. Einen starken Mann zu haben habe sie mit Stolz erfüllt. Aber diese Zeiten seien vorbei. Eine ganze Weile munterten sich die Frauen gegenseitig auf. Einen Therapeuten brauchten sie nicht. Die Frauensolidarität hielt sie gesund. In einem regen Moment des Gesprächs schlüpfte ich neugierig aus der Runde heraus.

Die Enkelin der Hausherrin zwinkerte mir die ganze Zeit zu

und signalisierte, ich solle mit ihr nach oben gehen. Über die Holztreppe im Flur kamen wir ins obere Stockwerk. Als sie die Tür öffnete, dudelte uns Tarkan aus der Stereoanlage entgegen, der Mädchenschwarm schlechthin. Zwischen drei und 13 Jahre waren die Girlies jung und hatten sich über das ganze Kinderzimmer ausgebreitet mit Schminktäschchen und Make-up-Dosen, Kopftüchern und Kämmen, Perlenketten und Puppen. An den Wänden hingen Poster von Britney Spears und Özcan Deniz, von Alexander, dem Superstar, und von Ali, dem Schwiegersohn des Propheten. Die Mädchen hatten eine Welt, deren Grenzen weit außerhalb dessen lagen, was man sich draußen vorstellen konnte. Und diese Welt machte Spaß. Sie schminkten sich und probierten gegenseitig ihre T-Shirts oder Kopftücher an. Sie sangen mal auf Türkisch, mal auf Englisch. Sie tanzten oder saßen kichernd in der Ecke und erzählten sich ihre Geheimnisse. Und meine wollten sie mir auch entlocken.

»Hast du einen Freund?«, fragten sie.

»Wie sieht deine Wohnung aus«?

»Ist Köln schön?«

»Wie wird man Journalistin?«

Ich musste schmunzeln. Sollte ich wirklich alles verraten?

Plötzlich bemerkte ich zwei blaue Augen, die mich unter einem blonden Pony und einem Kopftuch anlächelten.

»Wie heißt du?«

»Simone«, sagte sie.

»Und die da drüben ist ihre Cousine«, sagte eine andere. »Jennifer«, sagte die Dritte.

»Die mit dem roten Kopftuch.« Welche exotischen Blüten das Leben doch treibt, wenn man es lässt. Zwei deutsche Mädchen im Kreis ihrer Freundinnen. Das kleinste Mädchen, das gerade von einer älteren knallbunt geschminkt worden war, zog ich zu mir und nahm es auf den Schoß – ihren Rücken mir zugewandt. Sie quietschte und kicherte und ich knuddelte und drückte sie, küsste sie auf die Bäckchen und wippte sie hin und her. »Sen kimsin?«

»Leyla«, antwortete sie.

»Die kann dich nicht sehen«, rief ein Mädchen.

»Kannst du nicht?«, fragte ich.

»Nein, kann ich nicht«, sagte sie.

»Warum denn nicht?«, fragte ich.

»Weiß ich nicht«, sagte sie und quietschte munter: »Schaukel mich wieder, schaukel mich wieder.«

Nach einer Weile floh ich vor den kleinen Schönheiten zurück nach unten.

Die Stimmung der älteren Frauen war andächtiger geworden. Die, die keine Kopftücher trugen, zupften welche aus den Handtaschen und banden sie sich um.

»Gelinler kuran okuyacak. Die »Bräute« werden jetzt Koran lesen«, flüsterte meine Mutter.

Die »Bräute«, das waren die Schwiegertöchter. Zwei oder drei. Die Frauen wurden still, setzten sich aufrecht hin, konzentrierten sich, horchten in sich hinein. Eine Braut begann zu rezitieren. Einigen älteren Frauen kullerten schon nach wenigen Minuten die ersten Tränen aus den Augen. Die Melodie der heiligen Worte wühlte tief in ihrem Inneren. Das tat sie immer. »Die Erinnerung an das Göttliche erwacht«, nennt das der Koran. An das zeitlos Unvergängliche, an das im Herzen der Gläubigen Verborgene, das mit Worten nicht zu Beschreibende. Sehnsucht nach Seligkeit. In dieser Stimmung trat immer viel Verdrängtes an die Oberfläche der Meere ihrer Herzen. Schlugen die Wogen im Alltag hoch, so waren sie jetzt still und sanft, und ihr Leid flüsterte ihnen aus der Tiefe zu.

Das Leid der Älteren, der einfachen Frauen vom Lande, die nicht nur Haus und Hof verlassen hatten, um in ein fremdes Land zu ziehen, sondern auch ihr halbes Leben. Alle Menschen, die ihnen lieb waren, hatten sie damals hinter sich gelassen, und der Schmerz dieser Trennung war genauso unvergänglich wie die Erinnerung. Mütter und Schwestern, Omas und Tanten, Nachbarinnen und Freundinnen – Frauen gehören dort zusammen. Sie sind füreinander da. Frauen unterstützen sich, sie helfen sich, sie machen sich Mut. Frauen feiern miteinander und teilen Brot und Wasser ebenso wie *Baklava* und Tee. Sie gehen zusammen auf das Feld zum Arbeiten und mahlen gemeinsam das Korn für das Brot. Sie kochen gemeinsam das Fleisch für den nächsten Tag und das Gemüse für den nächsten Winter. Sie leben miteinander, sie weinen und lachen miteinander. In guten und in schlechten Tagen. Aber in Deutschland ist das anders.

Die Älteren waren meist ihren Männern gefolgt. Elif yenge kam alleine. Sie ist heute über 60. Als junges Mädchen wohnte sie im Süden Anatoliens, in einem Holzhaus mit acht Zimmern und mit Obstbäumen vor der Tür. Als sie sich entschloss, nach Deutschland zu gehen, kam sie in ein Wohnheim für Gastarbeiter. Zehn Erwachsene in einem Zimmer. Zwei Kochplatten für 20 Leute, zwei Toiletten für alle. Not macht bescheiden.

Hatice yenge, ebenfalls knapp 60 Jahre alt, kam von der Schwarzmeerküste. Mit sechs Geschwistern, Kühen, Schafen und Pferden lebte sie auf einem Bauernhof. Jeden Tag arbeitete sie auf dem Feld ihrer Eltern, und wenn sie nach Hause kam, sattelte sie ihr Pferd und ritt durch die Landschaft. Als sie ihrem Mann ins Ruhrgebiet folgte, fand sie sich in einer 40-Quadratmeter-Wohnung wieder, ohne Bad, mit einem stinkenden Holz-Plumpsklo im Garten. Sie hat Deutschland noch von seiner mittelalterlichen Seite kennen gelernt. Ihr Mann arbeitete, sie war allein. Es dauerte Jahre, bis sie hier Freundinnen fand. Zuerst mussten sich die Männer bei der Arbeit anfreunden, dann mussten sie sich mögen, dann konnten sie sich besuchen und auch die Ehefrauen einander vorstellen. Meist waren es doch die Männer, die die Arbeit hatten, das Geld, die Autos und den Mut, sich furchtlos in die neue Welt hineinzustürzen. Den Frauen blieben ihr Heim und die Erwartung, bald zurückzukehren. Sie machten aus der Not eine Tugend und ihr Haus zu ihrem Paradies. So werden Traditionen geboren. Bis heute hat sich das nicht geändert.

Das Leid der Jüngeren ist nicht geringer. Die Bräute sind die neuen Wanderinnen. Oft sind sie Bekannte aus dem Umkreis der Familien in der Türkei. Junge Mädchen, die sich in der Hoffnung auf ein schöneres Leben im Ausland in einen Arbeitersohn aus Deutschland verliebten. Zwischen Heimaturlaub und Heimreise. Jetzt stehen sie da, ohne eigene Freundinnen, ohne Deutschkenntnisse, ohne die kulturelle Entwicklung, die ihr Land in den letzten 40 Jahren mitgemacht hat. Das Schicksal wiederholt sich, auch wenn es sich hin und wieder etwas Neues einfallen lässt. Wie gut, dass es da den Glauben gibt, in dessen Angesicht alles Elend dahinschmilzt.

Wie ein Feengesang klang die Koranrezitation, als sich im Hintergrund ein Grummeln daruntermischte. Eine Männerstimme war zu hören und eine Frau regte sich auf. »Was hat der Mann hier zu suchen, der soll gehen!«

»Schick deinen Mann doch weg, Schwester!«, schimpfte eine andere und die Hausherrin sprang zur Tür. Manche zogen die Tücher vors Gesicht, manche fluchten, manche lachten.

»Was willst du? Ich hab doch gesagt, du sollst nicht vor Mitternacht nach Hause kommen«, hörte man sie schimpfen.

Seine verschämte Ausrede machte ihn zu einem Kind: »Ich dachte, ihr seid vielleicht schon fertig!«

»Nein, sind wir nicht! Geh und lass uns in Ruhe, ja?«, sagte sie wütend, als man die Tür knallen hörte.

»Es tut mir Leid, Schwestern. Was soll ich machen, ich habe es ihm heute Morgen schon gesagt. Erkek milleti değil mi, kafa yok ki!« Dieses Männervolk! Kein Verstand! Irgendwo sollte er sich die

Zeit vertreiben. Im Teehaus oder in der Moschee vielleicht oder bei einem der anderen Ehemänner. Er war ein Mann, er hatte einen Weg zu finden.

Die Braut rezitierte meisterhaft. Sie war offenbar regelmäßig in die Koranschule gegangen. Als sie fertig war, bedankten sich die Frauen bei ihr, überhäuften sie mit guten Wünschen für Gesundheit und Seele. Das ist wichtig, denn die Wünsche der anderen können dich nähren. Schließlich fragte eine ältere Frau, der das Tuch ständig herunterrutschte und der man ansah, dass sie es sonst nicht trug, ob nicht einige von uns *ilahis* singen könnten, religiöse oder »philosophische« Lieder. Eine ältere Frau sagte, sie kenne so ein Lied, aber sie könne nicht singen. Da fielen ihr die anderen ins Wort: Das sei doch völlig egal, wir seien schließlich alle keine Sängerinnen. Die Frau ließ sich bereitwillig überreden, ihre Entschuldigung war reine Höflichkeit und alle wussten das. Es sollte nicht aussehen, als wolle sie sich in den Vordergrund drängen.

Anfangs noch ein wenig rot vor Scham sang sie mit zitternder Stimme ihre ersten Verse und wurde immer lauter, bis sich die volle Pracht ihrer Stimme im Raum entfaltete. Alle lauschten. Von ihr ermutigt, gaben auch andere Frauen ihre Lieder zum Besten. Sie sangen von der Vergänglichkeit des Lebens, von der Liebe zu den Müttern und von der Hoffnung, dass sie mit ihrem Glauben Berge durchbohren könnten. Zum ersten Mal hörte ich sie singen. Zum ersten Mal bemerkte ich, dass hinter den Fassaden meiner verdeutschten Unkenntnis eine Welt voller weiblicher Talente schlummerte. Ich fühlte mich, als hätte ich in der Lichtung eines Waldes einen Schatz entdeckt, und ich erkannte, dass man ihn nur sehen kann, wenn man den Frauen sein Herz öffnet.

Als auch die Letzte gesungen hatte, wandten sich die Frauen jeweils ihrer Nachbarin zu, umfassten ihre Hände, gaben sich Küsse auf die Wangen, umarmten sich und wünschten sich göttliches Wohlgefallen. Muhammed, der Geliebte Gottes, sei ihr Beschützer in dieser und in der nächsten Welt. Seufzer, Aufatmen. Was für ein wunderbares Gefühl!

Zwei Mädchen standen auf und brachten Essen. Gaumenfreuden mit Tradition. »Das haben wir mit Liebe für euch gekocht«, sagte eine Zehnjährige verschmitzt. Die Stimmung wurde gelöst und heiter. Wir lachten und tratschten, wir aßen und tranken und wir vergaßen die Zeit. Wundervolle Gemüseröllchen und Teigtaschen, Pizzen und Torten, Früchte und Nüsse, Tee, Kaffee und Fruchtsaft. Eine Platte nach der anderen kam aus der Küche, als wäre es ein Hochzeitsbankett. Das Geschmatze und Gerede der Frauen war die Hintergrundmusik. Stimmung wie auf einer Party.

Als wir am Abend nach Hause gingen, tauschten die Jüngeren ihre Handynummern aus. Die Älteren umarmten sich und unterhielten sich minutenlang zwischen Tür und Angel. Es hätte die halbe Nacht so weitergehen können, wenn nicht die ersten per Handy bestellten Söhne angefangen hätten zu hupen.

»Komm doch auch zu mir, Schwester. In der neuen Wohnung habe ich keine türkischen Nachbarn. Ich sterbe vor Einsamkeit.«

»Nurten, gehst du morgen auch mit zu Hatice? Die will uns zeigen, wie man kurdische *Köftes* macht.«

»Ach, ihr Kurdenfrauen. An zehn Fingern habt ihr zehn Künste!«

»Seid mal leise. Das da ist der Sohn von Sultan. Würde der nicht zu Leyla passen?«

Gekicher!

»Tante! Wo ist Tante? Tschüss, Tante. Du kommst auch zu uns, ja?«

»Kommt bald wieder, Schwestern. Die Männer schicken wir weg, versprochen!«

»Ich wusste gar nicht, dass du so schön singen kannst«, sagte ich im Auto zu meiner Mutter. Sie lächelte verschämt.

»Ich doch auch nicht, Tochter!«, sagte sie.

Ihr Türken, ihr!

von Birand Bingül

Neulich war ich zu einer vornehmen Diskussionsveranstaltung eingeladen. Im Zuge des zusammenwachsenden Kontinents sollte ich mich zum Europa-Journalismus äußern. Der Saal war voll mit deutschem Bürgertum aus höheren Semestern. Als der Moderator mich am Rande fragte, ob ich einen Beitritt der Türkei zur Europäischen Union für realistisch hielte, sprang hinter mir ein älterer Herr auf.

»Ihr Türken ihr, ihr werdet doch nie reif werden für die Union«, fauchte er. Ich drehte mich um und sah den Mann an. Er setzte sich wieder und sah sich selbstsicher im Publikum um. Jetzt hatte er es mir kleinem Gastarbeiternachwuchs aber so richtig gegeben!

Abgesehen von dem feindseligen Unterton hat der Herr – was einen möglichen Beitritt der Türkei zur Europäischen Union angeht – womöglich sogar Recht, lassen wir das dahingestellt. Aber sauer war ich trotzdem. Und zwar auf mich. Ich ging überhaupt nicht auf den Herrn ein. Ich tat so, als sei nichts gewesen. Ich blieb freundlich und sachlich. Argumentierte, warum ich, nüchtern betrachtet, einen Beitritt aus wirtschafts- und sicherheitspolitischen Absichten beider Seiten für plausibel halte. Einerseits, andererseits, auf lange Sicht – blablabla … Und dabei hätte ich dem Herrn gerne so manches andere entgegengebracht. Sie kennen das bestimmt: Hinterher fallen einem immer die besten Sachen ein.

»Ihr Türken, ihr?«

Hallo?

Ich bin hier geboren, ich war hier auf der Schule, ich habe sogar für einen deutschen Verband internationale Sportwettkämpfe bestritten. Ganz zu schweigen von abstrakten Dingen wie deutscher Sozialisation oder deutschem Pass. Und wenn das noch nicht reicht – ich war als Wehrpflichtiger bei der Bundeswehr. Schütze Bingül meldet sich zum Dienst! Gewehr bei Fuß. Hackenklack. Mit viel Angst im Rucksack. Und den Warnungen meiner Eltern im Ohr. Hoyerswerda, Solingen, Mölln – die Anschläge auf Ausländer waren gerade erst passiert. Ich ging trotzdem zum Bund – oder gerade deswegen … Ich habe mit meinem deutschen Klappspaten Gräben ausgehoben. Ich bin durch deutsche Wälder geglitten. Ich habe mein deutsches Gewehr G3 unzählige Male zerlegt und zusammengesetzt. Trug Nato-Olivgrün. War Bürger in Uniform. Nicht für meines Vaters-, sondern für Deutschland. Wie kann man sich noch mehr zu einer veränderten Realität bekennen?

In der Grundausbildung hat es übrigens keiner gemerkt. Auf meinen Sachen stand »Binguel« und nicht »Bingül«, und alle dachten, ich sei allenfalls Franzose. Binguel, Bonduelle – oder so. Erst bei der Abschlussparty am letzten Abend fragte mich ein Vorgesetzter, woher ich eigentlich käme. Ich sagte die Wahrheit. Mein Vorgesetzter war zunächst verblüfft, meinte dann aber: »Jetzt weiß ich, warum Sie so zurückhaltend waren.« Ich nickte. Später am gleichen Abend erfuhr ich, dass in der Stube neben mir drei Monate lang ein Kamerad mit einschlägigen Verbindungen zur Neonazi-Szene gewohnt hatte. Ein unwirkliches Gefühl. Ich habe Glück gehabt.

Und dann sagt dieser Herr abschätzig: »Ihr Türken, ihr«, und ich lasse mir das auch noch gefallen. Erstens sind die Türken – für alle, die es noch nicht gemerkt haben – keine Untermenschen (und alle anderen auch nicht). Und zweitens bin ich doch genau deswegen zum Bund gegangen, um es solchen Deutschen zu zeigen. Nicht mit Worten, sondern mit Taten. Um nicht den leichten Weg zu gehen, sondern den schweren. Den Umweg in die Mitte der deutschen Welt.

Ich gehöre dazu, ob Sie wollen oder nicht, Sie Biodeutscher, Sie! Das alles hätte ich gerne dem Herrn auf dieser Veranstaltung gesagt. Dass er verpasst hat, was da draußen eigentlich passiert. Dass Leute wie ich bei schrumpfender »deutscher« Bevölkerung in der demographischen Entwicklung der nächsten Jahre einen ordentlichen Teil seiner Rente mit zahlen. Dass ich es sogar gerne tue. Dass jetzt Leute wie ich kommen, die sich nicht so einfach klein machen lassen wie viele unserer Väter. Dass wir, wenn schon nicht als Menschen an und für sich, dann zumindest wegen unserer Leistung hier Respekt verdienen. Und hätte ihn all das für einen Augenblick auch nur irritiert, dann – ja dann hätte ich ganz für mich allein einen dieser winzigen Erfolge davongetragen, die nichts bedeuten und nichts ändern; aber man fühlt sich besser danach, man kann ruhigen Gewissens in den Spiegel gucken und man ist eher bereit, die nächste Alltagsniederlage so zu nehmen, wie sie kommt. Und sie kommt bestimmt.

Little Istanbul

von Murad Bayraktar

Wenn man mit Fischstäbchen und Fastfood von *Nordsee* aufgewachsen ist, dann interessiert man sich nicht besonders für die deliziöse Spitzenklasse von Meeresfrüchten. Ich war nie ein Fischliebhaber – im Gegensatz zur restlichen Familie, sämtlichen Bekannten und fast allen anderen Türken. Doch eine ganz besondere Sorte von Fisch, einen sardellenartigen kleinen Bewohner des Schwarzen Meers habe ich nie von meinem Teller verbannt: *Hamsi.* Ganz vorzüglich und köstlich schmeckt dieser *König der türkischen Fische*, wenn er mit ein wenig Maismehl paniert gebraten wird.

Da es dieses Gericht bei *Nordsee* noch nicht gibt, begab ich mich eines Tages auf die Suche nach dem King of Fish. Irgendwo im tiefsten Ruhrgebiet machte ich Halt bei einer Fischhandlung, die keine Wünsche offen zu lassen schien. Ich fragte die Fischverkäuferin, ob sie schon einmal etwas von einem solchen Fisch gehört hätte. »Nein, nicht Hansi, sondern *Hamsi*.«

Es gab alles: Sardellen, Kabeljau und Rollmops – aber keinen *Hamsi*.

Zwei Minuten später klingelte mein Handy. »Hey, Murad, ich hab was für dich! Wie? Nein, nicht *Hamsi*!«

Es war eine Freundin, die seit einiger Zeit eine Wohnung für mich in Köln suchte. Ein schweres Unterfangen!

»Na, dann schieß mal los.«

»Also, die Wohnung liegt direkt im Zentrum von Köln, in der Weidengasse. Eine tolle Lage. Ganz besonders für dich als Türken!«

Das war vor knapp drei Jahren. Heute verstehe ich, was sie mit dem letzten Satz meinte. Weidengasse! Diese nicht allzu lange

Straße, nicht allzu weit vom Kölner Dom entfernt, ist eines von vielen *Little Istanbuls* in Deutschland. Es sollte meine neue Heimat werden. Ein deutsch-türkisches Viertel, so, wie es sie in vielen Städten gibt: Kreuzberg in Berlin, Altona in Hamburg, Marxloh in Duisburg oder Gröppelingen in Bremen. Die einen bezeichnen sie als Gettos – man sagt heutzutage auch ganz gerne mal abschätzig Parallelgesellschaften –, die anderen lieben den Multikultiflair und würden nie auf ihren türkischen Gemüsehändler, den leckersten *Döner* der Stadt oder den glitzernden Gold-Juwelier verzichten.

Für den Prototyp des einheimischen Touristen ist ein solcher Ort nicht mehr als eine exotische Genussmeile. Hier einen *Kebab*, dort ein *Lahmacun*. Danach kehrt man in seine heile Welt zurück, in jene Stadtteile, in denen, wenn überhaupt, nur die so genannten Integrierten wohnen. Doch was ist mit denen, die zurückbleiben, die gerne hier leben?

Die Herrschaften aus der Leitkulturfraktion mögen in diesen Vierteln Zufluchtsorte für die sozial deklassierte Minderheit sehen, doch es sind keine Gettos, es sind Oasen!

Ich zog in die Weidengasse und diese zog mich in ihren Bann, mit ihrem orientalischen Flair, dessen Original ich in Istanbul erleben durfte, wo ich einige Jahre lebte. Doch irgendetwas ist hier anders als dort. Diese Mischung aus kölscher und türkischer Lebensart zum Beispiel: eine gute Dosis »deutscher Ordnungssinn« vermischt mit einer Prise »morgenländischer Unbeschwertheit«, eine Portion »rheinischer Frohsinn« und die gleiche Menge »türkische Ernsthaftigkeit«. Natürlich gehören dazu auch die Handyläden, die Export-Import-Shops und die Musikmärkte. Letztere verkaufen türkische CDs und auch mal kroatische oder griechische, nicht aber amerikanische oder englische, die es ohnehin in jedem Kaufhaus gibt. Sogar türkische Videofilme aus den 70er Jahren findet man hier, die einem in pathetischen Bildern von dem Teil der Weltgeschichte erzählen, von dem man sonst in Deutschland kaum etwas erfährt: vom osmanischen Reich und von der Arbeiterklasse anatolischer Städte. Und dann gibt es da noch den Metzger, bei dem es sogar *Kolonya*, ein zitroniges Erfrischungswasser, zu kaufen gibt oder *Gül Reçeli*, Marmelade aus Rosenblüten. Oder das Reisebüro, in dem man noch drei Stunden vor Abflug ein Ticket bekommen kann. Und schließlich die Szeneboutique, die neben aktuellen Trends auch Einzelteile türkischer Topdesigner führt. All diese Geschäfte mit ihrem speziellen Warensortiment findet man nur hier – nur in *Little Istanbul*, nur in Deutschland, nicht in der Türkei.

Es war der erste Tag nach meinem Umzug. Ein extravaganter, glänzender, schwarzer Wagen mit Blumen auf der Haube stand vor meiner Tür. Neben dem türkischen Friseur, der die Männer mit einer orientalischen Bartrasur und die Frauen mit fantastischen Haartrachten verwöhnt. Das Auto würde gleich weiterfahren, ein paar Meter nur, zu einem der Goldgeschäfte, deren Schaufenster immer einladend glitzern. Es war Hochsaison für Heiratswillige. Bevor die türkischen Paare sich das Jawort geben, pilgern sie hierher, in die Weidengasse, wo der Musikladen extra für sie die Boxen lauter dreht und der eine oder andere Passant plötzlich anfängt, mitten auf der Straße zu tanzen. Dem Bräutigam wird der Weg abgeschnitten: Es ist Tradition, dass er den Junggesellen ein paar Euro in die Hand drückt, bevor man ihn weitergehen lässt. Die »Touristen« schauen begeistert zu, für die Bewohner und Ladeninhaber ist es Routine.

Keine Woche später. Ich wachte auf mit dem Frohlocken des Gemüsehändlers der »Karpuz, kavun. Hepsi Angebot bunların!« schrie. Wasser- und Honigmelonen im Angebot! Der süßliche Geruch aus der Kölsch-Brauerei um die Ecke vermischte sich mit dem Duft der frischen Fladenbrote. Ich ging runter auf die Straße. Es gab mittlerweile schon viele bekannte Gesichter. Ich grüßte sie alle, alle grüßten mich, ungezwungen.

Eine Stimme rief: »Günaydın Ağbi – Guten Morgen, großer Bruder.« Ich bin wesentlich jünger als der Besitzer des türkischen Supermarkts, aber er nannte mich »Ağbi«. Diese Heiterkeit schien ansteckend zu sein, jedenfalls sprach mich der urkölsche Inhaber des Antiquitätenladens, ein paar Häuser weiter, genauso munter an, als ich in seinem Laden herumwühlte: »Na Jung, hast de jet jefunge?«

Mittagszeit. Noch vor ein paar Wochen gab es Pommes rotweiß in Herne. Jetzt fiel die Entscheidung schwer. Dem lokalen Geschmack angepasste türkische Spezialitäten wie *Döner* mit *Tzatziki* – eigentlich ein Unding –, natürlich üppig gefüllt und übersättigend, oder *Lahmacun*, die türkische Pizza, mied ich erst mal. Authentischere Gaumenfreuden, die ein Stück Heimat sind, warteten auf mich, von *Su Böreği*, dem »Wasserblätterteig«, über Yoghurtsuppe bis hin zu Eintöpfen, Fleischgerichten und natürlich den Süßspeisen, deren Pistazien frisch aus dem Südosten der Türkei eingeflogen werden.

Ich überließ nichts dem Zufall und studierte die Karten sorgfältig. Es lohnte sich. Auf der Mittagskarte stand etwas, das ich so lange vergeblich gesucht und nirgends gefunden hatte: *Hamsi*.

Offenbarungen im Supermarkt

von Ayşegül Acevit

Ich wollte eigentlich nur eine Zeitschrift und ein paar Süßigkeiten kaufen. Der Supermarkt lag im Zentrum unseres kleinen Stadtviertels an einer viel befahrenen Bundesstraße. Links davon die Praxis meines Augenarztes, rechts eine kleine Moschee im Hof eines Sanitärhändlers und hinter dem Supermarkt das Krankenhaus, in dem meine Geschwister zur Welt gekommen waren und ich eine Mandeloperation hinter mich gebracht hatte. Ich mochte diese Gegend. Mein halbes Leben hatte sich hier abgespielt und ich kaufte auch gerne hier ein.

Es war Samstag. Einkaufstag. Ich suchte mir eine Tafel Schokolade aus und ging dann zu den Regalen mit den Zeitschriften. Irgendetwas Spannendes fürs Wochenende wollte ich, etwas für Frauen. Ich schaute mir die Zeitschriften an, blätterte ein wenig in der einen oder anderen, las die Überschriften und blieb mit den Augen auf einer Seite hängen, wie das so ist.

Im Hintergrund hörte ich eine Frauenstimme laut durch den ganzen Supermarkt rufen: »Lass die Finger davon!«

Die Stimme hörte sich an, als sei sie einem tschechischen Kinderfilm entsprungen. Krächzend. Eine böse Stiefmutter, die ihr Kind tadelte, vielleicht. Oder eine Hexe, die eine Göre zurechtwies. Womöglich hatte ich mich aber auch nur verhört. Real konnte sie kaum sein. Wer schreit jemanden in der Öffentlichkeit schon so unverschämt an? Ich blätterte weiter. Modetipps, Promigeschichten, Programmhinweise. Die Aufteilung gefiel mir. Dieses Heft wollte ich nehmen.

Plötzlich wieder die Stimme, noch schrecklicher als zuvor: »Lass die Finger davon, habe ich gesagt, blättern ist verboten!«

Meinte sie etwa mich? Ich drehte mich um. Hinter mir war ein breiter Gang mit Regalen und am Ende standen drei Kassen nebeneinander. An jeder von ihnen hatte sich eine lange Schlange von Samstagseinkäufern gebildet. Alte Damen, die im Krieg viel durchgemacht hatten, junge Familienväter, die besorgt ihre Kinder beisammen hielten, emanzipierte Frauen, die ihren Mann standen, und wilde Jugendliche mit Piercings. Woher die Stimme kam, konnte ich zuerst nicht sehen, bemerkte dann aber eine dicke Kassiererin, die abwinkte und sich setzte. Dumme Kuh, dachte ich, wenn ich an der Kasse bin, rede ich mit ihr.

Mit der Zeitschrift in der Hand wollte ich mich gerade umdrehen, als ein junger Mann mich im Vorbeigehen anrempelte und sagte: »Kapierst du nicht, du alte Türkensau, du sollst die Zeitung weglegen.«

Es fühlte sich an wie ein Schlag mitten ins Gesicht. Der Mann ging weiter.

»Was hast du gesagt?«, rief ich ihm hinterher.

Er reagierte nicht, sondern stellte sich ganz hinten an der Schlange an. Ich lief ihm nach. Die Zeitschrift und die Schokolade nahm ich mit.

»Hör mal, was hast du da eben gesagt? Bist du eigentlich bescheuert? Wie redest du denn mit mir?!«

»So, wie man mit 'ner Türkensau redet!«, antwortete er und schaute weg.

Ich konnte es nicht fassen. Es war ja nicht das erste Mal, dass ich beschimpft wurde, aber so! Hätte er sich das auch getraut, wenn ich ein Mann gewesen wäre?

»Was bist du denn für ein braunes Arschloch?«, sagte ich und suchte vergeblich seinen Blick. »Hm?!«

Er drehte sich zu mir um, bäumte sich auf, riss die Schultern hoch, streckte die Brust raus. Machogehabe! »Hey, hey, pass mal bloß auf, was du sagst!«, schrie er mich an.

Er trug eine dunkle Hose, einen dunklen Pullover, eine dunkle Jacke. Alles an ihm wirkte dunkel auf mich. Nur seine Haare waren blond wie Gold und seine Augen blau wie das Meer. Aber weibliche Gefühle galten hier nicht.

»Verpiss dich dahin, wo du hergekommen bist!«, schrie er weiter.

»Und wohin soll ich gehen? Nach Dortmund, du Penner?«, brüllte ich zurück. Ich bemerkte, wie das Blut immer schneller durch meine Adern schoss, und bemühte mich, meine zitternden Knie ruhig zu halten.

»Du bist wohl ’ne Studierte, was?«, rief er. »Trotzdem bist du ein dreckiger Ausländer!«

Die ersten Tränen reihten sich an meinen Augenlidern auf und wollten durch. Ich hielt sie zurück. Nicht jetzt! Nicht aufgeben! Sollte ich wirklich zeigen, wie verletzt ich war? Zu Boden sinken? Ohne zu kämpfen? Verbündete hätte ich jetzt brauchen können. Ich warf einen Blick um mich. Eine ganze Schlange hinter uns, zwei daneben. Alle schauten irgendwohin, aber nicht zu uns. Niemand hatte offenbar Augen oder Ohren oder eine Zunge. Niemand sah uns, niemand hörte uns, niemand sagte ein Wort. Kein Familienvater fühlte Verantwortung, keine emanzipierte Frau war stark genug, keine alte Dame konnte sich erinnern, was Leid bedeutet, und kein Jugendlicher war ein Rebell. Dabei hätte ein einziges Wort genügt. Eine einzige Geste. Ein Blick. Blicke sagen doch mehr als Worte. Ich war wirklich nicht anspruchsvoll. Aber – nichts.

Ich musste allein meinen Mann stehen. »Du bist selber ein Dreck! Du Scheiß-Nazi«, schrie ich ihm ins Gesicht.

Meine Gedanken fanden in ihrem Aufruhr keine anderen Worte, die jemanden wie ihn in einem Moment wie diesem hätten besser treffen können. Der Mann rastete aus: Seine Augen wurden wild, er schnaubte wie ein Stier, baute sich vor mir auf und krempelte sich allen Ernstes die Ärmel hoch. »Boah, du Scheiß-Kanake! So was lasse ich mir nicht sagen!«, tobte er.

Er kam einen Schritt auf mich zu, und statt ihm auszuweichen, ging ich ihm entgegen. Wenn ich erniedrigt werde, bricht der Kämpfer in mir aus. Ich vergaß, dass der Mann einen Meter achtzig groß war und ich nur eins vierundfünfzig. Ich vergaß, dass er ein männliches Muskelpaket war und ich ein zierliches Persönchen. Ich vergaß, dass er das gesamte Heer der Schweigenden hinter sich hatte und ich alleine war. Aber das Heer war in meinen Augen so tief gesunken, dass es mir winzig klein erschien.

»Ja, komm, das will ich sehen, dass ein Kerl wie du eine Frau wie mich zusammenschlägt. Das will ich sehen!«, sagte ich, während ich mich auf die Zehenspitzen stellte, um mich ihm entgegenzustrecken. Ich fühlte mich so unbeschreiblich gekränkt und so voller Verzweiflung und Wut, dass ich größer erscheinen wollte, als ich war. Am liebsten doppelt so groß – oder wenigstens größer als er. Ich bin die älteste Tochter meiner Eltern. Ich hatte auf ihren Armen Täler und Brücken hinter mir gelassen und war in eine fremde Welt aufgebrochen. Ich hatte es als Arbeiterkind ohne fremde Hilfe bis zur Universität geschafft. Ich war immer mit der Lanze in der Hand vorangegangen und hatte gekämpft gegen Unterdrücker und gegen Tyrannen. Mit einem armseligen Waschlappen wie ihm würde ich auch noch fertig werden.

Er versetzte mir einen Schlag auf die Schulter, ich fiel einen Schritt zurück und kam wieder vor. »Ja, komm!«, sagte ich, als wäre ich lebensmüde. »Ich will sehen, wie du das machst!!«

Ich hatte kein Gefühl mehr für Verhältnismäßigkeit oder Proportion. Alles war im Nebel meiner aufgewirbelten Gefühle verloren: gekränkte Würde, beleidigter Stolz, verletzte Weiblichkeit. Durfte man so etwas mit mir machen? Durfte man mich so behandeln?

Plötzlich sah ich, wie aus meinem toten Winkel eine Hand auf den Mann zukam und auf seiner Brust stehen blieb. Für einen winzigen Moment atmete ich auf. Für einen winzigen Moment hatte ich wieder Respekt für die schweigende Masse und für einen winzigen Moment fühlte ich mich stark, als hätte ich sagen können: »Siehst du, es gibt doch noch Menschlichkeit!«

Aber es war eben nur ein winziger Moment. Denn der Hand folgte eine Stimme: »Junge, du hast es doch nicht nötig, dich mit diesem Pack abzugeben!«

Stille. »Pack«? Hatte ich richtig gehört? »Dieses Pack«, das sollte ich sein! Nach all dem war ich nun also auch noch »das Pack«! Der Mann atmete durch und ließ die Schultern wieder hängen. Ich drehte meinen Kopf zur Seite und sah eine reife »Dame«. Mit offenem Mund stand ich da und konnte nun nicht mehr verhindern, wogegen ich mich die ganze Zeit eisern gewehrt hatte. Tränen überfluteten mein Gesicht. »Haben Sie eigentlich noch alle Tassen im Schrank?!«, heulte ich.

»Ach, halt doch die Schnauze!«, sagte die Frau, drehte sich um und ordnete sich anständig in ihre Reihe ein.

Ich schaute den Mann an. Er grinste regungslos.

»Orospu çocuğu. Hurensohn!«, spie ich ihn an und schaute den Schweigenden in die Augen.

Dann ging ich weiter zur Kasse. Jämmerlich muss ich ausgesehen haben, als ich mit rot geriebenen Augen vor der Kassiererin stand.

»Sind Sie jetzt zufrieden?«, fragte ich die dicke Frau. Ganz alleine standen wir uns gegenüber, zwischen Zigarettenschachteln und Pralinen. »Haben Sie erreicht, was Sie wollten?«

»Es ist verboten, in den Zeitschriften zu blättern«, sagte sie stur, während sie konsequent an mir vorbeischaute.

»Verboten?«, fragte ich. »Verboten? Wissen Sie, was verboten ist?«

Aus der Schlange kam Protest. Plötzlich wurden sie mutig.

»Quatsch nicht und geh weiter, Mann, oder hast du immer noch nicht genug!«

»Sehen Sie! Sehen Sie, das ist verboten, das, was heute hier passiert! Das alles ist verboten!«, sagte ich und fügte hinzu: »Lernen Sie erst mal, ein Mensch zu sein!«

Sie drehte sich weg. Ich warf die Schokolade und die Zeitschrift auf das Band. »Die schenke ich Ihnen«, sagte ich noch. Zu mehr reichte meine Kraft nicht. Der Rest an Luft, den ich noch hatte, war damit verbraucht.

Als ich auf die Straße kam, kämpfte ich immer noch mit den Tränen, aber die frische Luft tat mir gut. Ich atmete tief durch und schluchzte. Ich hatte stark sein wollen und jetzt heulte ich wie ein Kind. Der Weg durch die Stadt erschien mir unendlich lang, obwohl ich nicht länger als fünf oder sechs Minuten brauchte. Mit jedem Schritt kamen mir die Szenen aus dem Supermarkt in den Sinn und bei jedem Gedanken kamen neue Tränen. Vielleicht hatte ich sie einfach zu lange zurückgehalten.

Als ich zu Hause ankam, öffnete mir mein Vater die Tür. »Was ist denn mit dir los, Tochter?«, fragte er besorgt.

»Ich war im Supermarkt«, schniefte ich

»Ja, und?«, fragte er. »Warum hast du geweint?«

Ich erzählte ihm meine Geschichte – und mein Vater fing an zu lachen. »Deshalb brauchst du doch nicht zu heulen!«

Ich schaute ihn verwundert an.

»Und ich dachte schon, es wäre was passiert.«

»Wie? Ist das nichts?«, fragte ich.

»Weißt du, wie oft ich schon so beschimpft wurde? Oder deine Mutter? Wenn wir jedes Mal so ein Theater gemacht hätten! Ach Gott, Kindchen!« Er setzte sich an den Küchentisch und schälte weiter Kartoffeln.

Ich sagte: »Papa, der Mann hätte mich zusammengeschlagen!«

»Ja eben, du bist auch verrückt, dass du dich mit ihm angelegt hast. Wenn ich sage, du sollst stark sein, heißt das nicht, dass du dich mit Männern prügeln sollst«, entgegnete er. »Hättest du mal den Mund gehalten und wärst gegangen. Glaubst du, dass dir irgendjemand helfen würde, wenn was passiert? Mach das ja nicht nochmal!«

Ich konnte es nicht glauben. »Warum sollte ich den Mund halten? Ich? Die haben doch gar kein Recht, so mit mir zu reden, mich so zu beschimpfen.«

»Oh je, Tochter. Du musst noch viel lernen! Wir sind nun mal Ausländer und die meisten Leute mögen Ausländer nicht, das weißt du doch.«

»Nein, das sehe ich nicht ein. Ich bin kein Ausländer.«

»Ach nee?«, fragte er spöttisch und schaute mich an: »Was bist du?« Es klang, wie die Frage eines Richters bei einem Kronzeugenprozess. »Was bist du?« Als ginge es jetzt um alles oder nichts!

»Ich bin«, sagte ich und zuckte mit den Schultern, »ich bin ein Mensch. Ich bin ein Bürger dieses Landes und das heißt … also, so gesehen, bin ich auch Deutsche.«

»Hadi ya! So was aber auch!« Mein Vater winkte ab und schüttelte den Kopf: »Was ist das denn für ein intellektueller Unsinn? Anan türk, baban türk. Kaşın kara, gözün kara. Dein Vater ist Türke, deine Mutter ist Türkin. Du hast schwarze Augenbrauen, du hast schwarze Augen. Sen türksün kızım, türksün. Du bist Türkin, Mädchen, Türkin. O kadar! Fertig!« Und grinsend fügte er hinzu: »Wenn du willst, dass sie dich als Deutsche anerkennen, dann musst du dir erst mal die Haare blond färben und dir einen deutschen Namen zulegen. Nennen wir dich ab jetzt ›Helga‹.«

»Papa! Mach dich nicht lustig über mich!«

»Ach, Helga gefällt dir nicht? Dann nennen wir dich doch Anneliese!«

Er hatte erreicht, was er wollte. Ich musste lachen. Anneliese war eine Nachbarin, die ständig betrunken war.

Mein Vater kitzelte und umarmte mich. »Bosver kızım. Vergiss es, Tochter! Nimm es nicht so ernst. So was kann dir hier immer wieder passieren. Früher, da waren wir ihnen gut genug. O eskidendi ama, das war aber früher. Die Zeiten sind vorbei. Jetzt ist es eben anders. Gewöhn dich dran. Sind doch nicht alle so!«

Ich schwieg, ging in mein Zimmer und legte mich bäuchlings auf das Bett. Langsam fielen mir die Augen zu und ich hatte nur noch einen einzigen Wunsch: Alles für immer zu vergessen. Das war vor über 10 Jahren.

Seither habe ich noch oft Situationen erlebt, in denen ich diskriminiert wurde, weil ich Türkin bin. Wenn ich diese Geschichten meinen deutschen Freunden oder Bekannten, Nachbarn oder Kollegen erzähle, sind sie meist entsetzt und ihr Beistand erwärmt mein Herz. Wenn ich die Geschichte Bekannten türkischer oder ausländischer Herkunft erzähle, berichten sie oft von ähnlichen Erfahrungen. Sie wurden von Passanten angepöbelt oder beschimpft, sie wurden zu Wohnungsbesichtigungen gerufen, weil sie perfekt Deutsch sprachen, und wieder zurückgeschickt, weil sie Ausländer waren. Sie wurden grundlos von Polizisten verdächtigt und angehalten, wurden von Behörden schikaniert, von Kollegen gemobbt oder von Vorgesetzten gedemütigt. Natürlich nicht alle und nicht jeden Tag, aber dennoch viel zu viele und viel zu oft. Es gibt ein türkisches Sprichwort, das sagt: »Dost aci söyler«, was so viel bedeutet wie: Freunde dürfen sich auch die Wahrheit sagen, wenn sie bitter ist. Die Mehrheit der türkischen Einwanderer, sowohl der älteren als auch der jüngeren Generation, möchten in Freundschaft mit Deutschen leben, ebenso wie die Mehrheit der Deutschen auch umgekehrt. Gerade deshalb muss man sagen dürfen, dass wir seit 40 Jahren immer noch oft wie Menschen zweiter Klasse angesehen und so behandelt werden. Egal, wie gut man deutsch spricht und wie gut man integriert ist. Egal, ob man die deutsche Staatsbürgerschaft angenommen hat oder ob man hart gekämpft hat, um erfolgreich zu sein. Egal, wie viele Jahre seines Lebens man »diesem Land geschenkt hat« und egal, wie sehr man sich hier heimisch fühlt oder nicht: Solange man aussieht wie ein Ausländer, kann es jederzeit passieren, dass man auch so behandelt wird – so, wie manche meinen, dass Ausländer es verdienen. Jugendliche ohne Zukunftsperspektiven versuchen oft dagegen zu rebellieren, kompensieren mit aggressivem Verhalten oder Statusdenken. Ältere Leute ziehen sich oft enttäuscht zurück, weil sie es von der türkischen Kultur gewohnt sind, respektiert zu werden, und nicht verstehen können, warum man sie so demütigt. Mit deutschen Augen betrachtet mag es nur wie harmlose, alltägliche Bosheit aussehen, aber für den, der davon betroffen ist, ist es eine »Deklassierung auf Lebenszeit«, gegen die er machtlos ist. Oft führt sie zu Selbstzweifeln, zu Gefühlen von Minderwertigkeit oder gar zu Depressionen, und viele versuchen deshalb, es zu verdrängen oder »deutscher als Deutsche« zu sein, oder sie sind besonders lieb und nett, nur um zu beweisen, dass sie selbst anders sind als all die anderen bösen Ausländer. Diese Reaktionen kann ich nicht immer gutheißen, aber ich kann mitempfinden, was in den Menschen vorgeht. Manchmal erfährt man im Supermarkt eben auch seine ganz persönlichen Offenbarungen.

Wie ich liebe

Liebe auf den ersten Klick

von Ayşegül Acevit

Sie hätte eigentlich glücklich sein können. Alles, was eine Frau zum Leben braucht, hatte sie. Sie war schön, sie war klug und ihr eigenes Geld verdiente sie auch. Sie hatte eine kleine, aber feine Wohnung und ein ebensolches Auto. Sie liebte Milchkaffee, schöne Schuhe und Leonardo di Caprio. Und sie war in dem Alter, in dem man laut Koran ins Paradies eintrat: 33. Aber das Paradies war noch lange nicht in Sicht. Die irdische Glückseligkeit hätte ihr vorläufig auch gereicht, doch dazu fehlte noch etwas. Egal, was sie tat, sie konnte es nicht finden.

In dem Büro der kleinen Firma wurden sämtliche Formalitäten für den Verkauf von Autoteilen abgewickelt. An den Wänden hingen Poster von Oldtimern und ständig kamen Kunden oder solche, die es werden wollten. Der Mittelpunkt des Büros war ein 17-Zoll-*Fujitsu*-Flachbild-Monitor, dessen Leib sich irgendwo unter dem Tisch versteckte. Auf dem schwarzen Ledersessel saß meistens der Mann, dem der Laden gehörte und der ständig herumschwirrte und Befehle gab, während er mit den Gedanken ganz woanders war.

In den letzten Jahren hatte Aytens Welt überwiegend aus Büchern bestanden. Anatomie, Neurologie, Chirurgie und was sie sonst noch alles können musste. Eine Superärztin wollte sie nicht werden, aber sie nahm ihren Beruf ernst, war idealistisch, wollte den Menschen helfen – wirklich helfen. Als Assistenzärztin hatte sie jetzt zwar viel um die Ohren, aber die Bücher konnte sie allmählich von ihrem Schreibtisch räumen – das Studium war zu Ende. Als ihr Tisch leer wurde, stand ihr Computer ziemlich einsam da und erinnerte sie an ihre Wunde. Es musste endlich etwas passieren.

Nedim hatte ein Geheimnis und er bemühte sich sehr, niemandem etwas davon merken zu lassen. Jeden Abend, wenn die Angestellten das Büro verlassen hatten, brühte er eine Kanne frischen Tee aus Rize auf und sein Herz begann zu hüpfen wie das »eines Jungen, dessen Schnurrbart gerade erst zu wachsen begonnen hatte«. Wenn er seine Krawatte lockerte und das Jackett über die Sessellehne warf, dann musste er immer an seine Mutter denken, die ständig sagte, er solle endlich ein Mann werden. Es bedeutete wohl so viel wie: »Lerne Verantwortung zu tragen, vergiss das Nachtleben und sieh zu, dass du es zu etwas bringst.« So gesehen war er also ein Mann geworden – jedenfalls fast. Etwas fehlte noch und deshalb setzte er sich vor den Monitor und loggte sich ein: Patron35.

//Semiramis: Hi, Patron, auch wieder da? :-)
//Patron35: Hi, Semiramis, wie geht es dir?
//Semiramis: Hatte mal wieder schön viel Stress :-(
//Patron35: Erzähl mal! … Ich kann dich trösten. :-)

Nächtelang chatteten der Chef und seine babylonische Königin und irgendwann wussten sie alles voneinander. Es war unausweichlich, dass passierte, was passieren musste.

//Patron35: Was machst du, Süße?
//Semiramis: Ich vermisse dich :-(
//Patron35: Wollen wir uns nicht mal treffen?
Ich will dich so gerne sehen.
//Patron35: Hallo?
//Patron35: Was ist los? Bist du noch da?

Semiramis hatte ihre Zweifel, ob es Sinn machte, sich auf eine romantische Chatbekanntschaft einzulassen. Sie brauchte Zeit.

Das Café in der Frankfurter Altstadt war gemütlich und hatte ein großes Fenster, aus dem man die Straße beobachten konnte. Als ein roter *BMW* davor parkte, schauten alle hin. Der Fahrer kam heraus, zog sich ein schickes Jackett an und nahm einen Blumenstrauß vom Beifahrersitz, bevor er seine Tür zuwarf. Als er das Café betrat, war er aufgeregt und rückte seine Krawatte zurecht, während er den Raum mit seinen Blicken scannte. Plötzlich hüpfte sein Herz in die Luft. Seine Blicke wurden erwidert von einer dunkelhaarigen Schönheit. Er ging auf sie zu und sie reichte ihm wie selbstverständlich die Hand.

»Die Blumen, ach ja – die sind für dich.«

//Patron35: Vertraust du mir nicht?
//Semiramis: Ich weiß nicht, ich kenne dich ja kaum!
//Patron35: Willst du es nicht mal versuchen?
//Semiramis: Ja, vielleicht. :-)

Es vergingen einige Monate und an einem regnerischen, kalten Tag klingelte es an der Tür der kleinen Arbeiterwohnung in Duisburg-Marxloh. Aytens Mutter zupfte ihr Kopftuch zurecht, ihr Vater strich sich über den Schnurrbart und ihre drei Schwestern rannten aufgeregt umher. Die Mutter öffnete die Tür. Vor ihr standen ein altes Ehepaar in feiner Kleidung und dahinter ein stattlicher junger Mann mit einem Blumenstrauß. Er beugte sich vor, küsste ihre Hand und dann die Hand ihres Mannes und übergab den Strauß, während seine Mutter eine feine Schachtel *Baklava* überreichte. Dann begaben sich alle ins Wohnzimmer.

Die drei Schwestern bemühten sich, nicht zu kichern. Sie hatten ihren Eltern schon erzählt, dass bald ein junger Mann auftauchen und um Aytens Hand anhalten würde. Früher wäre es ohne diesen Besuch ja nicht gegangen, heute war er nur noch Formalität. Was die Schwestern verschwiegen, war, dass der Mann Nedim hieß.

Ayten kochte Kaffee und war aufgeregt wie eine 15-Jährige, als sie mit dem Tablett ins Wohnzimmer kam. Nedim lächelte sie an, nahm einen Schluck und verzog die Miene. Der Kaffee schmeckte abscheulich, aber er schwieg. Ayten hatte Salz hineingestreut. Wenn er diesen Kaffee austrinken konnte, ohne sich zu beklagen, dann würde er selbst in den bittersten Tagen zu ihr stehen. Das sagte die türkische Tradition. Ayten liebte Traditionen. Der Tisch war üppig gedeckt mit Teigtaschen, Kuchen, Keksen und Sonnenblumenkernen und alle unterhielten sich, als würden sie sich schon seit Ewigkeiten kennen. Nedim wirkte schüchtern, als sein Vater zu Aytens Vater sagte, dass er »im Namen Allahs und des Propheten seine Tochter Ayten für seinen Sohn Nedim haben wolle«. Aytens Eltern erbaten sich Zeit zum Überlegen. Es sollte nicht so aussehen, als ob sie ihre Tochter loswerden wollten oder sie keinen anderen finden könnte. Letzteres stimmte zwar, aber das musste man ja niemandem auf die Nase binden.

Später bemäkelten sie, dass er aus Zonguldak stammte. Sie hätten lieber einen Schwiegersohn aus der Ägäis gehabt. Aber sie wussten, dass es für Frauen wie ihre Tochter schwer war, überhaupt einen passenden Mann zu finden. Ayten hatte es ihnen schon 100-mal vorgerechnet: Es gibt zwei Millionen Türken, davon die Hälfte Frauen, bleiben eine Million. Die Hälfte davon ist unter 30 und fällt weg. Bleiben 500 000. Davon wiederum ist weniger als die Hälfte in ihrer Altersklasse, zwischen 30 und 40. Sagen wir 200 000. Die meisten sind einfache Menschen, Arbeiter und Bauern ohne viel Schulbildung und mit konservativer Lebenseinstellung. Eine gemeinsame soziale Basis musste aber schon sein. Bleiben vielleicht 50 000. Von denen sind 95 % verheiratet, macht also 2500. Die Hälfte davon kommt aber aus optischen oder charakterlichen Gründen nicht infrage. Somit bleiben vielleicht 1200 gebildete, nette, gut aussehende türkische Singles. Aber stehen die alle auf Ayten? Wenn ein Drittel sie toll finden würde, wären es knapp 400 Männer, die irgendwo zwischen 80 Millionen Deutschen verstreut sind. In der Türkei und für deutsche Frauen kommen bei einer solchen Rechnung einige Millionen heraus und dann ist es immer noch schwer, den Richtigen zu finden. Ayten lebte also in einer Wüste wie viele ihrer Freundinnen auch.

Alle Möglichkeiten hatte sie schon durchgespielt. Einen Mann aus der Türkei holen? Im Urlaub, bei den Verwandten hatte sie noch nie einen getroffen, in den sie sich hätte verlieben können. Einen Deutschen heiraten? Sie war Realistin und liebte den »Turkish way of life«. Sie wollte, dass ihre Kinder alten Leuten die Hand küssen, dass sie sich mit Ağbi und Abla anreden, dass sie perfekt Türkisch sprechen und freitags mit dem Opa in die Moschee gehen. Sie wollte einen Mann, der sich um ihre Eltern kümmert, als wären es seine eigenen, der ihre Mutter zum Einkaufen kutschiert, wenn sie es will, und ihrem Vater beim Umgraben des Gartens hilft. Sie wollte eine Schwiegermutter, mit der sie stundenlang Weinblätter füllen kann und die sich freut, wenn sie jederzeit, sieben Tage die Woche, unentgeltlich ihre Kinder hüten darf. All dies und noch viel mehr musste selbstverständlich sein, ohne Missverständnisse oder Diskussionen.

Nedim hatten andere Dinge beschäftigt, auch wenn er sich längst nicht so viele Gedanken machte. Er hatte bisher viele deutsche Freundinnen gehabt, eine Türkin war für ihn nie infrage gekommen. Früher wollte er vor allem Spaß, aber türkische Mädchen redeten immer gleich von Heirat. Heute, da er seine grauen Härchen und seinen schmerzenden Rücken nicht mehr verleugnen konnte, war er bereit, den Ernst des Lebens anzuerkennen. Er mochte alle Frauen, ob blond, ob braun, doch jetzt wollte er eine, »die seine Seele kannte und die ihm so nah war, dass sie ihn auch ohne Worte verstand«. Dafür war er sogar bereit, sich zu binden. Aber vielleicht wollte er auch nur deshalb eine Türkin, weil er für selbst gemachten *Börek* sein Leben geben würde.

In den Tagen vor der Hochzeit verwandelten sich die beiden Hochzeitshäuser in regelrechte Ateliers. In der Küche brodelten die Töpfe und der Backofen kühlte gar nicht erst ab. Im Kinderzimmer schminkten sich die Mädchen und nähten und änderten, was immer man ihnen brachte. Jederzeit schneiten irgendwelche Nachbarn herein, um zu fragen, ob sie irgendwie helfen könnten. Das Geschenk für die Mutter des Bräutigams musste noch verpackt, die Blumen für das Brautauto noch befestigt werden. Das Schlafzimmer musste ausgeräumt werden, damit man nach der Feier im Saal zu Hause gemütlich weitertanzen konnte. Wer was machte, wusste keiner, aber alles wurde erledigt.

500 Gäste waren eingeladen und 600 kamen. Eigentlich war es mehr ein Volksfest als eine Hochzeit, aber für Ayten und Nedim war es dasselbe. Dass man die Frau oder den Mann fürs Leben gefunden hat, das kann man gar nicht groß genug feiern. Ayten genoss es, von allen Menschen, mit denen sie aufgewachsen war, so großzügig mit Gold und Geld und Aufmerksamkeit beschenkt zu werden. Als kleines Mädchen hatte sie immer von genau so einer Hochzeit geträumt. Aber am liebsten hätte sie auf einer weiten Wiese gefeiert, mit Ringkämpfern in schwarzen Lederhosen, die sich mit Öl einschmierten und ihr zu Ehren kämpften.

Als Nedim seinen Schwiegereltern nach der Feier die Hand küsste und sie fest umarmte, da klopften sie ihm auf den Rücken und baten ihn, gut auf ihre Tochter aufzupassen. Nedim war stolz, dass nun niemand mehr einen Zweifel daran hatte, dass er »ein Mann« geworden war. Das junge Paar setzte sich in den roten *BMW* mit dem dicken Blumenstrauß auf der Motorhaube, und als der Wagen losfuhr, schüttete Aytens Mutter einen großen Eimer Wasser hinter dem Auto her – damit ihr Leben ebenso rein und fließend sein möge. Auf der Heckscheibe des Autos standen ganz nach alter Tradition und in weißer Schrift die Namen der Brautleute: Patron35 + Semiramis.

Warum ich nur Deutsche küsse

von Türkiz Talay

»Wie fühlt es sich eigentlich für eine Türkin an, einen Deutschen zu küssen?« Diese Frage stellte mir vor kurzem ein junger Türke auf der Straße, der mich im letzten Jahr in der Hauptrolle einer deutsch-türkischen Komödie gesehen und wiedererkannt hatte.

Völlig überrascht von dieser unerwarteten Frage antwortete ich ihm spontan: »Ich weiß es nicht. Ich kenne es nicht anders. Ich hab ja bisher nur Deutsche geküsst!«

Der junge Mann sah mich verständnislos an, verabschiedete sich dann knapp und ließ mich stehen. Und ich stellte mir zum ersten Mal in meinem Leben die Frage: Warum habe ich mich noch nie in einen Türken verliebt?

Ich bin 30 Jahre alt und unverheiratet. In meinem bisherigen Leben habe ich vier längere Beziehungen geführt, mit meinem jetzigen Partner lebe ich seit zwei Jahren in »wilder Ehe«. So unterschiedlich diese Männer auch sind, eines haben sie gemeinsam: Sie sind deutsch.

Das war jedoch nie eine bewusste Entscheidung, sondern eher Zufall. Warum also kein Türke? Oder zumindest einer, der – so wie ich – hier in Deutschland geboren und aufgewachsen ist? Schließlich kommt doch für die meisten Türkinnen meiner Generation – und seien sie auch noch so modern – nur ein Landsmann als Partner infrage. Vielleicht hatte ich unbewusst zu viel Angst vor zu viel Verbindlichkeit? Ein türkischer Mann, so dachte ich womöglich, würde mich früher oder später heiraten wollen. An sich habe ich nichts gegen das Heiraten, im Gegenteil, ich finde es sogar sehr romantisch. Doch die Vorstellung, bereits in jungen Jahren verheiratet und Mutter zu sein, hat mir schon immer Angst bereitet. Ich wollte als Schauspielerin Karriere machen, herumreisen und meine Unabhängigkeit in vollen Zügen genießen. Dieses Leben schien mir wohl mit einem Türken unmöglich. Wie ich darauf komme, weiß ich nicht, denn es gibt natürlich auch unter Türken unzählige Menschen, die so ein Leben führen. Demnach war ich also meinen eigenen Landsleuten gegenüber voreingenommen. Türkische Männer standen für mich für Verzicht und Abhängigkeit.

Meine deutschen Freunde hingegen hatten mindestens so viel Ehrfurcht vor dem »Bund des Lebens« wie ich. Neben ihnen fühlte ich mich unabhängig, da sie mir den nötigen Freiraum gewährten, den mein Charakter und nicht zuletzt auch mein Beruf erfordern. Jede dieser Beziehungen war auf ihre Weise wunderschön und wertvoll für mich und ich konnte mich stets weiterentwickeln. Aber ab einem gewissen Punkt wurde es mir manchmal zu »verkopft«, zu deutsch. Was ich mit »verkopft« meine, ist die Angewohnheit, alles immer in kleinste Einzelheiten »zerdenken« zu müssen, bevor überhaupt gehandelt wird – für mein persönliches Empfinden eine »typisch deutsche« Eigenschaft. Der türkische Teil in mir fühlte sich oft unterdrückt und wollte ausbrechen. Mein Temperament brauchte Luft zum Atmen – ich wollte nicht immer nur vernünftig sein, sondern auch mal verrückt sein dürfen, ohne gleich schräg angeguckt zu werden.

Mein jetziger Partner ist wieder ein Deutscher, doch er unterscheidet sich in einem Punkt von seinen Vorgängern: Er ist ostdeutsch. Und er tut mir gut. Er hat eine große Portion Humor, ist mindestens so temperamentvoll wie ich und überhaupt nicht »verkopft«. Er handelt meist aus dem Bauch heraus – genau wie ich. Wir lachen viel und tanzen oft gemeinsam durch unsere Wohnung, und wenn uns jemand dabei beobachten würde – er würde uns mit Sicherheit für verrückt erklären.

Kennen gelernt haben wir uns bei Dreharbeiten zu einem Fernsehfilm vor zwei Jahren, bei dem wir zusammen vor der Kamera standen. Ein gemeinsamer, türkischer Kollege, dem wir später erzählten, dass wir uns auch im richtigen Leben zusammengetan haben, brachte es schließlich auf den Punkt: »Bu sana iyi uymuş, bu tam türk! Der passt gut zu dir, der ist total türkisch!«

Und ich muss sagen: Er hat Recht!

Seitdem habe ich oft darüber nachgedacht und es wäre sicher unsinnig, so etwas allein darauf zurückzuführen. Und doch beschleicht mich manchmal das Gefühl, dass die »Ossis« mehr mit uns Türken gemein haben als die meisten Deutschen aus den alten Bundesländern. Beispielsweise hat mein Freund einen ausgeprägten Familiensinn, der ja auch uns Türken gerne nachgesagt wird. Von seiner Familie bin ich vom ersten Tag an sehr herzlich und ohne jegliche Vorbehalte aufgenommen worden, was ich von der einen oder anderen intellektuellen Mutter meiner Ex-West-Freunde leider nicht behaupten kann. Bei ihnen wurde ich das unangenehme Gefühl, mich als zukünftige Schwiegertochter erst noch bewähren zu müssen, über Jahre hinweg nicht los. Als potenzielle Schwiegertochter hat es wohl jede Frau anfangs schwer, die Gunst der Mutter ihres Partners zu gewinnen. Und trotzdem hatte ich den Eindruck, als Türkin einer strengeren Prüfung unterzogen zu werden. Früher oder später wurde ich zwar als Partnerin ihrer Söhne akzeptiert, doch gewisse Vorurteile gegenüber meiner Person und Herkunft blieben bestehen. Die eine Mutter wollte bei jedem Besuch die Frage der Menschenrechtsverletzungen in der Türkei mit mir diskutieren, die andere warnte ihren Sohn heimlich davor, mich zu schwängern, weil er mich ja dann heiraten müsste. Originalton: »Das ist so bei den Türken!«

Das ist bei meiner jetzigen »Schwiegermutter in spe« ganz anders: Obwohl mein Freund bereits ein Kind aus seiner früheren Beziehung hat, werden wir bei nahezu jedem Besuch gelöchert, wann wir beide denn nun endlich »nachlegen«. Das liegt sicher nicht zuletzt daran, dass mein Freund auch selbst Teil einer Großfamilie ist. Während ich mich bisher immer dafür rechtfertigen musste, warum ich denn als Türkin nicht mindestens 547 Verwandte habe, kann ich nun bequem auf die unzähligen Tanten, Cousins, Großneffen und Vettern meines Freundes verweisen, die sich nahezu auf halb Sachsen-Anhalt und Mecklenburg-Vorpommern verteilen. Entsprechend umfangreich fallen die Familienfeiern aus und nach diversen Hochzeiten, Taufen und Jugendweihen, an denen ich teilnehmen durfte, kenne ich noch lange nicht alle Verwandten meines Freundes, aber er selbst wahrscheinlich auch nicht.

Bei diesen Festen fiel mir sofort eine weitere Gemeinsamkeit zwischen Türken und Ossis auf: Sie feiern ganz besonders ausgelassen und ausgiebig! Die Feste werden gemeinsam in Eigenregie organisiert und jeder steuert freiwillig etwas zum üppigen Menü bei. Es sind alle Generationen vertreten, vom 92-jährigen Opa bis zur acht Monate alten Großenkelin, und es wird gemeinsam bis zum Morgengrauen gelacht und getanzt. Diese fröhliche Art, Feste zu feiern, erinnert mich jedes Mal an meine Kindheit und Jugend, als ich mit meinen Eltern so manche türkische Hochzeit oder manches Beschneidungsfest, *Sünnet düğünü*, besuchte. Es waren immer Massen von Menschen anwesend, die sich unheimlich laut und stark gestikulierend unterhielten. Die Wärme und Lebensfreude, die von solchen Festen ausgingen, habe ich persönlich schon immer als »typisch türkisch« empfunden. Das ist wohl der Grund, warum ich mich bei den Familienfeiern meines Freundes vom ersten Augenblick an geborgen und wohl gefühlt habe. Diese Art zu feiern ist mir einfach vertraut.

Bevor ich meinen Freund traf, stand ich als West-Kind den Beziehungen zwischen Wessis und Ossis sehr skeptisch gegenüber. Zu groß erschienen mir die Unterschiede in Erziehung und Prägung, die wir Kinder der BRD und unsere Altersgenossen in der ehemaligen DDR erfahren haben, und umso größer stellte ich mir die kulturellen Differenzen zwischen mir als einer Deutsch-Türkin und einem Ostdeutschen vor. Aber meine persönliche Erfahrung hat mir gezeigt, dass mein Freund und ich trotz der verschiedenen Welten, in denen wir aufgewachsen sind, letztlich vielleicht mehr gemeinsam haben als jeder von uns mit unseren westdeutschen Altersgenossen. Denn die Erinnerungen an unsere Kindheiten sind mit einer gewissen Nostalgie behaftet, die wohl kein Westdeutscher so richtig nachfühlen kann: Das Land, in dem mein Freund aufgewachsen ist, existiert nicht mehr. Und meine Kindheit war geprägt vom faszinierenden Wechsel zwischen dem Alltag in Deutschland und den langen Ferien im Sommerhaus meiner Großeltern in Çeşme. Zwei Länder mit völlig verschiedenen Kulturen und Lebensgefühlen, die für mich zu einem Land verschmolzen, mit dem ich viele schöne Erinnerungen verbinde. Aber auch dieses Land gibt es nicht mehr, da sich sowohl Deutschland als auch die Türkei in den letzten 15 Jahren sehr stark verändert haben.

So tragen wir beide unsere Vergangenheiten in uns, die Teil unserer heutigen Identität sind und die wir mit keinem Westdeutschen teilen können. In diesem Punkt fühlen wir uns manchmal ein wenig wie Außenseiter in diesem Land. Und wenn wir uns gegenseitig aus jener Zeit erzählen, lauscht jeder gespannt den Geschichten und Anekdoten des anderen.

Nicht zuletzt durch diese Erfahrungen fühle ich mich meinem Freund verbunden und dann kommt es mir so vor, als hätte ich doch schon mal einen Türken geküsst.

Turkish Coming-out

von Ipek Ipekçioğlu

Im zarten Alter von 18 Jahren hatte ich endlich mein Coming-out, obwohl ich mich seit meinem zwölften Lebensjahr in Mädchen verliebte. Damals verbrachte ich ein Jahr in England. Die geographische Distanz zu meiner »Heimat« Berlin und zu meinem Elternhaus machte mir das entschieden leichter. So riskierte ich nicht den Verlust der mir nahe stehenden Menschen. Da mich in England niemand kannte, fiel es mir nicht so schwer, schwul-lesbische Lokale zu besuchen und Gleichgesinnte kennen zu lernen. Bei meiner Rückkehr nach Deutschland hatte ich das starke Bedürfnis, andere Lesben aus der Türkei zu treffen, und machte mich daher auf die Suche.

Zu meinem ersten CSD in Berlin anno 1991 nahm ich meinen kleinen heterosexuellen Bruder mit und ich sprach fast jede Lesbe an, die nach meiner Wahrnehmung »türkisch« aussah. Nach dem Motto: »Hey, bist du türkisch? Bist du lesbisch? Dann lass uns sofort eine Gruppe gründen!«

Einige der Angesprochenen waren durch mein offensives Verhalten so eingeschüchtert, dass sie sofort zurückschreckten. Andere wurden misstrauisch. »Was will die denn von mir?« Wieder andere reagierten mit Aussagen wie: »Was hat mein Türkischsein mit meinem Lesbischsein zu tun? Ich brauche keine Gruppe.« Oder: »Ich will mit anderen Türkinnen nichts zu tun haben.«

Mir wurde relativ schnell klar, dass es nicht einfach sein würde, eine Gruppe zu gründen. Anscheinend hatten sich die meisten Frauen daran gewöhnt, ihre lesbische Identität entweder in einem deutschen Umfeld und/oder versteckt zu leben, so dass viele mit der Thematik »lesbisch und türkisch« Berührungsängste hatten.

Ich gab Anzeigen in verschiedenen Zeitschriften auf und ging zu Veranstaltungen in der Hoffnung, Gleichgesinnte zu treffen. Schließlich fand ich nicht nur die Frauen, sondern auch einen Raum, wo wir uns treffen konnten. Auf diese Weise formierte sich 1992 eine Gruppe von Lesben, die aus der Türkei stammten und hier in Berlin lebten. (Irgendwann stellte sich heraus, dass sich nur eine einzige Frau in der Gruppe befand, die ausschließlich türkischer Herkunft war.)

Mein Wunsch war in erster Linie, mich mit anderen lesbischen Türkinnen auseinander zu setzen. Türkisch und lesbisch. Für viele mag das komisch klingen, aber es war mir klar, dass es nicht selbstverständlich war, in Deutschland eine Lesbe mit türkischem Hintergrund zu sein. Wenn ich in der Türkei leben würde, würde man mir meinen türkischen Hintergrund nicht absprechen, da wäre ich einfach für die meisten nicht »normal« oder »krank«, aber immer noch eine Türkin. Hier ist es anders: Wenn ich eine Lesbe bin, bin ich sicherlich sehr deutsch assimiliert – und dadurch keine richtige Türkin mehr. Als ob die sexuelle und die soziale Orientierung von der kulturellen Zugehörigkeit abhängig wären. Diese Einstellung galt für die Immigranten-Community genauso wie für die deutsche Mehrheitsgesellschaft. Fazit: Es können nur die absolut »eingedeutschten Türkinnen« lesbisch sein.

Eigentlich fand ich mich sehr türkisch, also wollte ich meine türkischen Seiten mit meinen lesbischen Seiten leben. Durch die Gruppe hatten wir endlich die Gelegenheit, beides zu sein, die Regeln selbst zu bestimmen und die für uns relevanten Themen anzusprechen. Für mich bot es die Möglichkeit, mich mit anderen, die in einer vergleichbaren Situation waren, über Themen wie Rassismus, Migration, Lesbischsein und dem Umgang mit der Familie gemeinsam auseinander zu setzen. Auch Alltagsprobleme wurden angesprochen. Wir gingen zusammen aus, aßen und tanzten zusammen, hatten also sehr viel Spaß auf »Türkisch«.

Meine Mutter sprach mich eines Nachmittags direkt an. Sie sagte, sie hätte einen Brief in meinem Zimmer entdeckt, worin ich an ein Mädchen über meine Liebe zu ihr schrieb. Sie fragte mich aus, ob ich denn schon Erfahrungen hätte, ob ich mich nicht in Jungs verliebe, wie lange ich mich schon in Mädchen verliebe usw. Ich war sehr aufgeregt, atmete kaum, war gespannt auf die Reaktion meiner Mutter. Schließlich war sie mir bislang die wichtigste Person gewesen, deren Segen mir am heiligsten war. Zum Schluss sagte sie: »Ich habe nichts davon, wenn du mir zuliebe mit einem Mann lebst und dabei unglücklich bist. Finde heraus, wer du bist. Ich unterdrücke dich nicht, aber ich werde dich auch nicht unterstützen. Es ist dein Leben. Du bist meine Tochter. Bereue nichts, was du tust, und wenn du denkst, dass du es bereuen wirst, dann tue es nicht.«

Sie konnte es nicht wissen; aber mit diesen Worten hatte mir meine Mutter die größte Liebeserklärung gemacht. Ihr Segen war mein Freifahrtschein. Es komme, was wolle – ich war jetzt gerüstet und ich wollte meine Liebe zu Frauen ausleben.

Wie jedes Jahr hatte ich vor, in die Türkei zu meinen Großeltern zu fahren, und wollte meine erste feste Freundin mitnehmen. Meine Großeltern wussten natürlich nicht, dass ich mit Frauen lebte. Ich hatte schon etwas Angst davor, wie sie reagieren würden. Meine Mutter riet mir, zu mir selbst zu stehen, und falls sie mich nicht akzeptierten, dann sollte ich einfach das Haus verlassen.

1993 kam ich mit meiner Freundin im Haus meiner Großeltern an. Erste Frage meiner Großeltern: »Wo wollt ihr schlafen?«

Ich sagte: »Dort oben, wo das Doppelbett ist.«

Meine Großmutter entgegnete vehement: »Ihr könnt doch nicht in einem Bett schlafen!«

Aber mein Großvater sagte: »Oh doch! Sehr wohl können sie in einem Bett schlafen, und wie!«

Ich war baff.

Am Abend saßen wir dann zusammen und mein Großvater fing an: »Araban varmış. Öğrenci iken araba senin neyine? Yoksa erkek mi kız mi kafesliyorsun? Ich habe gehört, du hast ein Auto. Wofür brauchst du als Studentin ein Auto? Schleppst du damit Jungs ab oder Mädchen?«

Ich saß völlig sprachlos da, konnte nur noch dumm grinsen und sagen: »Mädchen.«

Meine Großmutter verließ den Raum, während mein Großvater anfing, mich auszufragen, mit der Begründung, er sei ja so unwissend und wolle es verstehen. Er habe gehört, dass Frauen Frauen und Männer Männer heiraten würden. Und ob ich dann auch irgendwann eine Frau heiraten möchte.

Erstaunt, beeindruckt und ergriffen darüber, wie mein Großvater es schaffte, ein so schwieriges, tabuisiertes Thema so einfach, sensibel und voller Neugier, wenn auch vielleicht mit etwas Skepsis, anzugehen, beantwortete ich alle seine Fragen. Er konnte Dinge beim Namen nennen, während viele andere immer noch Schwierigkeiten hatten, das Wort »homosexuell« oder »lesbisch« auszusprechen. Mein Großvater kannte alle diese Wörter. Er hatte schon vor fast zwölf Jahren über Homoehe gesprochen, als es in Deutschland noch nicht wirklich ein Thema war. Zum Schluss sagte er: »Frauen, die sich in Frauen verlieben, heißen doch lesbisch? Mädchen auch, oder? Hmmm, also, es passt weder zu unserer Religion noch zu unserer Kultur, aber du bist unsere Enkeltochter und wir lieben dich!«

Jedes Jahr im Sommer, wenn ich mit meiner Gefährtin Anke zu ihnen fahre, baut mein Großvater gemeinsam mit ihr unser Himmelbett auf der Terrasse auf.

Meine Großmutter sagte mir irgendwann, dass ich das Beste machen würde, indem ich frei und selbstbestimmt mein Leben lebe, verreise, die Welt erkunde und mein Geld verdiene, ohne

Ketten und Verpflichtungen. Sie wünschte mir und meiner Freundin ein ganzes Leben lang miteinander Freude, Frieden und Liebe – und gab mir somit ihren Segen. Wenn sie von meiner jetzigen Freundin spricht, sagt sie »meine neu gewonnene Tochter« zu ihr, »sonradan bulduğum kızım«.

Eigentlich sind meine Großeltern politisch konservativ eingestellte Beamte in Rente, die ursprünglich aus Zentralanatolien kommen und im Dorf aufgewachsen sind. Mein Großvater ist jetzt 85 und meine Großmutter 80 Jahre alt. Beide sind sehr stolz auf mich. In ihren Augen habe ich es zu etwas gebracht: Ich habe in der Fremde studiert. Auch wenn ich nachts in den Clubs als DJ arbeite, ist das für sie eine gute Arbeit, weil ich die Welt sehe und ökonomisch unabhängig bin, weil ich meine Familie unterstütze und für sie eine starke Säule bin. Tugend, Ehre, Anständigkeit sind große Worte bei uns. In den Augen meiner Großeltern entspreche ich all diesen Eigenschaften.

Jetzt endlich wussten alle in meiner Familie Bescheid. Ich hatte sehr viel Glück, verglichen mit vielen anderen, die entweder versteckt lebten, verstoßen wurden oder ihren Familien zuliebe heterosexuell geheiratet hatten.

Immer mehr wollte ich mich mit den Themen Identität, Migration, Herkunftskultur, Rassismus, Dominanzkultur, Subkultur, Familie, Sozialisation, Selbstbestimmung, Fremdbestimmung, Selbstwahrnehmung, Fremdwahrnehmung auseinander setzen. Im Rahmen dieses weiten Felds schrieb ich 1997 meine Diplomarbeit mit dem unendlich langen Titel: »Lesbisch und Türkisch! Ein Widerspruch?! Selbstbild der lesbischen Immigrantinnen der 2. Generation aus der Türkei, die ihren Lebensmittelpunkt in der BRD haben.« Natürlich ging ich von der deutschen Lesben- und Schwulenszene aus. Eine Szene von und für lesbische und schwule ImmigrantInnen gab es damals nicht.

Da ich unheimlich gern in der Disko zu einem türkischen Lied oder zu etwas Orientalischem tanzen wollte, nahm ich oft Kassetten mit und bettelte die DJs an, etwas davon zu spielen. Es bedurfte immer großer Überzeugungsarbeit, aber ich wollte mit all dem, wer ich bin, was ich bin, überall selbstverständlich sein. Und ich wusste, es waren viele, die diesen Wunsch verspürten. Eine türkische Disko wäre keine Alternative gewesen. Denn wo sonst außer in der Homoszene hätte ich offen, willkommen, ohne heterosexistische Diskriminierung und ohne Homophobie lesbisch sein können. Keineswegs in einer türkischen Disko.

So, wie es *kısmet*, das Schicksal, wollte, sprach mich an einem Donnerstagabend im Jahr 1994 Richard Stein vom Club SO 36 an: »Hey, du bist doch lesbisch und türkisch. Willst du nicht am Samstag für uns auflegen? Unser türkischer DJ ist weg.«

»Wie denn? Ich habe so etwas noch nie gemacht. Ich kann das nicht«, antwortete ich.

»Ach, das schaffst du schon, bring deine Musik mit. Keine Widerrede.«

So kam ich mehr oder weniger notgedrungen dazu, das erste Mal auf einer der berühmt berüchtigten »Queer-Partys« im SO36 aufzulegen. Sie veranstalteten das erste Mal eine Party mit dem orientalischen Motto »Morgenland-Schleiertanz«. Und so packte ich meine türkischen und arabischen Kassetten ein – denn damals besaß ich noch keine schicken CDs –, zog meinen schwarzen *Tschador* an und fing an aufzulegen. Zum ersten Mal in meinem Leben stand ich vor einem Mischpult und sollte Lesben und Schwule zum Tanzen bringen. Es funktionierte: Sie tanzten. Der Erfolg war für mich eine Ehre. Ich war überglücklich, auf der allerersten lesbisch-schwulen Oriental Party so hautnah dabei gewesen zu sein, und realisierte, wie stark die Facetten meiner Identität mit dem DJaying verknüpft sind. Mein neues Hobby hieß: Menschen zum Tanzen bringen und ihnen somit einen Ausdruck ihres Lebensgefühls mit anderen ermöglichen.

Anfangs arbeitete ich relativ sporadisch auf Solipartys als DJ. Mein Musikstil stieß dabei nicht immer auf Gegenliebe. Bei einer Walpurgisnacht-Party im Pfefferberg 1995 wurde ich sogar ausgebuht, weil ich zu »fremdländische« Musik machte. Dabei hatte ich erst drei orientalische Lieder gespielt. Danach legte ich, zumindest an diesem Abend, nur noch angloamerikanische Musik auf – nach dem Motto: »Willst du! Kriegst du!«

Das Schockierende an diesem Ereignis war, dass die Walpurgisnacht-Demo den Schwerpunkt »Frauen und Lesben gegen Rassismus und Sexismus« hatte. An der Reaktion der Frauen merkte ich aber, wie wenig Platz für andere Kulturen tatsächlich in der Szene war. Für mich war dieses Erlebnis so einschneidend, dass ich mich aufgrund der Respektlosigkeit, Ignoranz und des Rassismus nicht mehr als ein Teil der Lesbenszene begreifen konnte. Von da an hatte ich den Ruf einer »Ethno-Djane« und wurde für bestimmte Partys gar nicht mehr angeheuert.

Manchmal wurde ich beim Auflegen gefragt, ob ich die Inhalte der Texte verstehe, weil sie möglicherweise Sexismus und Frauenfeindlichkeit propagieren könnten. So bat mich einmal eine Mann-zu-Frau-Transe, ob ich Musik aus matriarchalischen Ländern spielen könnte, weil gerade die arabischen und türkischen Kulturen besonders patriarchalisch seien und im Gegensatz zu Deutschland in diesen Kulturen Gewalt gegen Frauen angewandt werden würde. Ich konterte, sie solle sich fragen, warum jedes dritte Kind in der BRD sexuell missbraucht würde und warum alle deutschen Frauenhäuser überbelegt seien. Sie zeigte mir ihren Mittelfinger und verschwand.

Es schien mir doch bemerkenswert, dass gerade die Inhalte der arabischen und türkischen Musik auf so große Beachtung stießen. Patriarchat, Sexismus und Gewalt gegen Frauen werden immer noch als arabische und türkische Phänomene betrachtet. Dieselben Inhalte europäischer und nordamerikanischer Lieder werden nicht hinterfragt. In solchen Momenten bin ich nicht nur einfach ein DJ, sondern ein Politikum.

Ich merkte relativ schnell, dass ich in der Szene mit »Zuckerbrot und Peitsche« arbeiten kann. Das heißt, ich muss Köder auswerfen, damit sie anbeißen – und später kann ich Oriental spielen, wie ich will. Man muss das Publikum langsam eingewöhnen, um sie schonend zu integrieren. Es ist stückweit eine Erziehungsarbeit. Ich kannte jetzt meine Mission.

Meine Suche nach einer Nadel im Heuhaufen hörte auf; es bildete sich endlich eine Community von und für lesbische und schwule ImmigrantInnen in Berlin. Seit sieben Jahren lege ich als Resident DJ auf der Gayhane-House of Halay-HomOriental Dancefloor auf. Zu diesem Anlass wird das SO 36 orientalisch dekoriert, türkische sowie arabische Süßigkeiten liegen aus, Çay wird ausgeschenkt. Die Party beginnt mit orientalischer Dance-, Pop- und Housemusik. In der Mitternachtsshow treten zahlreiche KünstlerInnen auf. Natürlich fehlt die Transen-Bauchtanzeinlage nicht. Das Publikum besteht zu 70 Prozent aus arabischen, kurdischen, griechischen, türkischen und anderen Schwulen und Lesben – nicht zu vergessen heterosexuelle Verwandte, Freunde oder einfach KreuzbergerInnen aus der Nachbarschaft. Die restlichen 30 Prozent stellen die deutschen Schwulen, Lesben und Heterosexuellen. Das Personal, das an diesem Abend arbeitet, rekrutiert sich aus Tunten, Lesben und Schwulen.

Dieser Event leistet einen sehr wichtigen Beitrag zum positiven Selbstverständnis für Transen, lesbische und schwule ImmigrantInnen sowie zu einer gewissen Enttabuisierung des Themas innerhalb der unterschiedlichsten Immigranten-Communities, weil an diesem Abend die Vielfältigkeit der Lebensformen in unserer Gesellschaft gespiegelt wird. Nicht zuletzt deswegen hat diese Party in der Berliner Lesben-/Schwulensubkultur Kultstatus erlangt. Mittlerweile war die middle-eastern/south asian Dancemusic so populär, dass ich national und international sowie auf Festivals gebucht wurde. Meinen Beruf als Sozialpädagogin hängte ich vorerst an den Nagel. Ich wollte einfach ausprobieren, ob es funktioniert, ausschließlich vom Djaying zu leben.

Ich verreise sehr viel, lerne viele Menschen kennen und das Auflegen ist für mich jedes Mal eine Herausforderung, weil ich immer aufgeregt bin. Nie ist ein Publikum für mich Standard. Durch die Internationalität meines Repertoires checke ich, ob sich zum Beispiel Griechen oder Kurden oder gar Aleviten im Publikum befinden. Es passiert manchmal, dass Menschen auf mich zukommen und mich fragen, ob ich Liebeskummer habe oder frisch verliebt bin oder auch schlecht gelaunt, weil sie anscheinend durch die Art und Weise, wie ich auflege, bestimmte Gefühle transportiert bekommen.

Es gibt besondere Songs für mich, die auf Türkisch *Damardan* heißen, »von der Schlagader«, wie zum Beispiel Orhan Gencebays *Batsın bu dünya*, zu Deutsch: *Die Welt soll untergehen*. Es sind Stücke, mit denen ich in meiner Kindheit durch *Yeşilçam Movies* geprägt wurde. Viele kennen dieses Stück und singen mit. Oder Barış Manços *Gülpembe*, das pure Nostalgie weckt, oder Ajda Pekkans *Başka Biri*, die türkische Version von Gloria Gaynors Gayhymne *I will survive*.

Als DJ muss ich stets up to date sein. Einerseits will ich dem Publikum Spaß und Freude bereiten, andererseits musikalisch mir selbst treu sein, was nicht immer einfach ist. Manche verwechseln den DJ mit einer Jukebox. Ich liebe es, mit Gefühlen zu spielen, die Leute im Publikum von einer Ecke zur anderen zu schleudern, auf eine Reise mitzunehmen, sie mit der Musik in die Irre zu leiten, um sie später auf sicheren Boden zurückzubringen. Es ist einfach wunderbar, den Menschen zumindest für diese eine Nacht ein schönes Gefühl zu geben. Sie so weit zu bringen, dass sie nicht mehr mit dem Tanzen aufhören und nicht nach Hause wollen. Ich habe für mich entdeckt, dass ich sehr viel Kraft aus dem Publikum schöpfe und immer leidenschaftlicher auflege – und es vor allem liebe, mit dem Publikum zu tanzen. Es wundert keinen, wenn das DJ-Pult leer ist und ich mich unter das Publikum zum Tanzen mische. Wenn manche nicht wissen, wie sie zu einem Stück tanzen sollen oder können, mache ich es ihnen vor. Ich will mich als ein Teil vom Ganzen spüren und nicht als jemand, der unerreichbar ist.

Meist bin ich die Letzte, die die Party verlässt. Mit 16 Kilo CD- und Plattenkoffer bepackt, gehe ich noch eine türkische Pansensuppe essen und lasse den Abend Revue passieren. Ich liebe die Ruhe des Morgengrauens, das Schweigen der leeren Straßen, die ersten Sonnenstrahlen und freue mich dann auf mein Zuhause.

Tante Marianne

von Ayşegül Acevit

Der Schuhkarton mit den vergilbten Erinnerungen lag im untersten Fach des Schranks. Ich kramte ihn heraus und öffnete den Deckel. Eine ganze Menge hatte sich da angesammelt. Fotos aus meiner Kindheit, aus meiner Schulzeit, aus den 70er Jahren. Fotos von meinen Freundinnen, von unseren Verwandten in der Türkei, von meinen Eltern. Mein Vater hatte damals noch schwarze Haare und dicke Koteletten statt seines weißen Barts und trug weite Schlaghosen. Meine Mutter hatte einen Mantel mit Pelzkragen, wie er heute wieder modern ist, und trug ein zierliches Kopftüchlein à la Jackie Onassis statt eines großen Seidentuchs.

Dann fiel mein Blick auf ein Foto von Tante Marianne – eine Nachbarin aus unserem Viertel, eine allein stehende, deutsche Frau Mitte 50. Sie hatte himmelblaue Augen und strahlend goldene Haare. Ihr Sternzeichen war Löwe und sie machte ihm alle Ehre. Selbstbewusst und stolz war sie, trug schöne Kleider und amüsierte sich gerne. Sie spielte Akkordeon und war immer zu Späßen aufgelegt. Fotos mit ihren Kindern, Fotos von ihrem verstorbenen Mann, Fotos von uns beiden auf einem Sonnenstuhl.

Wenn der Eismann kam, dann spendierte Tante Marianne uns Kindern oft unser Lieblingseis. Immer wenn ich die Klingel des Eismanns hörte, rannte ich deshalb zum Bürgersteig. »Eis« war wahrscheinlich das erste deutsche Wort, das ich lernte.

»Renn nicht schon wieder zum Eismann. Ayıp, ayıp. Schäm dich, du kannst dir doch nicht immer von der Frau Eis kaufen lassen. Hier, nimm die Mark und kauf es dir selber!«, sagte meine Mutter, aber bevor sie ausgeredet hatte, war ich schon längst weg. Als ich größer war, durfte ich für Tante Marianne Zigaretten kaufen. Dafür bekam ich jedes Mal 50 Pfennig oder eine Mark geschenkt.

Tante Marianne war nicht nur großzügig und freigebig, sondern sie hatte noch eine ganz besondere Eigenschaft, für die ich sie liebte: Sie mochte uns, obwohl wir Türken waren.

In den ersten Jahren, als meine Mutter arbeitete und ich noch nicht zur Schule ging, passte Tante Marianne auf mich auf. Sie wurde mein Babysitter. Jeden Morgen kam sie zu uns nach Hause, machte uns Frühstück und dann gingen wir zu ihr. Sie hatte ein Fahrrad, von dem sie extra für mich den Sattelkorb abmontiert hatte. Hightech-Kindersitze gab es damals ja noch nicht. Wenn ich auf dem Gepäckträger saß und sie durch die Straßen fuhr, rief sie alle paar Meter: »Beine hoch, mein Schätzchen, Beine hoch! Sonst kommst du in die Speichen.« Es machte mich so glücklich, von ihr gefahren zu werden, dass es mir vorkam, als würden wir fliegen.

Manchmal besuchten wir ihre Freundinnen, manchmal gingen wir einkaufen, manchmal nahm sie mich mit in die Kirche. Wenn wir in der Metzgerei Fleisch kauften und ich eine Scheibe Wurst geschenkt bekam, sagte Tante Marianne zu der Verkäuferin: »Aber kein Schweinefleisch! Mein Schatz ist Türkin und darf das nicht essen. Geben Sie uns ein Stück vom Rind.« Ich fühlte mich bei ihr unbeschreiblich geborgen und vertraute ihr blind.

Einige meiner Spielsachen waren bei ihr zu Hause, und wenn wir dort ankamen, hatten wir unsere eigene Welt. Dort gab es die *Rappelkiste* und die *Hitparade* und Sauerkraut und Zwiebacktorte. Ich lernte Dieter Thomas Heck kennen und Marilyn Monroe, Elvis Presley und Radio Luxemburg. Ich lernte, wie die Dinge auf Deutsch heißen, und Tante Marianne lernte manche davon auf Türkisch. »Hier hast du ekmek!«, sagte sie immer beim Essen, wenn sie mir ein Stück Brot gab. Sie brachte mir alles bei, was in Deutschland wichtig war: Wäsche zum Trocknen aufhängen, Unkraut zupfen und Laub fegen, Kartoffelpüree machen und sich die

Lippen rot anmalen. Sie spielte leidenschaftlich gerne Akkordeon und ich tanzte leidenschaftlich gern. Ihren Freundinnen gaben wir oft ein Konzert und ließen uns bejubeln. Wenn es Abend wurde, flog sie mich mit dem Fahrrad wieder nach Hause.

Irgendwann bekam ich ein Brüderchen und meine Mutter hörte auf zu arbeiten. Tante Marianne holte mich nicht mehr ab. Sie kam uns nur noch manchmal besuchen. Als die Wohnung über uns frei wurde, sagten meine Eltern ihr Bescheid und sie zog dort ein. Jeden Tag hörte ich nun ihre Schritte und immer, wenn sie Hunger hatte auf türkisches Essen oder wenn sie sich einsam fühlte oder nichts im Fernsehen lief oder auch wenn sie sich vor Blitz und Donner fürchtete, kam sie zu uns herunter. Manchmal schämte sie sich dafür und meine Eltern sagten dann: »Nix schlimm, Marianne, wir freuen du hier!«

Ohne Tante Marianne wäre unser Leben schwieriger gewesen. Sie ging mit uns zu Behörden, wenn Beistand gebraucht wurde, und half mir bei den Schularbeiten. Dafür schmückte ich ihr an Weihnachten den Tannenbaum, weil es ihr alleine keinen Spaß machte. An Ostern bastelte ich für sie die Postkarten und warf sie in ihren Briefkasten. Dafür versteckte sie für mich bunte Eier im Garten und ich durfte sie suchen.

Einmal sagte sie, dass sie mich und meinen kleinen Bruder so lieb hätte, als wären wir ihre eigenen Kinder, und meine Eltern seien ihr die besten Freunde. Sie sei so glücklich, dass wir da sind. Es war wie Salbe auf die Wunden, die die Pöbeleien der Ausländerhasser in unsere Herzen geschlagen hatten. Tante Marianne war wie ein Lagerfeuer, an dem wir uns wärmen konnten, wenn uns die Eiseskälte der deutschen Ablehnung um die Ohren wehte.

Von ihr lernte ich auch die Sitten, die Geschichte und die Kultur des Landes kennen, das uns gerufen hatte, das uns aber nie versprach, unsere Heimat zu sein. Wie ein Mann, der eine Frau als Mätresse hat, sie aber nie heiraten will. So etwas kannte Tante

Marianne auch. Sie erzählte mir davon, wie es nach dem Krieg hier aussah, als amerikanische Soldaten kamen und den deutschen Kindern Schokolade schenkten und wie die Soldaten ihr nachpfiffen, wenn sie mit kurzen Röcken an ihnen vorbeilief. Damals habe sie zum ersten Mal einen Neger gesehen, sagte sie – und sie ist der einzige Mensch, dem ich diesen Ausdruck verzeihe. Ihre Freundin Bettina sei mit so einem nach Amerika ausgewandert und nenne sich nun Betty. Die Geschichten aus dem Krieg waren schauderhaft, und wenn sie sie erzählte, dann wusste ich, wie sich Bomben anhören und wie sich Todesangst anfühlt. Ihr Vater sei nie aus dem Krieg zurückgekommen, ihre Mutter habe mit bloßen Händen auf zugefrorenen Äckern nach Kartoffeln gegraben, weil sie und ihre Kinder Hunger hatten. Aus purer Not habe sie später ihren Mann geheiratet. Liebe sei damals ein Luxus gewesen, den man sich nicht habe leisten können. So wie im Dorf meiner Eltern. Mit jeder Geschichte, die sie mir erzählte, wurde ich ein Stückchen mehr verwoben in den schwarz-rot-goldenen Teppich, den das Leben aus menschlichen Schicksalen webt.

Als ich erwachsen war, war sie schon eine alte Dame und wir waren immer noch Freundinnen. Im Alter von 69 Jahren starb Tante Marianne an einer Krankheit. Wenn es nach uns gegangen wäre, hätte auf ihrem Grabstein gestanden:

»Hier ruht die Frau, die uns mit ihrer Liebe die Erde dieses Grabes zur Heimat gemacht hat. Sie hat uns mit ihrem ehrlichen Lachen ermutigt, das Schicksal des Wanderers durchzustehen. Wenn es für uns einen Grund gegeben hat, dieses Land zu lieben, dann hieß dieser Grund ›Tante Marianne‹.«

Seit über 15 Jahren ist sie nun in der anderen Welt und ich habe nie wieder einen Menschen wie sie kennen gelernt. Aber noch heute, wenn mich eine ältere, blonde deutsche Frau anlächelt, habe ich manchmal das Gefühl, dass es Tante Marianne ist, die mich durch ihre Augen anschaut.

Die traditionelle Hochzeit

von Birand Bingül

Ihr geht aber nicht in die Kirche?«, fragte meine Mutter aufgeregt. Das war ihre – gefühlt – dritte Reaktion auf die Ankündigung, dass ich meine Freundin Steffi heiraten wolle. (Reaktion eins: Toll! Reaktion zwei: Wir wollen Enkelkinder!)

Bevor sich die Aufregung meiner Mutter zu einer lang währenden Anti-kirchliche-Trauung-Kampagne entwickelte (ich fürchtete in meiner Phantasie schon elterlichen Telefonterror, unendliche Fundamentaldiskussionen und Verweise auf die Heiratstechniken der Kinder von Bekannten meiner Eltern), konnten wir sie beruhigen. Nichts dergleichen hatten wir geplant. Das erwies sich als vorteilhaft, weil plötzlich Menschen, von denen man es nun überhaupt nicht erwartet hätte, damit anfingen, sie würden nur in der Kirche heiraten. Natürlich nicht aus festem Glauben, sondern weil die Stimmung in der Kirche schöner ist als beim Standesamt – und die Vorstellung von einer Hochzeit in Weiß hat bei einer nicht zu unterschätzenden Anzahl von sehr boden- und selbständigen Damen obsessiven Charakter. Aber man kann ja auch im Standesamt in Weiß heiraten.

Steffi wiederum wurde mehrfach gefragt, ob wir denn eine »traditionell türkische Hochzeit« feiern wollten. Genauer traute es sich kaum jemand zu formulieren. Wollte ja keiner meine Gefühle verletzen. Mit traditionell türkisch war wohl so etwas gemeint wie: Schützenhalle, 500 Leute (von denen das Brautpaar nur 50 kennt), *Döner*brater in der Ecke, Bauchtänzerin in der Mitte, leiernde Schnulzen vom Band, die Braut behangen mit Geldscheinen und Gold nach der jahrtausendelang überlieferten Formel: Körpergewicht der Braut mal zwei geteilt durch Muskelmasse des

Bräutigams. Aber auch Steffi erklärte den Bekannten nur verblüfft, dass wir an so etwas gar nicht gedacht hätten.

Spätestens in dieser Phase merkten wir, dass ein Türkischstämmiger auch am Anfang des 21. Jahrhunderts offenbar nicht einfach so eine Deutsche heiraten kann, selbst in aufgeschlosseneren Kreisen. Verrückt, dachte ich, vorher hatte es so gut wie nie eine Rolle gespielt, dass ich aus der Türkei stamme, aber plötzlich wurde das so an uns herangetragen.

Es ging also weiter mit den Fragen. Schön zum Beispiel der kultursensible Ansatz: »Da kommt ja bestimmt viel Verwandtschaft aus der Türkei, oder?« Man weiß ja schließlich, dass die zeugungswütigen Türken nur in Großfamilien von Regimentsstärke existieren.

Ich musste leider mit den Schultern zucken. »Eigentlich kommt nur die vierköpfige Familie meiner Tante.«

Die sorgte bei uns, schlimm genug, für schwere Zweifel. Nämlich daran, ob unser Menü am Hochzeitsabend richtig aufgestellt war. Fürs Buffet hatten wir auch einige türkische Gerichte ausgesucht. Da aber meine Verwandten (verstärkt von meinen Eltern) ziemliche Feinschmecker sind, stellte sich die beinahe olympische Frage: Kann ein türkischer Catering-Service in Deutschland höchsten Istanbuler Standards genügen? Nun ja, um es kurz zu machen: Er kann. Und wenn es nicht so verfänglich wäre, würde ich sagen: Wir haben drei Kreuze gemacht.

Natürlich hatten wir auch gnadenlos türkische Elemente auf dem Fest: Die Toiletten unseres deutschen Vermieters waren richtig à la Turka – und das mitten in Almanya. Aber ist ja nicht schlimm, wenn die Tür vom Männerklo nicht schließt – und die Tür von der Damentoilette sich direkt daneben befindet …

Der Hochzeitstanz, das war schließlich eine echte Hürde! Den Walzerkurs für angehende Ehepaare hatten wir ausgelassen – uns aber lange Zeit um keine Alternative gekümmert. Türkische Hochzeitsmusik fiel aus, weil ich mich sonst in der Pflicht gesehen hätte, einigermaßen souverän über die Runden zu kommen. Und das ist wesentlich schwieriger als beim Walzer. Wenige Tage vor dem großen Ereignis fanden wir uns in der Musikabteilung eines großen Kaufhauses wieder. Gewissenhaft hörten wir diverse CDs durch. Die Ausschlusskriterien waren streng: Die Musik musste für alle Gäste nicht nur annehmbar, sondern auch eingängig sein, auf sie sollten wir einfach tanzen können, gleichzeitig wollten wir es nicht übertreiben, das heißt, das Lied musste kurz sein. Und so landeten wir bei Dean Martin: *I can't give you anything but love.*

Meine Vorbereitung bestand darin, mir einen klassischen Herrenhut mit breiter Krempe zu besorgen. Ein kleiner Gag, der auch im Rückblick eine Minute hätte tragen können, wenn unser DJ an der verabredeten Stelle ausgestiegen wäre. Tat er aber nicht – und spielte das Lied reale drei, aber gefühlte 300 Minuten. Selten habe ich mich so über ein Lied auf einer Party gefreut wie im Anschluss, als dann Tarkan kam – und wir die Tanzfläche mit unseren Freunden und Verwandten teilen durften. Da ich nicht so auf türkische *Halay*-Hochzeitstänze stehe, hatte ich entsprechende CDs gar nicht erst besorgt. Zwei türkische Freunde und meine Cousine kamen trotzdem auf ihre Kosten, zusammen mit einer deutschen Freundin, die eine Goran-Bregovic-CD auf die Party schmuggelte. Und zu balkanesischer Blasmusik haben die vier alles gegeben. Ganze fünf Lieder lang, denn unser DJ – ein Farbiger aus London, Praktikant im Büro einer Freundin – sah sich das Ganze mit großen Augen an und vergaß darüber die Regler.

Tja, so haben wir geheiratet. Ohne Kirche, ohne Imam, fern von Traditionen (oder was man so dafür hält); irgendwie deutsch, irgendwie türkisch. So, wie es uns am besten gefallen hat. Wir fanden es wunderbar.

Ach ja: Zur Hochzeit hat Steffi von meiner Tante dann doch Goldschmuck bekommen. Den hat sie aber in den USA gekauft. Keine Ahnung, wieso. So ist das halt im richtigen Leben.

Mond trifft Sonne

von Buket Alakuş

Es ist ein goldener Herbst, der sein Sommerkleid nicht ablegen will und bis tief in die Nacht die schwüle Wärme genießt. Der Mond ist in seinem prallsten Gewicht, er strahlt so hell wie die Sonne, so dass alle Schlaflosen zwischen Tag und Nacht nicht unterscheiden können und von einem Ort zum andern wandern.

Denn etwas, was unmöglich scheint, wird in dieser Nacht möglich – der Mond trifft auf die Sonne und ist gefesselt wie der Okzident an den Orient.

Als die türkischstämmige Berliner Kunststudentin Sevda Kayser, 20, auf der »Erstsemester-Studenten-Party« mit ihrer Freundin auftaucht, schauen alle zu der dunkelhaarigen jungen Frau, die mit ihren schüchternen rehbraunen Augen unsicher um sich blickt. Doch auf der Tanzfläche verwandelt sich das schüchterne Bambi plötzlich in eine sich elegant und sexy bewegende Frau. Trotz der dunklen Tanzfläche werden ihre Augen von einer Meerestiefe an blauen Blicken eingefangen, die nicht von ihr lassen können. Diese Augen gehören Paul Harper, 22, aus Hamburg, der in Berlin Jura studiert.

Als sich dann Pauls Blazerknopf an der Handtasche von Sevda verfängt und sie ihren Sekt auf sein Hemd schüttet, scheint sich eine unglückliche Situation zu entwickeln. Doch Sevda lächelt und Paul lächelt zurück.

Der Mond und die Sonne, sie waren sich immer schon so nah und doch so fern – aber jetzt ist alles anders. Der Mond lernt die Liebe kennen und alle Sterne funkeln ihn an, er strahlt wie nie zuvor. Und die Sonne wurde wach geküsst – sie brennt für den Mond, so heiß, dass sie fast platzt.

Ein neues Märchen wird geschrieben – plötzlich lebt die Liebe überall. Paul wird der Soldat, der jeden Tag am Balkon der Prinzessin Sevda ausharrt, um ein Lächeln zu erhaschen. Doch die Prinzessin lässt den Soldaten 100 Tage bei Regen, Schnee und Sonne warten. Genau am 100. Tag kommt die Prinzessin auf den Balkon; im Märchen wäre der Soldat gegangen. Aber Paul wartet noch und lächelt.

Sevda und Paul sind Prinz und Prinzessin und die Welt ist nur für sie gemacht. Sie erleben ein Wunder aus 1000 und unendlichen Nächten. Ein Traum von unendlichen Küssen, innigen Umarmungen und das leidenschaftliche Verlangen, sich ständig zu sehen und zu berühren. Eine bedingungslose, wahre Liebe, die deutsch gesprochen und türkisch geschrieben und von zwei Menschen in einer neuen, wortlosen Sprache gleichzeitig gelesen wird.

Schon nach einem halben Jahr ziehen sie zusammen. Es war Sevdas Idee, und nicht ohne Stolz stellt sie Paul ihren Freundinnen als ihren Mann vor. Paul ist ihr erster und soll ihr letzter Mann sein – für immer und ewig. Pauls Gefühle wechseln zwischen Faszination und Angst, aber kaum blickt er in die Augen von Sevda – schon sind die Sorgen verflogen.

Ihre Bilder mischen sich mit seinen Büchern. Sie fahren Fahrrad bei Regen und streicheln sich wieder trocken und bei Kälte blicken sie sich warm.

Wenn einst die griechischen Götter die Kugelmenschen in Halbkugeln getrennt haben, woraufhin die Menschen auf der Suche nach ihrer anderen Hälfte waren, dann haben Sevda und Paul sich gefunden.

Paul versteht Sevda nicht immer, aber er fühlt sie – und das liebt Sevda an ihm und genau das ist ihre geheime Waffe gegen alles, was sie trennen könnte.

Das erste Jahr ist voller Verlangen, Neugierde auf alles, was anders ist – alles fühlt sich so wunderbar an. Alles ist so prickelnd wie

Brausepulver auf der Zunge. Den Sommer verbringen sie tags im Bett und nachts entdecken sie die Welt. Paul lächelt, wenn Sevda zum Frühstück klein geschnittene Gurken, Tomaten und Oliven isst. Sevda lächelt, wenn Paul sich am Telefon von seiner Mutter Rezepte geben lässt. Paul blickt liebevoll, wenn Sevda von türkisch trauriger Musik zu Rotz und Wasser gerührt durch die Wohnung spaziert und wenn sie bei türkisch heiterer Musik tanzend den Tag begrüßt. Sevda ist fasziniert von Pauls Belesenheit und bewundert seine Selbstbeherrschung. Und Paul liebt diese explodierende und leidenschaftliche Frau, die ihre Gefühle pur auslebt. Paul nennt sie in solchen Momenten liebevoll »meine verrückte Türkin«. Und Sevda nennt ihn in seinen altklugen Momenten »meine Süper-Kartoffel«.

Als Pauls Eltern Sevda kennen lernen wollen, gibt es das erste Gewitter. Für Sevda ist es zu schnell, zu eng, sie will ihre Freiheit. Paul steht unter Druck, er hat ein freundschaftliches Verhältnis zu seinen Eltern und er teilt mit seinen Eltern sein Leben – das heißt, dass seine Eltern auch seine neue Liebe kennen lernen wollen. Daraufhin kommen Pauls Eltern aus Hamburg für ein Wochenende, um Berlin zu erleben, aber viel mehr, um Sevda zu treffen. Und Sevda ist erleichtert, dass die Eltern in ein Hotel gehen, anstatt bei ihnen zu schlafen. Alles scheint nett und unkompliziert, so dass Sevda und Paul auch mal übers Wochenende nach Hamburg in das Haus seiner Familie fahren.

Das erste längere Treffen bei Pauls Eltern und seiner jüngeren Schwester endet im Zug zurück nach Berlin mit einem Streit. Sevda fühlt sich von ihm nicht beschützt und Paul weiß gar nicht, wovor er Sevda hätte beschützen sollen. Schließlich ist das doch seine Familie und sie haben sich nur Mühe geben, sie willkommen zu heißen. Sevda will, dass man mit ihr normal umgeht und nicht wie mit einer Behinderten. Sie fühlt sich diskriminiert wie jemand von einem anderen Planeten. All diese Fragen über ihre Familie, all die Klischee-Kopftuchbehauptungen und all die Unterdrückungsthemen rund um türkische Frauen. Sevda ist müde, sich immer wieder neu erklären zu müssen. Man soll sie so nehmen, wie sie ist, anstatt sie immer wieder mit den alten Vorurteilen zu konfrontieren.

Nach dem heftigen Streit kommt zwar die Versöhnung, aber irgendwie ist etwas anders als sonst. Als dann Paul Sevdas Familie kennen lernen will, sträubt Sevda sich dagegen und ihre Streitereien werden häufiger. Paul fühlt sich hingehalten, er fragt sich, ob sie sich für ihren deutschen Freund schämt oder ob ihre Familie ihn für nicht gut genug hält.

Aus Unsicherheit und Unzufriedenheit trifft sich Paul mit seinen Freunden und Freundinnen. Sevda akzeptiert seine Kumpels, aber nicht die weiblichen Freunde. Doch für Paul gehört das zu Freiheit und Vertrauen, dass er auch seine Freundinnen treffen darf. Sevda zerfrisst die Eifersucht. Der Fernseher fliegt aus dem Fenster, Paul tritt die Badezimmertür ein, weil Sevda sich stundenlang eingesperrt hat, ohne einen Ton von sich zu geben. Sein Lieblingshemd ist zerrissen, weil er zufällig eine Freundin auf der Straße getroffen hat und mit ihr einen Kaffee trinken war.

Pauls Bücher sind sein Heiligtum, er hat sie penibel geordnet. Und trotzdem hat Sevda in einem ihrer Wutanfälle alle aus den Regalen geworfen. Als Paul seine Bücher überall auf dem Boden verteilt liegen sieht, verliert er zum ersten Mal die Beherrschung, und die Ohrfeige, die er Sevda verpasst, brennt in seinem Herzen mehr, als sie sich vorstellen kann. Aber irgendwie kommt er nicht mehr an die Frau heran, die er über alles liebt.

Hartnäckigkeit und Sturheit haben zwei neue Gesichter. Eine lange Zeit des Schweigens, eine Zeit des Sich-Meidens, eine Zeit der Wut macht sich zwischen dem einst in totaler Liebe vereinten Paar breit. In den Nächten weint Sevda Tränen des Herzbluts und Paul vertieft sich in seine Bücher und Paragrafen.

Paul versteht sie nicht mehr und fühlen kann er sie schon lange nicht mehr. Plötzlich zieht sich Sevda sexy an und macht sich zurecht – sie will ausgehen, aber ohne Paul. Das zweite Mal, dass Paul seine Beherrschung verliert und eine Ohrfeige auf Sevdas Wange landet. Paul ist zum ersten Mal in seinem Leben eifersüchtig, ein Sprengsatz wie Dynamit. Doch anstatt sie gehen zu lassen, sperrt er sie ein, so, wie er gefangen ist von der Situation. Sie schlägt, kratzt und beißt. Sein Körper blutet. Wie ein Tier stürzt sich Paul von allen Sinnen verlassen auf Sevda und nimmt sich das, was sie ihm sonst freiwillig gegeben hätte.

Prinz und Prinzessin tanzen einen blutigen Tanz und irgendwie will keiner von beiden der Erste sein, der das Ganze stoppt. Also tanzen sie weiter, obwohl ihre Füße wund und ihre Seelen verdreht sind.

Paul lernt Sevdas Eltern und ihre Brüder kennen. Anders als sich Sevda das ausgemalt hatte, versteht sich Paul wunderbar mit ihrer Familie und auch das scheint ihr manchmal nicht ganz recht zu sein. Alles, was bei Paul zu Hause etwas kontrolliert ist, ist hier bei Sevdas Eltern lauter, herzlicher und wärmer. Sevdas Vater macht Witze über die bevorstehende Beschneidung und die anderen brutalen Sitten, die er sich ausgedacht hat, um dem deutschen Mann etwas Angst einzujagen. Aber Paul überlebt diese Prüfungen ganz tapfer. Das Essen ist immer reichlich, ziemlich scharf und verdammt süß.

Sevdas Eltern sind liberal, aber sie schätzen es, dass die beiden eine feste Beziehung eingehen, und Paul gehört schon längst zur Familie. Er wird bereits als Schwiegersohn und Bruder betitelt, was ihn sehr stolz macht.

Während Sevda und Paul versuchen, ihre Wunden zu heilen, um ihre Liebe zu retten, funktioniert ihr Umfeld immer besser. Weihnachten sind die beiden bei Pauls Familie, aber das endet wieder mit Streit in dem verdammten Zug nach Berlin. Und dazu die üblichen Verspätungen, was die Stimmung noch aggressiver macht.

In der Zeit des Ramadan ist Paul bei Sevdas Familie, wo er sich eigentlich auch zu Hause fühlt. Nur wenn alle türkisch reden, kommt er sich ausgeschlossen vor. Dafür hat Sevda nur die Weisheit, dass er türkisch lernen soll. Sevdas Eltern denken über Heirat und über ihre ungeborenen Kinder nach: An welchen Gott werden sie glauben, welche Sprache werden sie sprechen und wo werden sie sterben, wo beerdigt sein? Paul nimmt es leicht, da das alles erst Gedanken sind, aber er bemerkt, dass es für Sevda ernst ist.

Paul ist genervt, dass er Sevda vor ihren Eltern nicht berühren darf, schon gar nicht küssen. Auch das verlogene Respektgehabe, vor den Eltern nicht zu rauchen, alles das versteht Paul nicht – sie sind doch alle erwachsen, warum benehmen sie sich nicht so?

Alles, was sie zu Beginn so sehr aneinander geliebt haben, scheint vergessen und verschwunden zu sein. Sie sind genervt voneinander. Als dann Sevdas Eltern die beiden in ihr Sommerhaus in die Türkei einladen, kocht es erneut. Paul würde so gerne nach all dem Stress mit Sevda allein verreisen. Sevda versteht es völlig falsch und glaubt, Paul ginge ihre Familie auf die Nerven. Manchmal fühlen sich deutsche Worte auf Türkisch falsch an.

Paul rennt weg vor dem schmerzlichen, ausweglosen Streit. Er landet bei seinen Kumpels und ertränkt seinen Kummer. In dieser Nacht geht Paul fremd. Sevda flüchtet in die Türkei. Paul lenkt sich mit Partys, Frauen und Alkohol ab. Doch ganz Berlin ist voll mit Erinnerungen und überall ist das Türkische, das ein Teil von ihm geworden ist. Er erkennt, dass Sevda seine Liebe ist.

Paul folgt ihr. Sie zerschlägt alles Geschirr – er bleibt bei ihr; sie zerreißt alle seine Sachen – er bleibt bei ihr; sie kratzt und beißt ihn – er bleibt bei ihr, bis sie wieder in seine tiefen, meeresblauen Augen sieht.

Am nächsten Tag packen beide ihre Koffer und sie wissen, dass es gemeinsam nach Berlin geht, sich dort aber ihre Wege trennen werden.

Es ist nicht die Frage, wer geht, ob die Sonne den Mond verlässt oder umgekehrt, sondern dass zwei – sich so fremde – Seelen sich gefunden und geliebt haben, und bevor sie sich zerstören, auseinander gehen, auch wenn ihre Herzen immer noch füreinander schlagen und in ihnen eine kleine Flamme brennt.

Die erste tiefe Bindung und die erste Trennung brennen sich in das Gedächtnis eines Menschen ein und begleiten ihn sein Leben lang, ohne dass er etwas dagegen tun kann. Das ist der brutale, schmerzvolle Schritt in die Welt der Erwachsenen.

Mal ist der Mond weiblich und die Sonne männlich.

So leidet der Mond und erzählt seinen Sternenfreunden über die schönsten Tage, die er durch die Sonne erleben durfte. Und umgekehrt. Aus Trauer versteckt sich der Mond im Dunkeln, aus Kummer verliert er seine Kontrolle über sein Gewicht und sein Gemüt ist mal schwer, mal leicht. Aus Liebeskummer verfolgt der Mond die Sonne und hofft, wenigstens den Schatten zu sehen, um weiterleben zu können. Die Sonne hat sich an dem Mond verbrannt.

Liebeslauscher

von Birand Bingül

Ich weiß, es schickt sich nicht. Es ist sogar gemein. Ich tu es trotzdem – weil ich wissen will, wie meine türkischen Landsleute hier wirklich ticken. Ich belausche sie dann und wann. Und setze mir eine Unschuldsmiene auf. Ich Türkisch? Nüx versteh! Dazu die Augen weit öffnen.

Neulich zum Beispiel war ich im Supermarkt. An der Fleischtheke arbeitet Frau Karakanlı. Sie ist vielleicht Mitte 20, etwas füllig und sehr lebenslustig. An ihrer Theke kommt auch der anonymste Großstadtshopper nicht vorbei, ohne ein aufmerksames Lächeln zu bekommen.

Bei Frau Karakanlı steht gerade eine weitere Türkin und ruft fröhlich: »Biliyormusun ne? Weißt du was? Ich muss dir das Neuste erzählen!«

So fängt in der Türkei *Dedikodu* an – Lästern und Intimitäten verbreiten. Mit meinem Nüx-versteh-Gesicht gehe ich beim Chips- und Knabberzeugregal nahe der Fleischtheke in Stellung.

»Du kennst doch die Ipek?«

»Ja. Und?«

»Die sollte ja jetzt heiraten.«

»Nein!«

»Doch!«

»Wie alt ist die denn?«

»Anfang 20.«

»Allahim, das junge Ding.«

»Jetzt wart doch erst mal ab.«

»Jaja.«

»Und gib mir 200 Gramm von der Truthahnsalami.«

»Gleich, erzähl erst mal.«

Genau, denke ich und vergleiche still und ausgiebig die zwei Sorten Salzstangen im Angebot.

»Ihr Großonkel hat bei sich auf der Arbeit so einen jungen Typen ins Auge gefasst. Soll so tüchtig sein, Hasan. Achtet die Älteren.«

»Was ja das Wichtigste ist, wenn er eine junge Frau heiraten soll.«

»Auf jeden Fall hat der Großonkel mit Hasan eine Verabredung ausgemacht.«

»Mit Ipek?«

»Genau. Ihr Vater war als Neffe des Großonkels natürlich einverstanden. Aber er hat gesagt: Wir leben ja nicht im Mittelalter, du gehst allein zum Kennenlerngespräch.«

»Wie fortschrittlich.«

»Und weißt du, was der Treffpunkt war? Eine Eisdiele.«

»Sehr romantisch«, sagt Frau Karakanlı und wirft fachmännisch Truthahnsalami auf die Waage.

»Aber Ipek ist nicht hingegangen.«

»Was?«

»Sie hat ihre Freundin hingeschickt.«

Ihren Namen verpasse ich, weil ich einmal ums Regal gehe. Frau Karakanlı hat mich schon etwas misstrauisch beäugt, glaube ich.

»... und der Typ, der Hasan, sieht wirklich gut aus. Und ist nett. Bisschen schüchtern. Die Freundin und er hatten wohl echt Spaß in der Eisdiele. Und dann haben sie noch einen Spaziergang gemacht.«

Das muss ich genau hören. Ich gehe aufs Ganze und zu den Mettwürstchen, zum Schweinefleisch, direkt an der Fleischtheke.

»Jetzt spann mich nicht auf die Folter! Hat die Freundin Ipek gesagt, sie soll den Kerl heiraten?«

»Nein!«

»Lernt Ipek ihn wenigstens selbst mal kennen?«

»Nein.«

»Ja was denn dann?«

»Die Freundin heiratet Hasan.«

»Bitte was?«

»Ipek hat ihrem Vater erzählt, sie wäre mit ihrer Freundin in die Eisdiele gegangen, als Unterstützung. Na ja, und dann …«

»Das gibt's doch nicht!«

»Besser so als anders – so wollen es wenigstens beide.«

»Ich weiß nicht.«

»Ist doch egal. Hauptsache, es gibt ein Hochzeitsfest, oder?« »Stimmt«, sagt Frau Karakanlı. »Nimmst du mich mit?«

»Natürlich«, sagt ihre Bekannte, die beiden Frauen lachen wie die Waschweiber und die Freundin verabschiedet sich.

Dann schenkt Frau Karakanlı mir ihr Lächeln und ich kaufe, ohne mir etwas anmerken zu lassen, ein großes Stück Fleischwurst.

Wie ich Karriere mache

Gül

von Cem Özdemir

Schulausflug. Wir wanderten durch das schöne Ermstal. Die drei türkischen Kinder redeten darüber, wie es nach der vierten Klasse – wenn im »dreigliedrigen Schulsystem« Süddeutschlands beim Übergang in die Sekundarstufe sortiert wird – weitergeht. Olcay war zwar noch eine Klassenstufe unter Gül und mir, trotzdem war er selbstbewusst genug, seinen weiteren Weg auf dem Gymnasium zu sehen.

Und er hatte Recht damit. Ein Jahr später erhielt er tatsächlich die Empfehlung für das Gymnasium, was durchaus außergewöhnlich war. Seine Eltern sprachen (wie meine auch) kaum Deutsch und waren im Gegensatz zu etlichen Eltern unserer deutschen Klassenkameraden beide voll berufstätig. Und außerdem verstand dieser »Halunke« Olcay doch von all dem Zeug, mit dem wir im Unterricht »belästigt« wurden, genauso wenig wie ich. Doch da musste ich mich offensichtlich getäuscht haben.

Ich schämte mich damals ein wenig, den Weg zum Gymnasium und somit zum Abitur nicht direkt geschafft zu haben. Nach der Grundschule ging ich, gemäß der Empfehlung der Lehrer, zunächst auf die Hauptschule. Offenbar war ich dort etwas fleißiger, denn ich durfte, gemeinsam mit meinen Freunden Peter und Hartmut, auf die Realschule wechseln. Wir mussten zwar dort die Klasse nochmal wiederholen, aber das störte uns nicht weiter. Nach der mittleren Reife und einer anschließenden Ausbildung zum Erzieher erwarb ich auf dem zweiten Bildungsweg die Fachhochschulreife, um Sozialpädagogik zu studieren.

Olcay hatte als Jugendlicher noch eine Widrigkeit zu überstehen: Wie so viele aus der ersten Generation der »Gastarbeiter«

hatten auch seine Eltern den sehnlichen Wunsch, in ihre Heimat zurückzukehren. Im Gegensatz zu vielen anderen aber setzten sie diesen Wunsch auch in die Tat um, obwohl ihr Sohn darauf bestand, in Deutschland und damit in *seiner* Heimat zu bleiben. Noch heute bewundere ich seinen Mut, sich alleine durchzuschlagen. Zum Abitur reichte es zwar nicht, dafür konnte die Handball-Abteilung des TSV Urach eine ihrer wichtigsten Stützen behalten. Otto Schily muss meinen Freund Olcay vor Augen haben, wenn er von dem integrierten Jungen aus dem schwäbischen Urach spricht.

Doch zurück zum Ausflug bei strahlendem Wetter im grünen Herzen der Schwäbischen Alb. Meine Klassenkameradin Gül schwieg, als Olcay von seinem Plan erzählte, das Gymnasium später mal richtig aufzumischen, und ich eingestand, mich leider mit der Hauptschule zufrieden geben zu müssen.

Ich erinnere mich noch genau an den Moment, als mein Lehrer gegen Mitte des vierten Schuljahrs fragte, welche weiterführende Schule wir denn später besuchen wollten. Getreu dem Wunsch meiner Mutter streckte ich meinen Arm weder, als die Hauptschule aufgerufen wurde, noch, als es um die Realschule ging. Erst als die Aspiranten fürs Gymnasium dran waren, meldete auch ich mich. Da ich im hinteren Teil des Klassenzimmers saß, dauerte es eine Weile, bis meine Meldung von Lehrer und Mitschülern entdeckt wurde. Dafür war die Reaktion dann umso heftiger: Tosendes Gelächter brach aus. Dabei war dies eigentlich einer der seltenen Momente, in denen ich in der Schule tatsächlich ernst war – aber jetzt musste ich doch so tun, als ob es sich mal wieder um einen meiner Späße handelte. Denn bei meinen Leistungen konnte ich kaum ernsthaft daran denken, auf jene Schule zu gehen, die praktisch alle Kinder meiner Straße besuchen sollten – außer mir.

Und Gül? Sie hatte, wie später auch Olcay, die Empfehlung für das Gymnasium bekommen. Sie war nicht nur der Stolz der

Lehrer. Auch unsere Eltern wiesen uns an ihrem Beispiel ständig darauf hin, wie man als türkisches Kind hier Erfolg haben kann: »Junge, nimm dir ein Beispiel an Gül und sei nicht so faul.« Das nervte …, aber dafür konnte Gül ja nichts.

Dabei war es kein gewöhnlicher Erfolg wie für jedes andere Mädchen. Güls Eltern sprachen, wie eben so viele Migranten der ersten Generation, kaum Deutsch. Und eine »lernfreundliche Atmosphäre« war zu Hause sicher nicht vorhanden. Vielmehr musste sie – während wir Drachen bauten, Fußball spielten oder Touren durch den Wald unternahmen – ihrer Mutter beim Einkaufen helfen und die Geschwister versorgen. Irgendwie muss sie es trotz all dieser schwierigen Umstände geschafft haben, fleißig zu sein und ihre Hausaufgaben zu machen. Jedenfalls habe ich nie mitbekommen, dass sie morgens, wie ich und andere, noch schnell von ihren Klassenkameraden abschrieb.

Olcay und ich freuten uns natürlich, dass sie bald aufs Gymnasium gehen würde. Wir waren irgendwie stolz auf sie und wollten wissen, was sie selbst erwartete. Gül, die sonst stets ein wunderschönes, immer etwas schüchternes Lächeln zeigte, schwieg zunächst – um uns dann mit der Aussage vor den Kopf zu stoßen, dass sie auf die Hauptschule gehen werde. Ihr Vater habe es so beschlossen, sagte sie. Schließlich würde die Familie ja ohnehin bald in die Türkei zurückkehren; da sei es doch ohne jeden Nutzen, wenn sie jetzt mit dem Gymnasium beginne. An den Rest ihrer beziehungsweise seiner Begründung erinnere ich mich nicht mehr genau. Dafür erinnere ich mich genau an die Traurigkeit ihrer Worte und ihres Gesichtsausdrucks und daran, wie sehr Olcay und ich diese tiefe und beklemmende Traurigkeit spürten, ohne zu wissen, was wir sagen sollten.

Ich habe weder von ihr gehört, noch weiß ich, was sie später gemacht hat. Ihre Familie kehrte tatsächlich zurück in die Türkei. Eigentlich kehrten ihre Eltern zurück – und nahmen sie und ihre

Geschwister einfach mit. Denn sie gehörte zu uns, zu Urach, zur Schwäbischen Alb und zu Deutschland. Doch wer wollte schon wissen, was Gül dachte?

Ob sie wohl heute noch an damals denkt? Ich frage mich gelegentlich, ob sie, was ich gut verstehen könnte, Zorn für ihren Vater empfindet. Was ist aus ihr geworden? Wenn sie eine Familie hat, wie erzieht sie ihre Kinder? Ich bin mir sicher, dass ihre Tochter studiert. Wie anders hätte ihr Leben vielleicht verlaufen können, wenn ihr Vater und ihre Mutter sich damals über den Erfolg ihres Kindes gefreut und Gül darin bestärkt hätten, auf das Gymnasium zu gehen.

Abenteuer Laufsteg

von Selma Ergeç

Vor vier Jahren habe ich aufgehört zu planen und bin nach Istanbul gezogen. Seitdem ist nichts mehr, wie es war. Angefangen hat es damit, dass ich als Medizinstudentin in Münster ein Praktikum in Adana machen wollte, der Geburtsstadt meines Vaters. Hier traf ich die Person, die mich auf die Idee brachte, mein Leben komplett zu ändern: eine Patientin. Ein sehr nettes, leider sehr krankes Mädchen. Als ich ihr eine Injektion gab, sagte sie plötzlich: »Frau Doktor, du bist doch so hübsch, warum bist du kein Model?«

Gerade als ich dies als ein nettes Kompliment abtun wollte, kam die Oberschwester dazu – dem Klischee entsprechend eine strenge, breite, bestimmende Person – und meinte: »Das Mädchen hat Recht, du bist doch bekloppt! Geh und werde Model, verdien einen Haufen Geld! Was hast du denn hier verloren? Hier gehst du doch nur ein!«

Was ich darauf gesagt habe, weiß ich nicht mehr, aber ich bin mir sicher, dass ich knallrot geworden bin – eine schlechte Angewohnheit aus der Pubertät. Ich fragte mich, ob unsere Oberschwester vielleicht an meinen Fähigkeiten als Ärztin zweifelte – und hoffe, dass das nicht der Fall war.

Ich konnte ihr allerdings nicht Recht geben, da mir die Medizin wichtig war und ich nicht damit rechnete, dabei einzugehen. Dennoch hatte sie es geschafft, dass ich anfing, über eine kleine Veränderung, ein Päuschen, nachzudenken. Am Ende des Praktikums war ich nicht besonders scharf darauf, nach Deutschland zurückzugehen, und da ich noch nie ein ausgeprägtes Selbstbewusstsein bezüglich meines Aussehens hatte, dachte ich, ich könnte vielleicht mal was dagegen tun. Nur um etwas Abstand vom Alltäglichen zu bekommen.

Istanbul schien mir eine faszinierende, aufregende Stadt voller Möglichkeiten zu sein. Model zu werden hatte ich im Hinterkopf, aber ich hielt es doch für ziemlich utopisch. Deshalb dachte ich eher daran, es als Nachrichtensprecherin für englische und deutsche Nachrichten zu versuchen – eine Marktlücke, wie mir schien. Zu meiner Verwunderung hatte meine Mutter nicht so viel dagegen. Grund dafür war aber wohl eher mein labiler gesundheitlicher Zustand. Allerdings muss ich zugeben, dass meine Eltern mich bei all meinen Entscheidungen immer mit blindem Vertrauen unterstützt haben.

So kam meine Mutter in die Türkei und wir fuhren gemeinsam nach Istanbul. Die erste Adresse auf unserer Liste war eine der drei größten Modelagenturen. Ich hatte erwartet, ausgelacht und abgelehnt zu werden. Doch nach nur drei Stunden hatte ich meinen ersten Job als Hostess auf einer Technologie-Messe. Überzeugt von dieser unerwarteten Entwicklung entschieden wir, ich könne ein paar Monate in Istanbul bleiben, um dann aber pünktlich zum Sommersemester in sechs Monaten wieder an meine Uni in Deutschland zurückzukehren. Die Nachrichtensprecherin war damit erst mal vergessen. Und Medizin könnte ich ja immer noch studieren, aber wer wusste, ob ich noch einmal die Möglichkeit hätte, so eine Erfahrung zu machen, die sich so komplett von meinem bisherigen Leben unterschied.

Zu meiner Enttäuschung ging es aber nicht so positiv weiter, wie es angefangen hatte. Meine Agentur stellte sich als ziemlich korrupt heraus: Ich bekam kaum bezahlte Aufträge, arbeitete oft umsonst, um mich »promoten zu lassen«, da mich ja noch keiner kenne, wie es hieß. Allerdings verdiente meine Agentur sehr wohl an meinen Bemühungen, wie sich später herausstellte.

Eine Wohnung hatte ich natürlich auch nicht, stattdessen wohnte ich bei Freunden meiner Eltern, die neben ihrer Gastfreundschaft auch den großen Wunsch hegten, mich mit ihrem Sohn zu verheiraten. Nach zwei Monaten war meine Zeit dort abgelaufen, denn ich dachte nicht im Traum daran, den Herrn Sohnemann zu ehelichen. Ich zog zu einer entfernten Cousine, die erfolgreich bei *Tommy Hilfiger* arbeitete und ebenfalls sehr gastfreundlich war. Leider war sie auch eine militante Gegnerin des Modelberufs mit der Theorie, dass alle Models Prostituierte seien und ich mich auf dem direkten Abstieg in die Hölle befände. So durfte ich mir Tag für Tag Schauergeschichten anhören über traurige Mädchenschicksale in der Großstadt und Predigten über den Kummer, den ich meiner Mutter verursachte und der ihr zehn Jahre ihres Lebens stehlen würde. Nach eineinhalb Monaten hatte sie von mir und ich von ihr genug, und ich zog zu einer meiner Tanten mit ihren zwei coolen Töchtern, wo ich endlich wieder ein einigermaßen normales Umfeld bekam. Mittlerweile hatte ich zwar kaum Fortschritte in meiner Modelkarriere gemacht, aber stattdessen eine Rolle in einer berühmten Fernsehserie bekommen, die auch meine Eltern in Deutschland per Satellit verfolgen konnten. Es war eine Rolle, die in der Türkei wohl kaum jemand außer mir spielen wollte. Meine Vorgängerin durfte nicht mehr weitermachen, da ihr Vater strikt dagegen war. Jetzt moderiert sie zuckersüße Vorabendprogramme. Ich spielte ein heroinabhängiges und leicht emotional gestörtes Mädchen. Für diese Rolle musste ich nicht einmal vorsprechen, man suchte einfach ein Mädchen, das so aussah wie ich. Zwar war der Job nicht besonders gut bezahlt und das meiste sackte meine Agentur ein, aber ich war auf einmal Schauspielerin!

Schauspielerin wollte ich immer schon gerne werden, hatte aber nie den Mut gehabt, auf einer Bühne oder vor der Kamera einen »Seelenstrip« hinzulegen. Aber auf einmal lief alles gut. Das Datum meiner Rückkehr in die rationale, ordentliche, sichere Welt rückte näher. Ich sah meinem Abschied von Istanbul mit gemischten Gefühlen entgegen – bis ich erfuhr, dass meine Produktionsfirma mich nicht aus meinem Serienvertrag entlassen und ich gezwungen sein würde, bis zum Ende der Seriensaison in der Türkei zu bleiben. Niemand war besonders begeistert darüber, vor allem nicht mein Vater. Ihm hatte die Modelidee von Anfang an nicht besonders gefallen, doch hatte er mich nicht daran hindern wollen. Lieber sollte ich allerdings mein Studium anständig zu Ende führen. Immer öfter wurde ich aber auch für Modenschauen gecastet. Meine erste war auch eine der besten. Während eines meiner ersten Shootings für die türkische *Marie Claire* bekam ich einen Anruf, in dem mir mitgeteilt wurde, dass ich an der Modenschau einer der besten Designer der Türkei, Hakan Yıldırım, teilnehmen sollte. Und das Beste: Die Modenschau sollte in Washington D.C. stattfinden. Ich war total aus dem Häuschen. Und es wurde wirklich großartig, obwohl ich niemanden kannte und natürlich nicht sofort von der hippen Modelclique akzeptiert wurde. Dass ich überhaupt keine Laufstegerfahrung hatte, verursachte mir unglaubliches Lampenfieber, zumal die Modenschau auch noch im riesigen, opulenten Architekturmuseum stattfand und der Catwalk über 30 Meter lang und ziemlich rutschig war. Aber ich habe es überstanden und wurde danach immer öfter gecastet.

Mittlerweile bin ich auf allen wichtigen Schauen gelaufen, doch meine liebsten sind immer noch die von Hakan Yıldırım. Der Stein kam ins Rollen. Es wurde auch langsam Zeit, denn ich musste allmählich etwas dafür vorweisen, dass ich mein – von allen so hoch geschätztes – Medizinstudium abgebrochen hatte. Ich wurde zum Liebling der Jungdesigner und Paradevorzeigeobjekt für meine Agentur, die ich mittlerweile gewechselt hatte. Meine Professionalität, meine »deutsche Disziplin und Pünktlichkeit« – in der Türkei kommt irgendwie fast jeder zu spät – und meine akademische, intellektuelle Laufbahn galten als Beweis dafür, dass Models nicht den IQ einer Stubenfliege besitzen müssen. So wie ich sollte ein Model sein, um wirklich erfolgreich zu werden, sagte man mir.

Das System funktioniert aber in der Realität ein bisschen anders, wenn man es wirklich weit bringen will. Dann muss man es nämlich in die Presse schaffen und erst einmal auf diese Art berühmt werden, die man im Türkischen *medyatik*-sein nennt. Das bedeutet, regelmäßig in der Klatschpresse zu erscheinen. Der sicherste Weg, um diesen heiß begehrten Status des *medyatik* zu erreichen, führt über eine Beziehung beziehungsweise Affären mit berühmten oder reichen Geschäftsmännern, die den Ruf eines Playboys haben. Plus ein paar Skandälchen. Erotische Aufnahmen sind auch ganz hilfreich, um die allgemeine Aufmerksamkeit auf sich zu ziehen – und schwups ist man in der Liga der Topverdienenden, auch ohne Talent oder hübsches Gesicht und Traummaße! Es gibt folglich eine Unmenge so genannter Models, die mit dem Beruf an sich nichts zu tun haben.

Sowohl mir als auch einigen anderen war sofort klar, dass wir für so eine Laufbahn nichts übrig hätten. Daher gehöre ich zu der kleinen, aber stolzen Gruppe von etwa zehn bis 20 Models unter einigen Hunderten, die nur ihren Job machen, ihn gut machen – und sich um den Medienzirkus nicht scheren. Dafür fahren wir auch keinen Jeep, aber wir leisten uns den Luxus, uns treu zu sein.

Allerdings ist es, zugegeben, sehr schwer für junge Mädchen, der Versuchung des schnellen Ruhms und Reichtums zu widerstehen. Die Agenturen sehen ihre Mädchen gern mit Berühmtheiten liiert, da dies die Nachfrage und den Preis enorm in die Höhe treibt. Was Kokain und *Anorexia nervosa* für die internationale Modebranche ist, ist der Presse- und Berühmtheitswahn für viele türkische Models. Dieser Wahn ist natürlich überall zu beobachten, doch wird man in der Türkei überproportional »belohnt« und kann sogar zum Thema der Abendnachrichten werden.

Was die meisten nicht wissen, ist, dass das Modeln ein ziemlich harter Beruf ist. Auch mir war vorher nicht bewusst, dass man für eine Modenschau manchmal vier Tage arbeiten muss, wobei man nur für die 30 Minuten Schau bezahlt wird. Oder man darf zwei Tage durchackern, bis man Blasen an den Füssen hat und selbst das schönste Model aussieht wie ein Zombie.

Dass es auch seine Vorteile hat, diesen Beruf in der Türkei auszuüben, wäre mir wahrscheinlich nicht in den Sinn gekommen, hätte man mich nicht nach Paris eingeladen, um dort zu arbeiten. Diese freudige Nachricht wurde mir wieder einmal von Hakan Yıldırım überbracht. Er wollte dort eine Offensive starten, für die er mich engagierte. Das war ein Traum!

Also machten wir uns auf den Weg zu den Prêt-à-porter-Schauen nach Paris: ein befreundetes Model, Hakan Yıldırım, die berühmte türkische Designerin Evrim Timur und ich. Sofort am nächsten Tag machten wir uns auf die Suche nach einer geeigneten Agentur, was sich als schwieriger erwies als erwartet. Es stellte sich heraus, dass der aktuell gesuchte Typ Mädchen waren, die keine klassisch schönen Gesichtszüge hatten. Das hatte ich zwar meiner Meinung nach auch nicht, aber die Agenturen sahen das offenbar anders. Gefragt waren hervorstechende Merkmale wie z.B. Segelohren, große Nase, sehr schmales oder sehr breites Gesicht etc.

Letztendlich waren wir doch erfolgreich und schon ging der Castingstress los. Von morgens bis abends kreuz und quer durch ganz Paris, zu allen möglichen Designern, die uns angeblich zuvor anhand unserer Setcards ausgewählt hatten. Die meisten hatten noch nie ein türkisches Model gesehen und waren erstaunt darüber, dass wir überhaupt existierten und uns gar nach Paris verirrt hatten. Dennoch waren sie offenbar positiv überrascht. Die meisten Castings liefen viel routinierter ab, als es in der Türkei der Fall war: Probelaufen, Polaroids, Buffet mit modeltauglichen Snacks und Erfrischungen.

Nur merkte ich bald, dass ich mich nicht besonders wohl fühlte, und meine Zweifel nahmen auf einer »After-show-fashion-party« zu. Mir wurde langsam klar, dass dies nicht meine Welt war. Selten hatte ich so eine Anhäufung von Oberflächlichkeit, Scheinheiligkeit und Nichtigkeit gesehen. Ein bunter Zirkus von Selbstdarstellern, so unpersönlich und unrealistisch und einfach nur unbeschreiblich leer. Ich fühlte mich total fehl am Platze.

Wäre es mein Lebensziel gewesen, ein internationales Topmodel zu werden, wäre ich vielleicht geblieben. Aber ich hatte mittlerweile erkannt, dass dies nicht meine Priorität sein konnte. Und trotz der vielen Mängel, über die ich mich in der Türkei beklage, fühle ich mich dort glücklicher. Wir sind wie eine große Familie, in der man sich vielleicht nicht immer mag, die aber dennoch eine persönliche und vertrauensvolle Atmosphäre hat. Wir fiebern mit den Designern, mit denen wir oft befreundet sind, und mit unseren Kolleginnen. Man kennt sich und teilt die Hoffnung und die Ambitionen in dem Kampf, die türkische Modebranche der internationalen Öffentlichkeit näher zu bringen. Man hat ein gemeinsames Ziel.

Obwohl ich mittlerweile in keiner Agentur mehr bin, sondern mit einer Managerin zusammenarbeite und mich mehr auf die Schauspielerei konzentriere, bin ich glücklich, dass ich diese Erfahrung gemacht habe. Und es freut mich besonders, wenn Modenschauen türkischer Designer im Ausland stattfinden und die Menschen schockiert sind, türkische Models in transparenter Mode auf dem Laufsteg zu sehen – wo man doch immer noch Mädchen mit Kopftuch und gesenktem Kopf erwartet. Wir sind, denke ich, ein erfolgreiches Aushängeschild der Türkei, das den Leuten zeigt, dass die Klischees meistens nicht stimmen und dass wir Visionen und das Potenzial haben, vorwärts zu gehen.

Natürlich gab es auch Veränderungen in meinem Privatleben. Gerade als ich anfing, im beruflichen Bereich kleine Fortschritte zu machen, lernte ich durch Zufall meinen Freund kennen, einen der besten türkischen Modefotografen, der mir die nächsten eineinhalb Jahre sehr helfen sollte. Zu diesem Zeitpunkt war ich bereits bei meiner Tante ausgezogen und wohnte alleine. Ich fühlte mich allerdings in der Riesenstadt total verloren und kannte fast niemanden. Ich konnte noch nicht so gut türkisch, war ziemlich naiv und relativ unglücklich mit meiner Wohnsituation. Letzteres führte auch dazu, dass ich zu meinem Freund in eine Wohnung im Kuledibi – einer sehr schönen und historischen Gegend –, in der Altstadt Istanbuls am Galataturm, zog. Als Nebenwirkung hatte ich auf einmal sehr viele Fotos von mir. Das ist sehr wichtig für ein gutes »book«, die Visitenkarte eines Models. Außerdem war ich nicht mehr so allein, ich hatte einen Freund aus der Branche, der nachvollziehen konnte, was ich durchmachte. Allerdings gab es auch einen Riesenskandal, da sich mein Zusammenleben mit einem Mann, zudem noch einem Fotografen, schnell herumsprach und einige konservative Familienmitglieder, die mysteriöserweise nur auftauchten, um Unheil zu stiften und ihre Nasen in fremde Angelegenheiten zu stecken, meinen Vater alarmierten und ihm rieten, mich so schnell wie möglich nach Deutschland zurückzuholen. Während mir der familiäre Skandal egal war, hatte mein Vater daran zu kauen, zog es aber vor, die Angelegenheit zu ignorieren, soweit es ging.

Mein Freund gehörte zwar nicht zu der Kategorie despotischer, misogyner Macho, zeigte aber doch eine Vorliebe für alles, was zwei Beine hatte und weiblich war. Unnötig zu sagen, dass ich mich trennte. Ich hatte gerade eine Rolle in einer neuen Comedy-Serie bekommen, so dass ich mir die Miete für eine eigene Wohnung leisten konnte, möbliert, da ich mir immer noch nicht sicher war, ob ich in der Türkei bleiben wollte.

Die Dreharbeiten zur Serie waren so hart, dass ich manchmal sogar am Set übernachtete. Auch die Modelaufträge nahmen viel

Zeit in Anspruch und ich musste meinen Schlafbedarf gelegentlich in Taxis und auf Kulissenböden decken. Nebenher nahm ich Schauspielunterricht und versuchte, mein Türkisch zu perfektionieren, da ich meine Dialoge im Drehbuch immer noch zuerst auf Deutsch oder Englisch vorspielte, um es danach ins Türkische umzusetzen.

In dieser Zeit habe ich oft gezweifelt, ob ich bleiben sollte, und ehrlich gesagt zweifle ich immer noch, fast täglich. Es fällt mir schwer zu erklären, was ich an Istanbul so mag, also wäre es auch unfair aufzuzählen, was ich alles nicht mag. Istanbul ist ambivalent. Eine Stadt, die lebt, die immer in Bewegung ist, die man hasst und doch liebt, wunderschön und furchtbar hässlich, aufregend und bedrohlich, glücklich und betrübt, trostlos und voller Hoffnung. Eine Stadt, in der jederzeit alles passieren kann. Eine Stadt mit einer schizophrenen Persönlichkeit, manisch-depressiv.

Letztes Jahr hatte ich die Entscheidung getroffen, dass ich, genervt von unmöglichen Beziehungen und Männern, alleine sehr glücklich war. Außerdem war mir nach etlichen Verkupplungsversuchen meiner Freundinnen, vor allem mit dem »Erfolgreich-reich-berühmt-aber sonst-nichts-dahinter«-Typ Mann klar geworden, dass es ohnehin keine gescheiten Männer mehr gibt. Doch dann geschah wie üblich das ganz und gar Unerwartete. Ich lernte meinen zukünftigen Mann kennen, der ironischerweise gleich um die Ecke wohnte und mir beim Kauf meines ersten Laptops half. Nach einem Monat passierte das Unmögliche: Ich machte ihm einen Heiratsantrag und er sagte: »Evet!« Wäre auch peinlich gewesen, wenn nicht!

Allerdings gab es einige Probleme, da wir beide als »der Institution Ehe nicht besonders zugeneigt« galten: Keiner glaubte uns. Nur mein Vater war sofort überglücklich und erleichtert.

Natürlich hatte ich gehofft, einer meiner Designer-Freunde würde mir mein Hochzeitskleid nähen, wie das so üblich ist. Da mich aber keiner ernst nahm, stand ich eine Woche vor der Hochzeit immer noch ohne Kleid da. Letztendlich rief eine meiner besten Freundinnen Hakan Yıldırım an und machte ihm klar, dass ich wirklich in einer Woche heiraten würde. Er solle doch langsam etwas unternehmen. So bekam ich drei Stunden vor der Zeremonie ein wundervolles Brautkleid. Meine Eltern und Geschwister waren mittlerweile aus Deutschland eingeflogen und lernten meinen Mann einen Tag vor der Hochzeit kennen. Sie waren sehr erleichtert, dass ich mir diesmal keinen infantilen, emotional gestörten Chaostypen ausgesucht hatte! Wir feierten eine kleine, etwas untypische Zeremonie. Eine Mischung aus türkisch-standesamtlicher und deutsch-kirchlicher Hochzeit – allerdings ohne religiöse Bedeutung und auch nicht in einer Kirche, sondern in einem historischen Anwesen direkt am Ufer des Bosporus.

Abgesehen davon, dass mein Mann und ich zusammenwohnen, hat sich kaum etwas geändert. Ich habe immer noch meinen eigenen Nachnamen – ist praktischer so – und arbeite wie gewohnt. Ich kleide mich wie immer, esse aber etwas besser, da mein Mann ein sehr guter und kreativer Koch ist.

Wie es weitergehen soll, weiß ich nicht. Wie gesagt, vor vier Jahren habe ich aufgehört zu planen und lasse stattdessen das Leben auf mich zukommen. Manchmal überlege ich, ob ich wieder Medizin studieren soll, aber ich muss zugeben, dass ich mich doch sehr in die Schauspielerei verliebt habe und am liebsten nichts anderes mehr machen möchte. Ob ich jemals wieder zurück nach Deutschland gehe? Ich glaube nicht. Aber es ist genauso unklar, ob ich für immer in der Türkei bleibe. So, wie ich mich und meinen Mann kenne, werden wir weiterziehen. Denn das Gute an Menschen ohne Wurzeln ist, dass sie überall zu Hause sind.

Jobben in Istanbul

von Güncer Batman

Ich habe nie woanders gelebt als in meiner Geburtsstadt Recklinghausen, und Istanbul war für mich immer weit weg. Als ich meiner Familie und meinen Freunden von meiner Absicht erzählte, dort ein Praktikum zu machen, redeten sie immer wieder auf mich ein, dass es zwar eine wundervolle Stadt sei, dass man sie aber mit Vorsicht genießen müsse. Millionenstädte hätten auch ihre Schattenseiten. Mein Vater gab mir den Rat: »Junge, wenn du in der Türkei bist, musst du vier Augen haben, die alles sehen, aber wenn du in Istanbul bist, hab so viele Augen wie nur möglich.« Man sollte also aufpassen und sich schnell und unauffällig eingliedern. Leichter gesagt als getan, denn Istanbul kannte ich nur aus Urlaubsbesuchen und somit war es mir völlig fremd.

Da ich Textilmanagement studiere, wollte ich mein Praktikum in dem Modeunternehmen machen, in dem mein Onkel als technischer Leiter arbeitete. Über das Unternehmen hatte ich keinerlei Informationen, außer dass ich den Namen kannte.

In der Türkei angekommen machte ich mich mit Hilfe meiner Mutter und meines Onkels auf die Suche nach einer Unterkunft für die nächsten 3 Monate. Ich hatte die Möglichkeit, im Hotel eines Bekannten zu wohnen, das sich im Stadtteil Aksaray befand. Mein erster Wohnort in der Türkei war also ein Hotel. Ein komisches Gefühl, denn Hotels sind ja eigentlich Urlaubsunterkünfte, für mich sollte es nun aber eine Weile mein Daheim sein.

Zum ersten Mal in meinem Leben war ich für eine so lange Zeit von zu Hause weg und ich war völlig aufgeregt. Wie würde mein Arbeitsplatz aussehen? Wie würden mich wohl die Arbeitskollegen aufnehmen und wie würde das Arbeitsleben in meinem Vaterland sein, das ich nur aus Urlauben kannte?

Ich machte mich also bereit, um den ersten Arbeitstag in Istanbul anzutreten. Dazu musste ich erst mal einen umständlichen Weg hinter mich bringen: zuerst die Straßenbahn und dann den Dolmus, einen Kleinbus. Der morgendliche Arbeitsweg dauerte etwa eine halbe Stunde, wenn alles glatt lief – wovon man aber nicht ausgehen konnte, da es wegen des dichten Verkehrs durchaus auch mal zwei Stunden werden konnten. Da stand ich nun in der Kälte und wartete auf die Bahn, eingegliedert zwischen den vielen Menschen in der Warteschlange. Der Weg durch das Chaos des Istanbuler Straßenverkehrs war eine Herausforderung für mich. Oft kam ich mir wie ein Fremder vor und hatte das Gefühl, dass ich beobachtet werde.

Am ersten Arbeitstag war ich nervös, ich wusste ja nicht, was mich erwartete. Das Unternehmen befand sich auf einer Etage eines großen Hochhauses, das von außen wie ein dicker Block aussah. Die Headdesignerin, meine Chefin, empfing mich mit einem Lachen und führte mich im gesamten Unternehmen herum. Es war nicht sonderlich groß: fünf Abteilungen mit ungefähr 20 Mitarbeitern. Alle für mich relevanten Leute lernte ich auf diese Art kennen.

Die Mitarbeiter waren so freundlich und höflich zu mir, dass meine Nervosität schlagartig verging. Ein Empfang, wie man ihn sich nur wünschen kann. Zudem wurde eigens für mich ein Schreibtisch arrangiert, damit ich in aller Ruhe meine Arbeit verrichten konnte.

Alle merkten, dass mein in Deutschland erlerntes Türkisch nicht perfekt war, aber ich fand, dass es eine gute Basis war, um dort zu arbeiten. Anfangs machte ich noch einige Fehler und fühlte mich unsicher beim Sprechen, aber am Ende des Praktikums konnte man hören, dass ich Fortschritte gemacht hatte.

Da meine Arbeitskollegen mir gegenüber sehr aufgeschlossen waren, entwickelte sich bald ein freundschaftliches Verhältnis zwischen uns. Das brauchte ich auch, denn in den nächsten Wochen und Monaten hatte ich eine Menge zu tun und vermisste gleichzeitig meine Familie und meine Freunde in Deutschland sehr.

Meine Hauptaufgabe war die Erstellung einer Kollektion für das Unternehmen. Also musste ich viele Zeichnungen und Aufdrucke anfertigen, arbeitete aber, um mir ein Bild vom ganzen Unternehmen zu machen, in jeder Abteilung eine Weile mit. Mir fiel auf, dass in der Türkei im Unterschied zu Deutschland viel mehr abteilungsübergreifend gearbeitet wird.

Neben der Arbeit hatte ich natürlich auch ein Privatleben. Das Vergnügen durfte nicht zu kurz kommen. Ich erkundete die Stadt, besuchte nachts die angesagtesten Clubs im Szeneviertel Beyoğlu und lernte die verrücktesten Menschen kennen: Künstler, Designer, Schriftsteller und Freaks. Was es hier nicht alles für schräge Leute gab! Wir Türken in Deutschland sind dagegen richtig brav.

Als ich auf den Taksimplatz kam, das Herz der Stadt und ein Ballungspunkt aller sozialen Schichten und Kulturen, wurde mir klar, welchen kulturellen Reichtum die Türkei besitzt. Die Vielfalt der Menschen und ihrer Lebensstile war beeindruckend. Von der allein erziehenden Tänzerin über anatolische Bauernsöhne, die als Kellner jobbten, bis zu IT-Spezialisten oder tatarischen Einwanderern war alles zu finden.

Die »Metro City Shopping Mall« war kurz vor meinem Praktikum Opfer eines terroristischen Anschlags gewesen. Die Auswirkungen konnte man immer noch sehen. Die gegenüberliegende HSBC Bank, Hauptpunkt des Anschlags, war völlig zerstört.

Jeder Weg in Istanbul war wie ein kleines Abenteuer, denn immer entdeckte ich neue, unbekannte Dinge. Zum Beispiel, dass man ein Schiff braucht, um auf die andere, die asiatische Seite der Stadt zu gelangen.

Aber irgendwie wurde ich das Gefühl nicht los, in dieser riesigen Metropole verloren und ein Fremder zu sein, obwohl es mein Vaterland war. Dieses Gefühl verschwand erst allmählich, als ich im Hotel einen jungen Mann kennen lernte, der ursprünglich aus Istanbul stammte und jetzt auf der Durchreise war. Er bot an, mir die Stadt zu zeigen und mich auf meinen Streifzügen zu begleiten. Endlich war ich nicht mehr allein, sondern konnte meine Eindrücke mit jemandem teilen. Allerdings mit jemandem, der meine Sicht der Dinge nicht besonders nachvollziehen konnte. Wenn man als Türke aus Deutschland in die Türkei kommt, ist das schon etwas Besonderes. Man ist in dem Land, das die Eltern verließen, um anderswo zu arbeiten und ein neues Leben zu beginnen, aber man merkt schnell, dass man dem Volk näher ist, als man denkt.

Mit der Zeit liebte ich die Mentalität und das Leben in Istanbul. Jeder, den ich kennen lernte, war mir sympathisch und interessierte sich dafür, warum ich in die Türkei gekommen war, warum ich nicht in Deutschland meinen Weg machte. Warum zurück zu den Wurzeln? Ich fand das Leben in dieser Metropole immer spannender. Die türkische, lockere Mentalität entsprach mir mehr als die strikte und strukturierte, die ich aus Deutschland kannte.

In Deutschland hat alles seine Ordnung und niemand soll diese Ordnung durchbrechen, da man befürchtet, sonst könnte alles außer Rand und Band geraten. Es fehlt die Aufgeschlossenheit für Neues, Ungewöhnliches oder die Gastfreundschaft. Ich lernte, wie schön das Leben sein kann, wenn man nicht immer eine Linie verfolgt, sondern ab und zu auch mal einen Schlenker macht. Diese Lebensweise vermisste ich in Deutschland.

Aber ich bemerkte auch die Vorteile des Lebens dort. Das soziale Leben ist ausgeglichener, die Unterschiede zwischen den Schichten geringer. In Istanbul ist man entweder reich und lebt ein Leben, das sich jeder wünschen würde – konzentriert in den Stadtteilen, die geprägt sind vom Wohlstand –, oder man ist arm und schlägt sich durch. Dabei bedeutet »arm« oft nicht nur, dass man sich einige Dinge nicht leisten kann, sondern dass man wirklich arm ist, dass man keine richtige Wohnung und nicht genug zu essen hat. So sieht jedenfalls das Leben für viele Menschen in den *Gecekondu* aus, den Hütten, die illegal über Nacht in einigen Vierteln errichtet wurden. Ich war fassungslos, als ich einige dieser Leute auf den Straßen betteln sah. Wie können solche Differenzen zwischen den verschiedenen Schichten bestehen in einer, meiner Ansicht nach, hochmodernen und westlich orientierten Stadt? Ich habe mit diesen Leuten gelitten und versucht, ihnen mit einer kleinen Gabe zu helfen. Aber zum Glück gab es auch die vielen »normalen Menschen«, die ihr geregeltes Leben hatten und die einem zeigten, dass es auch anders geht.

Ich fragte mich, wie es mir ergangen wäre, wenn meine Eltern nicht nach Deutschland ausgewandert wären. Wären sie vom Land in die Großstadt gezogen und hätten dort ihr Glück versucht wie viele andere? Hätte ich in der Türkei eine ähnlich gute Ausbildung bekommen? Würde ich die Dinge heute so sehen, wie ich sie sehe, wenn ich nicht in Deutschland aufgewachsen wäre? Was wäre, wenn? In Istanbul fühlte ich mich als Teil der Stadt, als Teil des Landes, das mein Heimatland war und auf das ich irgendwie auch stolz war. Ich fühlte mich angekommen an meinem Ursprung und ich fühlte mich heimisch.

Natürlich vermisste ich auch viele Dinge in Deutschland: die Freunde, mit denen ich aufgewachsen war, mit denen ich einen Tisch in der Schule geteilt hatte und die ich abends anrufen konnte, um zu reden. Ich vermisste meine Familie, die mich mein ganzes Leben begleitet hatte und mir immer zur Seite stand. Und so fragte ich mich: Wo bin ich zu Hause? Ist es Deutschland oder ist es die Türkei? Oder vielleicht beides?

Als mein Praktikum zu Ende war, organisierte der Chef persönlich eine Abschiedsparty für mich. An diesem Arbeitstag wurde der Geschäftsbetrieb verkürzt, damit alle dabei sein konnten. Ein schönes Gefühl, zu merken, wie sehr einen die Menschen angenommen und integriert haben.

Ich habe mir vorgenommen, öfter in die Türkei zu kommen, aber nicht nur, um Urlaub zu machen. Ich möchte die Freundschaften pflegen, die ich dort geschlossen habe, und das Land noch besser kennen lernen. Aber eigentlich möchte ich vor allem eines: in beiden Orten mein Zuhause finden und beide Lebensweisen genießen.

Im Kreis der Giganten

von Hakan Haslaman

Mitten in einem Stunt rief mich der Präsident der *International Martial Arts Association* an. Ich sei zur *Hall of Fame* in die USA eingeladen, um die erste »Türkvölker-Kampfkunst« vorzustellen und möglicherweise eine Auszeichnung entgegenzunehmen. In diesem Moment konnte ich mit der Aussage nicht sehr viel anfangen, da ich gerade bei einem Filmdreh war und mit ganz anderen Sorgen am Set zu kämpfen hatte. Aber schon kurze Zeit später saß ich im Flugzeug, auf dem Weg nach Florida, zur *Hall of Fame*.

Meine Einsätze als Stuntman in Actionfilmen hatten das Auswahlkomitee offenbar überzeugt, so dass ich nominiert worden war. Kampfkünstler aus der ganzen Welt, die entweder durch Schulen, Turniere, besondere Kampfstile oder durch Actionfilme bekannt geworden waren, sollten hier geehrt werden. Laut Programm würden die Kampfkünstler am ersten Tag ihr Kampfsystem vorstellen und am zweiten Tag sollten die Auszeichnungen stattfinden.

Es war mir noch nicht ganz klar, was mich dort wirklich erwarten und welche Art von Auszeichnung ich bekommen würde. Ich hatte nur wenige Informationen und das Einzige, was ich sicher wusste, war, dass ich nicht nur meine Arbeit, sondern auch die Türkei repräsentieren sollte. Daraufhin hatte ich schon in Deutschland versucht, mit der Türkischen Botschaft in den USA Kontakt aufzunehmen und sie zu fragen, ob sie Interesse hätte, an diesem Event teilzunehmen und mich bei der Vorstellung der ersten Türkvölker-Kampfkunst *Amarok* zu unterstützen.

Amarok ist die türkische Abkürzung für *Alpağutnung Mengü Az Rak Oğuz Köreşi*, eine Kampfkunst, die ich selbst in den letzten Jahren durch intensive Nachforschungen in Zentralasien beziehungsweise in den schamanistischen Wurzeln der einzelnen Türkvölker gefunden und weiterentwickelt hatte. Sie ähnelt anderen östlichen Kampfkunsttechniken, ist aber weniger sportlich kommerzialisiert und stärker mit dem Schamanismus und der alttürkischen Kultur verbunden. Es war für mich ein großes Ereignis, dass meine Bemühungen, ein solches Kampfkunstsystem zu gründen, nun international Anerkennung finden sollten. Da ich in Deutschland lebe und mit vielen verschiedenen deutschen Kampfkunstorganisationen zusammengekommen war, hatte sich *Amarok* in Deutschland zwar bereits durchgesetzt, bis dahin aber nur in der deutschen Kampfkunstszene verbreitet.

Seit meinem dritten Lebensjahr betreibe ich aktiv Kampfsport verschiedener Richtungen und habe die dazugehörigen Meisterprüfungen abgelegt. Auslöser für mein Interesse daran war, wie bei vielen anderen, die diesen Sport betreiben, auch, Bruce Lee. Mein Interesse für Stunts und Actionfilme dagegen kam von Jackie Chan. Mit 24 habe ich mich dann nur noch um die Erforschung, Entwicklung und Ausübung von *Amarok* gekümmert.

Jetzt ging es also darum, *Amarok* der ganzen Welt zu zeigen. Obwohl ich keine aussagekräftige Zusage von der Türkischen Botschaft in den USA bekommen hatte, hatte ich dennoch die Hoffnung, dass sich jemand aus der Botschaft an diesem Tag einfinden würde, oder zumindest jemand von der türkischen Presse.

Als ich in Orlando ankam, war ich aufgeregt, nicht wegen dem, was mich erwartete, sondern wegen der Verantwortung, die ich in den nächsten Stunden zu tragen hatte, nämlich mich richtig zu bewegen in diesem Kreis der legendären Großmeister der Martial-Arts-Szene: Bill Wallace, Keido Yamaue, Chuck Norris und all der anderen.

Um Mitternacht verließ ich den Flughafen und fuhr mit einem Taxi ins Radisson Hotel. Während der Fahrt betrachtete ich den prallen Mond, der mit seinem mächtigen Licht über mir strahlte, als wäre er das Augenlicht der Schamanen, die mich beobachteten und begleiteten. Als ich im Hotel ankam, sah ich bereits die ersten prominenten Gesichter aus der Martial-Arts- und Action-Movie-Szene. Ich ließ mich durch den Aufstand um sie herum nicht irritieren, denn ich war dort genauso wie sie ein geladener Gast und nicht etwa ein Fan.

Gleich nach dem Einchecken fragte ich an der Rezeption, ob ich ins Ausland telefonieren könnte. Es war mir sehr wichtig, die Stimme meiner Frau zu hören, bevor ich mich in die Höhle des Löwen stürzen konnte. Denn nur ihre Stimme und Nähe konnten mir die Kraft geben, alle Hindernisse zu meistern, die bald auf mich zukommen würden, und meine letzten Unsicherheiten zu überwinden.

Ohne Schlaf und Erholung musste ich mich wenige Minuten später in der Anmeldung der *Hall of Fame Council* einfinden und danach gab es kein Zurück mehr. Voller Entschlossenheit ging ich nun zur Empfangskommission und zeigte meine Einladung. Um mich herum sah ich Persönlichkeiten, die ich schon aus meiner Kindheit durch die Medien kannte und für die ich damals geschwärmt hatte. Manche von ihnen kamen von selbst auf mich zu, um zu erfahren, wer ich bin und was ich hier vorstellen würde. Ich war wirklich gerührt. Die Unterhaltungen waren zwar manchmal amüsant, liefen aber insgesamt etwas distanziert ab. Auch wenn ich nun akzeptiert war, hatte ich doch immer noch eine gewisse Ehrfurcht vor Großmeistern dieser Klasse, die jahrzehntelang Geschichte geschrieben hatten. Aber natürlich war ich stolz, dass die Türkvölker mit ihrer unvergleichlichen Geschichte jetzt die Chance bekamen, die Renaissance ihrer Kampfkunst international vorzustellen. Ich war stolz, dass ich die Gelegenheit bekam, etwas für meine Kultur und Tradition zu tun. Etwas traurig nur, dass ich niemanden von der Türkischen Botschaft sehen konnte.

Am nächsten Morgen unterhielt ich mich mit den Lehrmeistern der verschiedenen Kampfkünste, bevor ich mich für die Präsentation umzog und in die Veranstaltungshalle ging. Viele der teilnehmenden Großmeister hatten am Rande der Halle Informationsstände aufgebaut, die die Möglichkeit boten, mehr über sie und ihre Kampfstile zu erfahren. Am ersten Tag waren etwa 200 Gäste anwesend, doch die Zahl verdoppelte sich. Als ich durch die Menge lief, fiel ich offenbar auf, denn die Blicke der Großmeister hefteten sich neugierig auf mich. Sie hatten offensichtlich noch nie einen Türkkämpfer gesehen, der zudem auch noch in einer traditionellen Bekleidung auftrat, die keiner der bisher vertretenen Kampfkunstbekleidungen ähnelte.

Meine Kleidung war zum Teil aus Pelz und hatte einen Schnitt, der weder der chinesischen oder japanischen noch der euro-amerikanischen Kampfkunstkleidung ähnelte: eine dunkle Hose, darüber schwarze Stiefel mit Pelzumrandung und eine schwarze Weste, ebenfalls mit Pelzbesatz. Alle Teile waren in verschiedenen Ländern Zentralasiens mit viel Liebe zum Detail entworfen und angefertigt worden. Eine originalgetreue Tracht der Türkkrieger. Diese Bekleidung spiegelte die Tradition meiner Urahnen wider. Einen Augenblick fühlte ich mich so, als wäre ich leibhaftig unter ihnen, Dschingis Khan, Atilla Khan, Alper Tunga Khan, Oguz Khan.

Auch der Direktor dieser Organisation, die bisher alle legendären Großmeister und Kampfsysteme unter einem Dach versammelt hatte, konnte seine Neugier über meine Person nicht verbergen und bat mich, ihm mehr über meine Kunst und über die exotische Bekleidung zu erzählen. Als er erfuhr, dass ich aus Deutschland kam, aber Türke war und die erste Kampfkunst der Türkvölker vorstellte, die ihren Ursprung in Zentralasien hatte, konnte er darin keinen Zusammenhang sehen. Für ihn existierten Türken nur in der Türkei. Ich gab ihm also kurz Geschichtsunterricht und erzählte davon, wer die Türkvölker sind und dass Türken auch in anderen Ländern leben. Seine Antwort war, dass er zum ersten Mal in seinem Leben einen Türken sehe, aber meiner Größe und meinem Aussehen nach würde ich seiner Vorstellung von einem Hunnen entsprechen, nicht von einem Türken.

Das machte mich glücklich und traurig zugleich. Denn die Türkvölker, die einst eine solch große Geschichte geschrieben haben, sind heute in einem Zustand, dass man sie unter ihrem jetzigen Namen kaum noch richtig kennt. Auch wenn ich nun auf mich allein gestellt war, hatte ich aber doch die Möglichkeit, durch meine Kampfkunst etwas für die Wiederbelebung der alttürkischen Kultur zu tun. Die Darbietungen vieler Großmeister, die ich sah, überzeugten mich nicht besonders. Wahrscheinlich hatte ich noch meine Kindheitsvorstellung und war jetzt enttäuscht, dass auch sie nur mit Wasser kochten. Ich schaute ihnen gelassen zu und wurde nach einer Weile selbst in die Mitte gerufen, wo alle Augen auf mich fielen. Ich trug jetzt nicht mehr nur die Verantwortung für meine Kampfkunst, sondern für den Ruf meiner Ahnen und der Türkvölker. Kein Fehler wäre jetzt verzeihlich gewesen. Ich nahm mir die Kraft, mich in die Mitte des Raumes zu stellen und das zu tun, was meine Ahnen getan hätten. Das war nicht einfach, in solch einer kurzen Zeit, ohne Vorbereitung, ohne Schlaf, mit starker Übermüdung durch den Jetlag, aber der Gedanke, dass ich jetzt die Chance hatte, all diesen Menschen etwas aus der alttürkischen Geschichte vorzutragen, machte mich stark. Ich fühlte mich von meinen Urahnen begleitet und unterstützt, so, als würde ich aus ihren Mündern reden. Meinen Vortrag über *Amarok* ergänzte ich durch Demonstrationen an meinem deutschen Vortragspartner, dem Headmaster der *MAA-I*, Großmeister Bernd Höhle. So konnte ich die Verbindung aller Techniken zu der Lehre des Schamanismus verdeutlichen. Die Zuschauer müssen gedacht haben, einen alttürkischen Krieger zu sehen, der im falschen Jahrhundert lebte.

Wie erwartet wurde ich mit unzähligen Fragen der Großmeister bombardiert. Die meisten Anwesenden waren von dieser Kampfkunst, die sie dahin überhaupt nicht gekannt hatten, begeistert. Ich wurde von Großmeistern verschiedener Nationen für meine Arbeit gelobt und ihre Komplimente bestätigten mich in meiner Überzeugung, das Richtige zu tun. Allein die Worte eines asiatischen Großmeisters, dass er noch nie eine solch stiltreue Kampfbekleidung gesehen habe, brachten ein stolzes Lächeln in mein Gesicht.

Die Ehre, die ich bekam, gehörte nicht mir, sondern meinem Volk, auch wenn außer mir kein anderer Türke anwesend war. Es war traurig, aber es machte mir klar, dass weder *Amarok* noch ich zu einem einzigen Land der Weltkarte gehören, sondern zu einem viel größeren Stück der Erde. Die Türkvölker waren schon immer auf viele Länder im Herzen Asiens verteilt gewesen und dort lag auch der Ursprung von *Amarok*. Nachdem ich mich viele Jahre lang mit den Kampfkünsten verschiedener Völker beschäftigt hatte, interessierte ich mich für die Vergangenheit der Türken. Da es aber über die Kampfkunst der alten Türken kaum Informationen gab, musste ich mir diese auf Reisen in Zentralasien mühsam zusammensuchen. Obwohl ich in Deutschland geboren und aufgewachsen bin, bin ich weder in Deutschland noch in der Türkei zu Hause. In Deutschland werde ich als Ausländer angesehen und in der Türkei nicht als richtiger Türke. Ich versuche, die Wurzeln der Kultur meiner Ahnen zu finden und sie zu leben, so, wie sie mehr oder weniger noch in Zentralasien lebendig ist. Die eigentliche Kultur der Türkvölker, der Schamanismus, ist für mich die einzige Lebenseinstellung, mit der man nicht nur mit sich selbst, sondern auch mit der Welt ein friedliches Leben führen kann.

Als ich mich für die Gala umgezogen hatte und in den Festsaal ging, kam ein alter Magyar auf mich zu und sagte, er sei von dem, was ich mache und präsentiert hätte, sehr beeindruckt gewesen. Er sei ein echter Hunne, aber sehr alt und habe in seinem Leben nur Karate gelernt. Er habe nun nicht mehr die Möglichkeit, sich mit *Amarok* zu beschäftigen, aber sein Herz schlage für seine Ahnen und jetzt auch für *Amarok*. Nie habe er zu träumen gewagt, es zu erleben, dass die Kampfkunst seiner Ahnen wieder zum Leben erweckt würde. Er sagte, ich sei auf dem richtigen Weg und nichts auf dieser Welt solle mich von meiner Überzeugung abbringen. Es war für mich nicht einfach, bei seinen Worten meine Gefühle unter Kontrolle zu halten. Dieser Mann war fast 50 Jahre älter als ich. Endlich konnte ich die Wiederbelebung der Kultur meiner Ahnen durch *Amarok* mit einem Geschichts- und Kulturverbündeten teilen. Er wusste es und ich wusste es. Das war das Wichtigste.

Nach dem Abendessen kam die Zeit der Nominierungen. Das Kuratorium, das nur aus der »crème de la crème« der Großmeister bestand, bat die einzelnen Meister auf die Bühne. Als ich die Ansage hörte: »Stuntman of the Year 2000 – Hakan Haslaman«, war ich überrascht und riesig erfreut.

Auf diesem Event hatte ich nun auch zugleich einen Titel für die Türkvölker geholt, was zuvor noch keinem Türken in dieser Branche gelungen war. Die Menge spendete mir großen Beifall und jeder Großmeister aus dem Komitee gratulierte mir einzeln zu meinem Erfolg. Einer von ihnen sagte lächelnd, dies sei genau die richtige Auszeichnung für einen abenteuerlustigen *Amarok*-Krieger wie mich.

Kenans Kampf

aufgezeichnet von Birand Bingül*

Früher, ich war übel. Ich hab viele Einbrüche gemacht. Ich hab fünf Einbrüche gemacht. Hintereinander, serienweise. Dann kamen noch viel mehr Sachen. Körperverletzung, Diebstahl, Urkundenfälschung. Aber ich war noch nicht im Gefängnis. Ich hab mich immer gut rausgeredet. Ich hab immer gemerkt, wenn ich verloren hab, hab ich ein Geständnis abgelegt. Und das kommt immer gut. Nee, aber, es kann auch nicht so weitergehen. Ich hab keine Lust mehr, immer so halt, immer wenn ich was gemacht habe, mit den Schuldgefühlen zu leben, so. Oder es war so, wenn ich zu Hause war und jemand hat angeschellt, ich hab jedes Mal gedacht, das wär die Polizei, die jetzt anschellen würde. Und darauf hab ich keine Lust mehr gehabt und wollte damit aufhören.

Wenn ich ehrlich bin, wünsch ich mir manchmal, dass mein Vater mich mehr geschlagen hätte, damit ich heute hier vielleicht nicht sitze und über meine Vergangenheit erzähle. Hätte nicht sein müssen, alle die Anzeigen, die ich habe. Wenn er mich mehr geschlagen hätte, wer ich bestimmt mehr zur Vernunft gekommen.

Mein Vater ist konservativ und altmodisch. Ist ja auch nichts schlimmes, ne. Ich war halt das schwarze Schaf.

Das war sowieso für uns alle schwer, als meine Mutter in der Türkei gestorben ist, sind wir Kinder auch hierhin gekommen. Da waren wir noch alle klein. Da hat mein Vater auf uns alle aufgepasst. Mein Vater hatte, denk ich mal, so 'n Bild, wie seine Kinder sein sollten. Und wir waren alle so, bis ich angefangen hab zu kiffen. Und mein Vater war ja auch meine Mutter, kann man

* Zusammenstellung der Originalaussagen nach mehreren Interviews mit Kenan. Kenan ist nicht der richtige Name.

sagen. Wir haben alle – da waren wir noch klein – da haben wir in einem Bett geschlafen. So ein Ehebett war das. So ein großes. Da kann ich mich noch dran erinnern. Mein Vater und alle meine Geschwister. Sind zwei ältere Brüder, eine ältere Schwester, eine jüngere Schwester und ein jüngerer Bruder. Und alle Mann, da haben wir halt noch draufgepasst, der Älteste war damals zwölf, da haben wir alle in einem Bett geschlafen, das weiß ich noch.

Auf uns alle aufzupassen war vielleicht zu schwer für den, vielleicht auch, weil mein Vater so ein guter Mensch war, hab ich das ausgenützt. Der hat mir viel geglaubt und ich hab den auch viel angelogen. Jetzt bereue ich das alles. Weil die vertrauen mir nicht mehr so, denk ich mal.

Der Hass, der kommt einfach. Vielleicht weil ich so aufgewachsen bin, von der Kindheit her. Also, als ich nach Deutschland kam, haben die mich immer verprügelt. Ich war neu hier, Außenseiter, sah noch aus wie von der Dritten Welt, du weißt, was ich meine. Dann haben die mich verprügelt. Ich denk mal, dass das der Hass ist, der noch in mir ist. Und ich hab auch immer noch Hass. Und der ganze Hass, den ich von der Straße hab, den hab ich früher im Ring, als ich geboxt hab, rausgelassen. Jetzt darf ich nicht mehr boxen, das ist es ja. Die Hand, wen de das siehst, und hier und hier und der Finger, die sind alle kaputt, tut manchmal weh schon, wenn ich irgendwogegen boxe.

Von '98 bis 2000 hab ich von jedem Turnier einen Pokal gewonnen, beim Kickboxen, Full Contact. Full Contact ist dann im Ring, so oben ohne, ne, und dann voll drauf. Das sind ziemlich große Pokale. Früher, wenn ich sehr sauer war und Hass in mir hatte, dann bin ich in den Ring gegangen und hab dann geboxt. Und dann durfte ich auch meinen Hass rauslassen. Aber jetzt, weil ich das nicht mehr darf, dann werd ich manchmal den ganzen Stress, den ich habe und draußen sehe, den werd ich nicht los, dann werd ich sauer, ich werde auch schnell sauer, das ist das.

Wenn sich zwei streiten, und ich seh das und ich kenn weder den einen noch den anderen, ich werd trotzdem aggressiv. Ich weiß nicht, ich würd auch gern da reinhauen. Ich würd gern da hinrennen und reinspringen, auch wenn ich ein paar auf die Fresse bekomme. Hauptsache, ich hab welche verteilt. Ich weiß nicht, ich kann das nicht ausdrücken. Ist 'n bisschen Hass. Aber der kommt einfach so. Keine Ahnung, wenn ich das sehe, besonders wenn ich Alkohol getrunken hab, dann werd ich richtig sauer. Und wenn derjenige stärker ist, dann hab ich ein paar auf die Fresse bekommen, hab welche auch verteilt, das ist das Wichtigste.

Ich denk einfach: drauf. Auch wenn ich eine Flasche in der Hand halte. Einfach drauf. Hauptsache ich krieg's nicht drauf, obwohl ich dann auch welche drauf krieg, so ist das nicht. Ich denk mir einfach: draufschlagen. Das ist der Hass, ich kann es nicht beschreiben so, watt ich fühle. Mich kann man mehr reizen, wenn man meinen Kollegen anmacht als mich. Wenn ich datt sehe, denke ich: Mann, dem könnt ich voll eine in die Fresse hauen. Und dann tu ich datt, ne, oder wenn ich sehe, der Junge haut mich weg, keine Chance – dann guck ich, dass ich noch welche zusammentrommle, wenn nicht, dann geh ich auch.

Als ich zwölf, 13 war, hab ich so ein paar Gangsterfilme gesehen. Da hab ich gedacht: Booah, cool ey. Hab ich mir gesagt: Komm, bin doch auch ein Gangster. Hab ich dann angefangen, mich so cool anzuziehen. Und dann hab ich geguckt: Die Gangster haben 'ne Knarre. Hab ich mir auch eine Knarre besorgt. Da war ich beim Dings hier, beim Laden, da hab ich einen gefunden, der die mir gekauft hat. Dann hab ich gesehen: Die Gangster, die kiffen ja auch, und so weiter. Dann hab ich auch angefangen zu kiffen. Da fing die Scheiße automatisch an. Da bin ich in der Schule abgestürzt. Ich war Klassenbester. Ich hatte einen Durchschnitt von Zwei Komma, ne. Ich war auf jeden Fall Klassenbester. Durch das Kiffen wurde ich faul, keine Hausaufgaben, überhaupt die Schule vernachlässigt.

Ich bin ab und zu gar nicht hingegangen. Bin für zwei Stunden dahin gegangen und bin wieder abgehauen. Dann hab ich ’n Abgang bekommen. Durch das Kiffen habe ich immer Stress mit meinem Vater bekommen. Immer Meinungsverschiedenheiten. Da bin ich auch ein paar Mal abgehauen von zu Hause.

Als mein Vater gesehen hat, dass ich auf der falschen Schiene fahr, ist der immer saurer geworden. Wenn ich nicht zur Schule gegangen bin. Früher, als er dahin gegangen ist, zum Beispiel Elternsprechtag, da ist er hingegangen und wieder rausgegangen nach zwei Minuten. Da war alles gut. Aber so mit der Zeit ist der da reingegangen, ’ne halbe Stunde, kam raus, war sauer auf mich. Und dann bin ich immer gekommen, wann ich Bock hatte, gegangen, wann ich Bock hatte. Ich war faul einfach, ich war richtig faul. Ich hatte keinen Bock.

Ich hab den auch nicht respektiert. Man muss dazu sagen, mein Vater ist wirklich ein guter Mensch. Ich war nur der Böse, kann man so sagen. Ich meine, welcher Vater möchte Schlechtes für sein Kind? Und der wollte immer das Beste für mich und ich hab das nicht gesehen. Und da ich das nicht gesehen hab, hab ich gedacht, es läuft nicht so gut zu Hause, und hab immer weiter Scheiße gebaut. Ich hab gedacht, der schreit mich an, weil er mich hasst oder so. Aber mit der Zeit hab ich gelernt, als ich die ganze Scheiße schon gemacht hab, dass er es nur gut mit mir meint. Dass er mir nur helfen wollte, als der mich angeschrien hat, als der mich auch geschlagen hat.

Meine Schwestern, die haben gekocht, geputzt, mir die Sachen gemacht. Was ich alleine gemacht hab, war duschen, essen – ist ja klar. Zum Beispiel, ich saß im Wohnzimmer, hab ich gesagt: Ey, bring mal Essen her, ich hab Hunger. Wenn die gesagt haben: Mach doch selber, und ich hatt noch nichts geraucht, dann bin ich sauer geworden. Hab ich gesagt: Komm, steh auf! Ich hau dich weg und so, weiß’ de. Und jetzt mach ich das selber. Jetzt respektier ich auch wieder sehr meine Familie. Ich versuche nur, das Beste rauszuholen, obwohl ich weiß, dass die mir nicht mehr so vertrauen. Weil ich hab denen so oft gesagt, ich mach das nicht mehr und dann – immer wieder hab ich das gemacht.

Ich war auch ein bisschen fertig. Ich hab mich zu viel gehen lassen. Drogen und so. Weil ich cool sein wollte. Muss ich ehrlich sagen. Weil ich cool sein wollte. Die meisten, die mit Kiffen anfangen, sind die, die cool sein möchten. Gewalt kommt so, wenn man nichts zu rauchen hat. Fast jeder Zweite, den ich kenne, kifft. Ich möchte also weg von hier, weil ich lass mich auch gerne beeinflussen. Es war ja nicht nur ein Joint am Tag. Es waren fünf, sechs, sieben Joints an einem Tag mit zwei, drei Mann. Und wenn man dann nichts zu rauchen hat, wird man aggressiv. Dann ist man auch bereit, jemanden auf der Straße abzuziehen, dann denkst du: Ich brauch was zu rauchen, ich brauch Geld.

Auf jeden Fall hat das mit den Einbrüchen nicht mehr gereicht und dann wollte ich mehr haben. Es wurd immer schlimmer. Das war auch so: Ich bin ein bisschen geldsüchtig kann man sagen.

Da war 'ne Mädchendealerin in der Disko. Die ist eine ganze Runde gelaufen, und wenn die 100, 200 Euro bis 300 Euro hatte, ist dann der Kollege von der rausgegangen zum Auto, hat dann das Geld ins Auto reingetan und dann den Stoff rausgeholt. Und ich wusste das mit meinem Kollegen, weil wir haben das mal beobachtet. Ja, und dann haben wir den da weggeklatscht von dem Auto und haben das Geld und die Drogen auch mitgenommen. Und Handy auch und so. Und dann sind wir da feiern gegangen, noch den gleichen Abend.

Die Geschichte ging ja dann noch weiter. Als wir dann reingegangen sind, da war ein Kollege 'n Mädchen am Anmachen. Woher soll man wissen, dass das Mädchen einen Freund hat? Und wenn das Mädchen vernünftig wäre und sagen würde: Hör zu, ich hab 'n Freund, tanz mich nicht an, bagger mich nicht an, dann wär alles klar. Watt macht das Mädchen? Das tanzt mit, tanzt mit dem. Ja, und dann kam der Freund, auch so 'n Stabiler gewesen, dann hat der meinen Kollegen weggeklatscht – wir sind ja eigentlich ganz viele, wenn wir da hingehen, zehn Mann, 15 Mann, wenn alle reinkommen, muss ich auch sagen – ja und dann alle drauf. Und von dem auch noch die Kollegen. Und dann haben wir uns richtig geprügelt und dann kamen die Türsteher und dann haben die Stühle genommen, aber aus Eisen und haben die Luft geschleudert, Flaschen und so …

Wenn Kollegen von mir 'ne deutsche Freundin oder 'ne türkische Freundin haben, is ja egal, die versuchen immer so Macht zu haben, also wie halt in der traditionellen Türkei. Ich bin der Mann und du bist die Frau. So krieg ich das immer mit, dass die die zwingen – die sagen zum Beispiel zu ihrer Freundin: Komm nicht dahin, bleib da. Dazu kommt der Stress, wenn die Schluss haben mit ihrer Freundin, dann gibt's Stress mit den anderen, dann muss man ja einen finden, wo man das rauslässt, den ganzen Stress.

Meine Freundin ist meine Freundin halt, nicht mein Untertan. Wenn die meint, watt zu machen, was mir nicht gefällt, dann sag ich der das, und wenn die ein Problem damit hat, dann kann die abhauen. Dann reden wir über Sachen, die uns nicht gefallen. Wenn wir uns einig sind, dann läuft das, wenn wir uns nicht einig sind, dann gibt es Auseinandersetzungen. Dann muss man sich auf was einigen, und wenn das nicht klappt, dann sag ich zu ihr, sie soll gehen, oder sie sagt zu mir, ich soll gehen. So klär ich das.

Letztes Mal hab ich auch auf die Fresse bekommen. Das waren vier Türken. Voll feige. Da war ich in so 'nem Laden, meint der Typ so: Gib mal dein Handy! Ich sach so: Wie mein Handy? Dann hab ich gesehen, dass das Ernst ist. Hab ich gesagt: Bevor ich dir mein Handy gebe, mach ich das kaputt. Da hab ich das auf den Boden – und da hab ich schon eine Faust von hier gekriegt, von der Seite. Und ich hatte ja immer Hass auf diesen Typen gehabt.

Da bin nur auf den draufgegangen, obwohl ein anderer mir den Schlag gegeben hat, und dann sind die alle vier auf mich drauf. Dann haben die mich auch übel vermöbelt, muss ich schon sagen. Aber weiß de, was ich feige von denen fand, ist, mit vier Mann. Eins gegen eins, hätte derjenige auch sagen können, wir haben eins gegen eins gekämpft und ich hab normal wie ein Mann gewonnen und nicht vier gegen eins.

Wenn es zu einer Schlägerei kommt, dann hau ich nicht ab. Bevor ich abhaue, krieg ich lieber ein paar auf die Fresse. Ist 'n Ehrenkodex. Bevor ich abhaue, krieg ich lieber ein paar auf die Fresse. Bevor ich wie eine Frau abhaue oder wie ein Weichei abhaue, kriege ich lieber wie ein Mann ein paar auf die Fresse.

Ich hab keine Reue. Wenn die Bullen kommen, dann hab ich Reue. Für mich ist das immer noch so wie beim Boxen. Beim Boxen, da brauch ich mich auch nicht entschuldigen. Die Reue kommt erst, wenn die Bullen da sind, die Polizei, 'tschuldigung. Wenn ich sehe, ich hab verloren, nicht die Schlägerei, sondern dass die Bullen mich gepackt haben, sag ich auch: Tut mir Leid und so, leg ich ein Geständnis ab, versuche ich, das Beste da rauszuholen.

Viele Kollegen von mir sind jetzt schon im Gefängnis. Zum Beispiel ein Kollege, der ist wegen Totschlag im Knast. Der hat so ein Mädchen umgebracht. Ich seh das. Diejenigen, die schon eher als ich verloren haben, von denen nehme ich mir ein Beispiel, dass ich nicht so schnell verliere wie die, dass ich mich nicht einfach so kaputtmach. Hier ist 'ne Spielhalle, wo wir immer rumgehangen haben, ich hab da jetzt nochmal reingeguckt, hab alle meine Kollegen gesehen, wie die da arbeitslos sitzen, und das war nie mein Interesse.

Jetzt bin ich mich gerade am Aufbauen. Damit das besser läuft. Weil ich bin jetzt schon 20 Jahre alt, das muss besser laufen. Meine Zukunft hängt davon ab. Wie ich weiterlebe.

Ich habe keine Lust, morgens um sieben schon mein erstes Bier zu trinken. Ich möchte gern arbeiten. Familie und Haus, kein Haus, ordentlich wohnen, vielleicht auch nicht mehr hier, das ist die Stadt auch. Jede Art von Ausländer haben die dahin getan, ob Polen, ob Türken, Marokkaner, Araber, Chinesen, Indianer, ehrlich, da gibt's Indianer, so die Kleinen, von Brasilien, die wohnen auch da. Da kommen richtige Banden. Die Polen wollen sich nichts von den Türken gefallen lassen und so weiter. Hier hat man nicht so viele Perspektiven, so viele Möglichkeiten.

Seit ein paar Monaten wohn ich betreutes Wohnen, so ein Wohnheim. Jetzt wollt ich alles wieder o.k. machen. Deswegen bin ich da. Und bin unter Aufsicht. Ich muss Wäsche waschen, bügeln, Zimmer aufräumen, außer kochen, da gibt's die Kochfrauen da. Ansonsten muss ich alles selber tun. Auch selber aufstehen. Das ist um klarzukommen. Früher war das bei mir so, dass ich – ich hatte mich nicht unter Kontrolle gehabt. Und so lernt man, sich unter Kontrolle zu haben.

Da krieg ich auch so eine Stütze von denen, damit ich keine Scheiße mehr baue. Im Moment ist das alles, was ich bekomme: 88 Euro. Ehrlich gesagt, ist das ziemlich wenig. Am Anfang, als ich hier war, kam ich damit nicht klar. 88 Euro? Hab ich gesagt: Was is datt denn? Kann doch watt nich wahr sein. Wenn der Termin für die Auszahlung vom Taschengeld ist, kam ich früher einen Tag mit aus. Die Kohle hab ich am Mittwoch bekommen und am Donnerstag war die schon wieder weg. Früher kam ich auch wirklich nur eine halbe Stunde mit dem Geld aus. Inzwischen ist es fast so, zwei Wochen komme ich mit dem Geld aus. Wenn man keine andere Wahl hat, muss man's. Und ich find's auch gut.

Die haben schon gesehen, dass ich mich mache, dass ich keine Scheiße mehr baue. Ich halt mich auch an die Regeln da. Zum Beispiel, die sagen da zu mir: Ich soll pünktlich essen. Früher hätt ich gesagt: Was willst du denn von mir? Pünktlich essen! Aber jetzt habe ich keine andere Wahl. Ich muss da essen. Darum muss ich mich auch an die Zeiten halten. Oder früher hätte ich denjenigen ausgelacht, wenn die mir gesagt hätten, ich bekomm Taschengeld. Jetzt muss ich damit klarkommen, dass ich auch Taschengeld bekomme. Und das sehen die alles, dass ich mich auch mache. Dass ich mir Mühe gebe, keine Scheiße mehr zu bauen.

Ich weiß jetzt, welche Fehler ich nicht machen darf in meiner Zukunft. Zum Beispiel Einbrüche, Kriminalität überhaupt, zahlt sich nicht aus. Oder man muss ein großes Ding drehen und das Geld investieren für etwas anderes. Eine Trinkhalle. Man hat immer Möglichkeiten, das zu vertuschen. Zum Beispiel, wenn man Sozialhilfeempfänger ist und sich eine Trinkhalle aufmacht, weil man vorher einen Einbruch hatte, sich so ein großes Ding gezogen hat, da wird man ja auch ein bisschen verdächtig. Weil, man hat ja nicht das Finanzielle dafür, für 'ne Trinkhalle. Und da gibt's auch so Möglichkeiten, das zu vertuschen. So watt müsste man einmal machen, dann wär auch vorbei.

Ab und zu denk ich das: Ist man ehrlich, ist man arm. Ab und zu geht mir das schon durch den Kopf, irgendwas Großes durchzuziehen und dann einfach aufzuhören. Aber dann denk ich mir auch, irgendwann ist das Geld auch wieder weg. Dann muss ich immer nochmal ein großes Ding drehen. Es wär keine Perspektive für mich. Es ist manchmal in meiner Vorstellung, mehr auch nicht. Das kommt nicht mehr. Das weiß ich. Ich hab echt keine Lust mehr.

Mein Vater – ich weiß in meinem Gefühl, dass der mir nicht mehr glaubt. Nehmen wir an, ich hätte 1000 Euro, und die hätt ich mir wirklich ehrlich verdient und ich würd da hingehen und sagen: Hier! Der würd bestimmt denken, ich hätt das geklaut. Das ist ein großer Verlust für mich, dass der so denkt. Ist ja auch meine Schuld, dass der heute so denkt. Ist auf jeden Fall ein großer Verlust für mich. Aber na ja, man muss das Beste draus machen. Man muss immer das Positive sehen.

Es ist schwer für mich, zu Hause zu sitzen oder zu reden. Wenn ich weiß, dass die wissen, dass ich diesen Scheiß alles gemacht habe, dann fühle ich mich unwohl. Dann versuche ich immer, so schnell wie möglich abzuhauen. Ist halt noch nicht so wirklich das Wahre. Ich gehe dahin, nur dass die sehen, dass es mir gut geht. Dass ich sehe, dass es denen gut geht. Mehr aber auch nicht.

Als ich das letzte Mal da aß, da haben die schon geguckt so, weil ich meine Klamotten selbst zurückgebracht hab nach dem Essen. Mein jüngerer Bruder meinte zu mir: »Seit wann nimmst de denn deine Klamotten zurück?« Und das hat mich schon ein bisschen gefreut. Das ist auf jeden Fall eine Hilfe hier, dass ich das alles gelernt habe.

Man kann Familie nicht so mit Freunden vergleichen, Freunde findet man immer. Familie, das ist so halt sehr wichtig. Es ist erst mal dein Vater und deine Geschwister. Das ist mehr als alles andere, was man hat. Und wenn man seine Familie aufgibt, kann man auch gleich sein Leben aufgeben, denk ich mal.

Die Familie ist watt sehr Wichtiges und das habe ich jetzt gelernt, weil ich die ja nicht mehr so habe, wie ich die früher hatte. Was man hat, das vermisst man nicht. Auf jeden Fall denk ich jetzt, dass das wichtig ist, den Kontakt zu halten zu meiner Familie. Auch wenn das vielleicht ein kleiner Kontakt ist. Halt, dass wir kaum miteinander reden. Dass wir vielleicht nur hallo sagen. Ist aber immerhin wieder ein Anfang, alles besser zu machen.

Ich möchte auch wieder richtig dahin gehen, wenn ich auch schon so richtig was erreicht habe. Dass ich zeigen kann: Schau mal, Papa, das ist das, was ich erreicht hab. Ich bin nicht mehr so, wie ich früher mal war.

Ich bin schon 20. Und ich hab schon viele Lehrgänge hinter mir. Ich weiß gar nicht, wie viele Lehrgänge ich in meinen Lebenslauf eintragen soll, wenn ich mal eine Arbeit finden will. Ist schwer heutzutage ohne Ausbildung. Ich seh das schon an welchen, die Abi haben. Ich kenn viele, die Scheiße bauen, aber auch schon was in der Birne haben. Wenn ich das schon bei denen sehe, dass die so Probleme haben, obwohl die so schlau sind – ist schwer. Ich würd alles machen. Jede Richtung Ausbildung würd ich machen. Ob es Garten- und Landschaftsbau ist, weil ist wichtig geworden, ne.

Ich bin schon ein bisschen sauer auf mich.

Is schon schwer. Ich weiß nicht, ob ich optimistisch bin. Man hat ja auch ein bisschen Träume, ne. Und um diese Träume zu verwirklichen, kann man, wenn man ehrlich ist, nicht so schnell erreichen oder vielleicht gar nicht erreichen, weil in diesen Zeiten ist das schwer. Ich hab das jedes Mal von meinem Bruder gehört, darum würde ich ab und zu gern wieder so Scheiße bauen, weißt du. Aber optimistisch, würd ich nicht so sagen. Ich geb mein Bestes so. Ich geb mein Bestes, um mir zu helfen. Weil nur ich kann mir selber helfen, das is datt. Die können mir vielleicht eine Stütze geben, aber nicht mehr.

Verloren fühl ich mich schon. Weil manchmal steh ich auf, denk ich mir: Wozu eigentlich so, alles, ne? Ach, weiße watt, ich hab doch sowieso verloren, dann mach ich noch datt und datt hier und datt vielleicht und so weiter. Und ab und zu steh ich auf und denk: Nee, ich muss, ich geh arbeiten. Es ist verschieden halt, je nach Tag, je nach Abend. Auf der Verliererstraße – bin ich momentan. Ich versuch mein Bestes, wieder auf die Gewinnerstraße zu kommen. Aber ist nicht so einfach, wenn man schon so viel Scheiße gebaut hat, dann plötzlich einfach aufzuhören, dann kommt man nicht klar. Zum Beispiel früher hatt ich immer 100, 200 Euro am Tag zum Ausgeben. Jetzt hab ich gerade mal fünf Euro oder so. Das ist echt kompliziert. Da holt man sich Zigaretten, holt man sich ’n *Döner*, dann ist vorbei. Ist wenig, das ist schon ein bisschen hart, das gibt mir manchmal auch den Kick, wieder was zu machen. So ist datt halt, ne.

Cartel, die Nummer eins

von Erci Ergün

Berlin, 1994. Ich hatte ein Demoband fertig und suchte Kontakt zur Musikszene. Als ich beim Black-Music-Radiosender *Kiss FM* zu arbeiten begann, fand ich sie, die Leute, die wie ich der Hip-Hop-Sucht verfallen waren und spüren konnten, dass es mehr als ein Modetrend war. Diese Musik entsprang unseren jungen Großstadtherzen und es war Zeit, mehr zu tun, als nur der Rap-Musik aus den fernen USA nachzueifern.

Anfang der 90er Jahre machten die *Fantastischen 4* von sich reden, die mit deutschen Rap-Texten eine große Entwicklung in Bewegung setzten. Hip-Hop wurde langsam, aber sicher ein Teil der Weltkultur und es konnten sich nun auch Völker verschiedener Sprachen durch Breakdance, Graffiti, Rappen oder Scratchen zur großen Familie der Hip-Hop-Community zählen.

Viele junge Immigranten in Berlin waren damals ganz besonders aktiv, als Vorreiter und Macher des Hip-Hop in Deutschland. Fast alle Südländer mochten Rap-Musik und konnten z.B. mit Techno weniger anfangen. Ich hatte die Idee, türkischsprachige Rap-Songs zu machen, denn bis dahin hatte man so etwas noch nie gehört. Es stellte sich allerdings die Frage, ob das mit der türkischen Sprache überhaupt möglich war und ob das auch jemand hören wollte. Der Gedanke, weltweit einer der wenigen und Ersten zu sein, die auf Türkisch rappen, war sehr spannend und fühlte sich an wie eine Mission, die es zu erfüllen galt.

Bei *Kiss FM* lernte ich nun einen jungen, engagierten Türken aus dem Marketingbereich kennen, der mich managen wollte. In dem Studio, in dem wir vorhatten, meine ersten Songs aufzunehmen, erzählte man uns von einer Demokassette mit türkischen

Rap-Songs. Eine Gruppe namens Karakan aus Nürnberg würde auch auf Türkisch rappen, hieß es. Wir nahmen Kontakt zu der Gruppe auf und es stellte sich heraus, dass ich offensichtlich nicht der Erste war, der diese Idee hatte. Das Karakan-Duo erzählte uns wiederum von einer Breakdance-Rap-Gruppe namens DCP aus Kiel, die sie im Fernsehen gesehen hätten. Sie waren sich sicher, türkische Instrumente in deren Breakbeats gehört zu haben. So nahmen wir auch nach Kiel Kontakt auf.

Beim ersten Zusammentreffen der drei Acts merkten wir sehr schnell, dass wir alle das Gleiche wollten, nämlich die Synthese, die Mischung, die sich durch unsere Existenz als Deutsch-Türken förmlich aufdrängte, musikalisch zur Entfaltung zu bringen. Das Zusammenspiel von Hip-Hop und Orient. Das war unsere Musik: Hip-Hop mit orientalischen Motiven und Anleihen, mit Texten, die auf Türkisch gerappt waren. Wir wussten, dass es außer uns drei Acts nicht viele gab, die Ähnliches vorhatten, also taten wir uns zusammen und beabsichtigten, die erste Veröffentlichung dieser Art von Musik mit unserem Zusammenschluss stattfinden zu lassen. Wir wollten ein gemeinsames Album machen, eine Art Sampler, zu dem jeder von uns seine eigenen Songs beisteuerte, so dass auch die Vielfalt unserer Stile zum Ausdruck kommen konnte. Dieses Projekt nannten wir *Cartel*.

Wir vermuteten, dass das, was uns selber als Gruppe so euphorisierte, auch den vielen anderen Deutsch-Türken auf dem Herzen liegen würde: ein Leben lang in Deutschland zu sein, eigentlich dazuzugehören, aber nicht wirklich wahrgenommen zu werden, nicht wirklich als Teil dieser Gesellschaft zu gelten. Das beschäftigte uns fast noch mehr als die Ablehnung und das »Nicht-gewollt-Sein«, das wir erfuhren, obwohl wir hier lebten, weil unsere Eltern einst gerufen worden waren. Auch die rechtsradikalen Übergriffe von Mölln und Solingen lagen noch nicht so weit zurück. Wir hielten es für nötig, von uns zu erzählen, um wahrgenommen zu werden. Wo unsere Musik hinführen sollte, darüber hatten wir keinerlei Pläne gemacht. Wir waren einfach nur junge Türken in Deutschland, die mit einer riesigen Leidenschaft für Musik vom Reichtum und von den Schwierigkeiten, mit zwei Kulturen zu leben, rappten. Mal laut, mal leise, aber immer mit viel Herz. Es war sehr viel »pure Energie«, die sich entladen musste, ohne Ziel und ohne Absicht. Ein längst notwendiges Ventil für uns als Gruppe, aber dadurch auch für alle, die so lebten wie wir. Wir brachten das auf den Punkt und machten das hörbar, was viele Türken hier schon lange bewegte. Im April 1995 erschien unser Album in Deutschland. Es kam, wie wir vermutet hatten: Vor allem die junge türkische Community nahm es mit Begeisterung auf.

Drei Monate nach der Veröffentlichung in Deutschland erschien das Album auch in der Türkei. Dort verursachte es eine völlig unerwartete Massenhysterie. Plötzlich waren wir Superstars. Wir hätten einen Verkauf von 5000 Alben im Underground schon als Erfolg angesehen, doch tatsächlich gingen fast 900 000 *Cartel*-Alben über den Ladentisch. Die Abendnachrichten im Fernsehen berichteten von unserer Ankunft in der Türkei und wir konnten keinen Schritt auf den Straßen gehen, ohne bedrängt zu werden. Überall blitzende Kameras, neugierige Journalisten und hysterische Fans. Starrummel mit allem, was dazugehört. Wir waren die rebellischen Jungs aus Deutschland, der Stolz der Türkei. Unsere Fans in Deutschland konnten unsere spektakulären Auftritte, die manchmal ganze Fußballstadien füllten, nur aus der Ferne, über das türkische Satellitenfernsehen verfolgen. Auch in ihren Zimmern hingen Poster von unserer Gruppe und viele Jugendliche, die sonst keinen Hip-Hop mochten, entdeckten diese Musik plötzlich für sich – oder sogar ihren Kleidungsstil. In Deutschland verkaufen wir etwa 20 000 Alben und wurden von der deutschen Öffentlichkeit als die »Türkenrapper« gesehen, für die sich die *Bravo* ebenso interessierte wie MTV.

Für den großen Erfolg in der Türkei waren die Gründe aber andere als für den Erfolg in Deutschland. In der Türkei gab es zu diesem Zeitpunkt so gut wie keinen Hip-Hop und man wusste kaum, was es damit auf sich hat. In der damaligen türkischen Musiklandschaft, die eher bieder und von Popmusik verwöhnt war, fielen wir mit unserer siebenköpfigen Gruppe in Streetstyle-Outfits natürlich extrem auf. Aber auch unsere Natürlichkeit und unsere ungebremste jugendliche Energie hatten die Menschen begeistert. Nach einer ausgedehnten Türkeitournee waren wir fast ein Jahr lang in Europa unterwegs, von Marseille über Zürich bis Amsterdam. Das ging bis Ende 1996. Wir hatten viel Gelegenheit, Türken in ganz Europa kennen zu lernen und zu sehen, wie unterschiedlich doch ein Land die Entwicklung seiner Ausländer mit prägt.

Dieses Projekt war eines der größten Ereignisse im Leben der Gruppenmitglieder von *Cartel* und es hat uns in unserem menschlichen Wachsen sehr weit gebracht, mit viel Licht und viel Schatten. Eine extreme Erfahrung, die den meisten Menschen ein Leben lang nicht vergönnt ist, die aber sicher auch nicht für jeden gesund wäre.

Wir *Cartel*-Mitglieder halten bis heute Kontakt zueinander und denken immer wieder mal laut über ein Comeback nach. Ich würde mich nicht wundern, wenn es sogar bald passiert.

Cruising Memo

von Kerim Pamuk

Memo hatte die buschigsten Augenbrauen des ganzen Viertels und gründete seine erste *Ich-AG* mit zwölf Jahren. Während seine Freunde die engen Gassen zur Empörung der Autofahrer täglich nach der Schule in Fußballplätze verwandelten, stieß Memo erst am späten Nachmittag dazu und spielte dann bis in den Abend begeistert mit. Vorher aber lief er zum Bäcker. Er nahm sich wie immer ein großes, rundes Alutablett aus dem Regal und belud es mit 50 noch warmen, goldbraunen und knusprigen Sesamringen, die gerade aus dem Ofen gekommen waren. Dann holte er einen handtellergroßen, dicken Gummiring aus seiner Hose, umwickelte ihn mit einem Stofftaschentuch und legte ihn sorgfältig auf seinen Kopf. Vorsichtig hob er das Alutablett mit den kunstvoll aufgetürmten *Simit* hoch, platzierte es auf dem Ring und ruckelte es auf seinem Kopf so lange hin und her, bis er die ideale Position gefunden hatte. Dann ging er los. In Adana gab es kaum eine Straße, die Memo noch nicht kannte, seit er mit dem Verkaufen der Sesamringe begonnen hatte. Zuerst ging er die geschäftigen Hauptstraßen ab und rief in regelmäßigen Abständen: »Simit! Siiiiimiiiiitt! Simitci geldi!! Taptaze!!«

Am Anfang seiner Geschäftskarriere hatte er sich noch geniert, lauthals seine Ware anzupreisen, um die Leute auf seine frischen Sesamringe aufmerksam zu machen. Aber nachdem er die ersten Tage mit fast derselben Menge an Ringen zurückgekehrt war, die er am Anfang seiner Tour auf den Kopf geladen hatte, nahm ihn Bäckermeister Hüsnü zur Brust. Denn Hüsnü machte mit seiner immer von Mehl bedeckten, quadratischen Figur und dem dicken Schnauzbart zwar einen gütigen Eindruck, aber wenn es um Sesamringe und Geld ging, verstand er keinen Spaß. Zuerst kam der Umsatz, dann die Freundschaft.

»Wenn du morgen wieder nur vier Sesamringe von 50 verkaufst, kannst du gleich zu Hause bleiben. *Tamam*? Ich kann jetzt die ganze Ladung an die Kühe verfüttern!«

Memo hatte verstanden. Am nächsten Tag brüllte er sich die Seele aus dem Leib und wurde immerhin die Hälfte seiner Ladung los. Die andere Hälfte verscherbelte er zum halben Preis an seine Klassenkameraden und Bettler. Damit schmälerte er zwar seinen Gewinn beträchtlich, aber er wollte seinem Chef Hüsnü nicht noch einmal mit einem halb vollen Tablett unter die Augen treten.

Memo war ein kräftiger, untersetzter Junge mit feurigen schwarzen Augen und einer kompakten Kartoffelnase, deren runde Spitze immer leicht glänzte. Er hatte schon alles versucht, um diesen Glanz loszuwerden, hatte seine Nase stundenlang in Seifenwasser getunkt, sie mit allen möglichen Reinigungsmitteln traktiert und mit einem besonders rauen Waschlappen bearbeitet, alles vergebens. Nach jeder Behandlung schmerzte und brannte sie etwas mehr und war mit der glutroten Spitze schon von weitem zu erkennen, so dass man zuerst die Nase und die buschigen Augenbrauen kommen sah und dann den Rest von Memo. Wenn sich die Spitze aber nach zwei Wochen von dem letzten Angriff erholt hatte, schimmerte sie wie eh und je. Irgendwann gab Memo auf und ließ sein Riechorgan endlich in Ruhe. Er konnte sich nicht mal mehr genau erinnern, was ihn daran eigentlich so gestört hatte. Es hatte wohl in der ersten Klasse begonnen, als ein anderer Junge Memo darauf angesprochen und behauptet hatte, alle Jungs mit glänzender Nasenspitze würden später schwul werden. Memo hatte auf keinen Fall später schwul werden wollen.

Heute ließ sich der Verkauf recht gut an. Er hatte bereits eine komplette Kleinfamilie mit seinen Ringen versorgt und klapperte jetzt das Juweliersviertel ab. Inzwischen hatte er sogar Stammkunden, die zum schwarzen Tee nur bei ihm einen Sesamring kauften. Memo war der geborene Geschäftsmann und hatte schon nach der ersten Woche als Straßenhändler das Business durchschaut. Seine Konkurrenten gingen jeden Tag eine bestimmte Route ab, verkauften immer die gleiche Menge an Ringen immer zum gleichen Preis und waren damit auch noch zufrieden. Aber Memo wollte mehr und probierte jeden Tag eine neue Verkaufsstrategie aus. Mal gab er ab einer Stückzahl von drei Ringen Rabatt, mal verschenkte er Kaugummis dazu, was bei Mädchen sehr gut ankam – oder er ging mit dem Preis jede Stunde zehn Prozent runter. Er passte sozusagen den Preis der abnehmenden Qualität seiner Ware an. Ein Sesamring schmeckte am besten, wenn er gerade frisch aus dem Ofen kam, aber nach vier, fünf Stunden an der Luft konnte man sich daran buchstäblich die Zähne ausbeißen. Der Erfolg dieser verkaufsfördernden Maßnahmen war durchschlagend. Memo verdoppelte innerhalb einer Woche den Umsatz und Hüsnü staunte nicht schlecht, als der Junge während einer Tour kurz wieder auftauchte, um sein Tablett mit frischer Ware aufzufüllen.

Memos Verdienst verdoppelte sich noch nicht, weil er die Rabatt- und Geschenkaktionen selbst finanzieren musste und der Kaugummiverkäufer seinem Großabnehmer Memo unverständlicherweise keine Rabatte gewährte. Aber das störte Memo nicht sonderlich, seine Strategie war langfristig angelegt. Erst würde er mit seinen innovativen Ideen die Jungs von der Konkurrenz aus dem Feld schlagen, danach den Sesamringmarkt kontrollieren und den Preis bestimmen. Und endlich würde er sich eine weiße Vespa von *Biaggi* kaufen können.

Die Vespa war sein Traum, ihretwegen hatte er angefangen, Sesamringe zu verkaufen. Vor ein paar Monaten hatte er mit seinen Freunden auf der Straße Fußball gespielt, als ein junger Mann mit einer weißen Vespa hupend angefahren kam und vor dem Gemüseladen anhielt. Alle Jungs hatten sofort einen engen Kreis um ihn gebildet und den Flitzer neugierig in Augenschein genommen. Als der Mann den Roller mit einer Wassermelone beladen hatte und wieder losfahren wollte, setzten die Jungs ihr Match fort – nur Memo nicht. Er bombardierte den Fahrer mit Fragen, wollte wissen, wie schnell die Maschine war, welchen Kraftstoff sie schluckte, welche Funktionen die Knöpfe und Schalter hatten und was so ein Gefährt kosten würde. Der stolze Besitzer gab bereitwillig Auskunft, bemerkte die strahlenden Augen des Jungen, nahm ihn auf eine kleine Spritztour um die Häuser mit und setzte ihn nach ein paar Minuten wieder bei seinen Freunden ab. Memo hatte der weißen Vespa noch hinterhergeschaut, als sie längst an der nächsten Kreuzung abgebogen war.

Memo verließ das Juweliersviertel, bog in die Straße der Stoffhändler ein und träumte von einem *Simit*-Imperium mit vielen Angestellten, deren Touren er mit einer Vespa kontrollieren würde. Er blieb vor jedem Geschäft stehen, lugte hinein und rief: »Simit, taze simit!«

Als er fast am Ende der Straße angelangt war, kam ein kleiner Junge aus einer Einfahrt gelaufen und rief nach ihm: »Simitci, komm mal! Die wollen hier alle Sesamringe!«

Der kleine Junge verschwand wieder in der Einfahrt. Memo stutzte. Soweit er wusste, waren in dem Hof gar keine Stoffläden, dennoch kehrte er um und lief in die Einfahrt. Seine Aktionspreise hatten heute noch nicht den gewünschten Erfolg bei der Kundschaft gezeitigt, vielleicht ging das Tagesgeschäft ja jetzt richtig los. Erwartungsvoll betrat Memo den dunklen Hinterhof und schaute sich um. Nach einer Sekunde riss er die Augen auf und wollte wieder auf die Straße zurück, aber es war zu spät. Ein gleichaltriger Junge schob das Tor zu. Memo konnte nicht mehr raus. Statt hungriger Kunden wartete die Konkurrenz auf ihn. Zwölf Jungs standen im Halbkreis, vor den Füßen ihre Tabletts mit Sesamringen, und schauten zu Memo herüber. Es fand wohl gerade die Jahreshauptversammlung der *Simit*-Verkäufer statt. »So, so«, begann der Größte des finsteren Haufens zu sprechen. Er musste wohl der Vorsitzende der Versammlung sein, dachte Memo.

»Du nimmst für deine Ringe viel weniger als wir, viel weniger, und verschenkst auch noch Kaugummis dazu, ja?«

Memo überlegte, was er jetzt sagen könnte, aber ihm fiel nichts Gescheites ein. Wie gebannt starrte er auf die beiden riesigen Hasenzähne des Vorsitzenden, die kaum in dessen Mund zu passen schienen.

Der große Junge setzte die Anklage fort: »Du hältst uns wohl für sehr blöd, ja? Hä? Hältst uns für blöd?«

Memo dämmerte schlagartig, was gleich passieren würde. Er wollte es nicht, aber seine Gesichtszüge mutierten unaufhaltsam zu einem breiten Grinsen.

»Was gibt's denn da zu lachen, hä? Was ist so komisch?«, schrie der Vorsitzende mit dem mächtigen Überbiss und kam drohend auf ihn zu.

Memo deutete mit der linken Hand auf seinen Mund: »Ich … ich … hab noch nie … so große …«

Weiter kam er nicht. Die Faust des Vorsitzenden erwischte ihn genau auf der Nase. Betäubt von dem Schlag fiel Memo nach hinten, als sich auch der Rest der Versammlung auf ihn stürzte. Während die beiden kleinsten Jungen der Meute wie Hunde über Memos Beine herfielen und in seine Waden bissen, schlugen und traten die größeren Jungs auf ihren Konkurrenten ein. Ein Pickup rollte in den Hof. Sofort stob das Rudel auseinander, nur Hasenzahn trat noch einmal kräftig zu. Dann war es vorbei.

Keuchend kam Memo auf die Beine, spuckte durch die aufgeplatzten Lippen Blut auf den Boden. Seine Knie zitterten, er lehnte sich an eine Mauer.

»Hey, Junge, was haben sie mit dir gemacht?«, rief der Fahrer des Pick-ups ihm zu. Doch Memo konnte nicht sprechen, er antwortete mit einer fahrigen Geste. Kopfschüttelnd verschwand der Mann in einem Hauseingang. Memo griff sich in die Hosentaschen und blickte über den halb dunklen Hof. Sie hatten sein Geld geklaut und auch das Tablett war weg. Er schwankte auf die Straße und schleppte sich zum nächsten Wasserhahn, um sein zerkratztes und blutiges Gesicht zu waschen.

Das war Memos letzter Arbeitstag als Straßenverkäufer. Fünf Wochen lang hatte der Junge an seinen Prellungen und Blutergüssen Freude, aber immerhin hatte die *Simit*-Bande ihm nichts gebrochen und seine Zähne waren auch noch vollständig. Memos Mutter hatte ihren demolierten Sohn mit einem lapidaren »War schon klar, dass so etwas passieren würde …« begrüßt und seine zwei älteren Brüder dachten nicht im Traum daran, ihn zu rächen. Schließlich hatte er die beiden nicht um Erlaubnis gefragt, und wer mit den großen Hunden mitpinkeln wollte, musste eben sein Bein hochheben. So war das nun mal im harten Geschäftsleben.

Die Familie war nicht gerade eine Hilfe für den Jungen, aber das Erlebnis im Hinterhof der Stoffhändlerstraße entmutigte Memo keineswegs. Beim Fußball mit den anderen Jungs spielte er immer den Libero und gab sich selten geschlagen. Er glaubte selbst dann noch aufrichtig an den Sieg, wenn die eigene Mannschaft mit fünf Toren zurücklag. Seine Mutter hatte ihn nach der Geburt lange Zeit für schwachsinnig gehalten, weil Memo in den ersten Monaten keinen Laut von sich gegeben und immerzu gelächelt hatte, während andere Babys aus der Nachbarschaft das ganze Viertel mit ihrem Geschrei unterhalten hatten. Memo hatte nicht geweint, sich von seiner Mutter füttern lassen und nach sechs Monaten hatten seine Augenbrauen schon eine Ahnung von ihrem späteren Zustand vermittelt. Seine Verkaufsstrategie war gut gewesen, sonst hätten ihn die anderen Jungs nicht so übel zugerichtet, davon war Memo überzeugt und schmiedete bereits Pläne für die Zukunft, überlegte, wo er noch Arbeit finden und Geld verdienen könnte. In nicht allzu ferner Zeit würde er auf seiner eleganten weißen Vespa nach Hause gleiten und den beiden älteren Brüdern würde die Kinnlade runterfallen.

Memo besuchte nun die zweite Klasse der dreijährigen Mittelschule und arbeitete nach dem kleinen Karriereknick im Hinterhof bei einem Schweißer. Sein neuer Meister Niyazi war ein wortkarger, schlanker Mann um die 40, dessen Körperbau Memo an einen Schwarzweißfernseher erinnerte: Niyazis Kopf und die Hände waren dunkelbraun gebrannt, während der sichtbare Rest von Niyazi, der Hals, die Arme und die Füße in Plastikbadelatschen, kreidebleich war. Der Mann schweißte alles Erdenkliche für die Kundschaft zusammen: Wassertanks, Vogelkäfige, Autoanhänger, Küchengeräte und Treppengeländer. Memo arbeitete als Laufbursche bei dem Schweißer, erledigte die Post, fegte den Laden aus, holte das Mittagessen, bezahlte bei den Ämtern Niyazis Rechnungen und war zur Stelle, wenn es irgendetwas anderes zu tun gab. Niyazi schweißte, für den Rest war Memo zuständig. Sein Lohn war zwar nicht gerade üppig, aber die Arbeit machte ihm Spaß, auch wenn er sich manchmal sehnsüchtig an die Tage als Straßenverkäufer erinnerte, als er sein eigener Chef war und nur Bäckermeister Hüsnü den Einkaufspreis für die Sesamringe bezahlen musste.

Die Zusammenarbeit zwischen Niyazi, der die Befehle gab, und Memo, der die Befehle ausführte, funktionierte eine Weile prächtig, bis es Memo mit dem Geldverdienen nicht schnell genug ging und er heimlich seine eigenen Schweißerdienste auf dem freien Markt anbot. Die fußballverrückten Jungs in seiner Straße benutzten bei den nachmittäglichen Spielen zwei Plastik- oder Mülleimer als Tore und stritten oft wie die Kesselflicker, wenn wieder einmal der Ball genau über den Pfosteneimer flog und nicht genau festgestellt werden konnte, ob der letzte Schuss ein Tor war oder nicht. Das war Memos Chance. Er bot den Jungs zwei portable Tore aus Aluminium an und versicherte, die Herstellung solcher zusammenklappbarer Tore sei für ihn als Schweißergesellen ein Klacks. Dazu versprach er ihnen eine zweijährige Garantie auf Material und Funktionalität. Die Jungs in seinem Viertel nahmen das Angebot begeistert an, sammelten untereinander Geld und gaben die Tore bei Memo in Auftrag.

Am nächsten Freitag gab Meister Niyazi seinem Laufburschen ein paar knappe Anweisungen und ging gegen zwölf zum Beten in die Moschee. Nach dem Gebet würde der Imam noch eine lange Predigt halten und der Meister würde frühestens gegen halb drei zurückkehren. Memo wartete, bis Niyazi um die Ecke bog, und legte sofort mit der Arbeit los. Er holte aus dem Lager hinter der Werkstatt die ersten Aluminiumstangen, legte sie nach kurzer theoretischer Planung auf den Boden und machte den Schweißbrenner an. Für seine erste Naht brauchte Memo mehrere Versuche, doch dann, als zwei Enden der Stangen endlich zusammengeschweißt waren und auch noch hielten, fühlte sich der Geselle schon wie ein Großmeister der Schweißbrennkunst. Jetzt wusste er, wie es ging, und die restliche Arbeit war nur noch Formsache. Je größer die Funken durch die Werkstatt blitzten, desto enthusiastischer wurde der Junge. Mit der Auslieferung der beiden Tore würde er seinem Roller einen gewaltigen Schritt näher kommen und nach vielleicht 40 weiteren Aufträgen hätte er endlich das ganze Geld zusammen.

Memo hüpfte zwischen den Alustangen hin und her und schweißte in seinem Überschwang alles zusammen, was ihm in die Hände fiel. Dabei bemerkte er nicht, dass er bei seinem letzten Hüpfer auch einen der herumstehenden Plastikkanister mit Waschbenzin umgeworfen hatte. Das Benzin floss gleichmäßig aus dem Kanister. Memo kniete auf dem Boden, mit akrobatischen Verrenkungen bearbeitete er die letzten Nähte. Plötzlich wurde sein Knie nass. Er stutzte kurz – dann stand die halbe Werkstatt in Flammen. Panisch griff der Geselle nach dem nächsten Eimer, den er finden konnte, und kippte mit Schwung den Inhalt in das Feuer. Sein Löschversuch war äußerst effektiv, jetzt brannte die ganze Werkstatt. Statt Wasser hatte er mehrere Liter Motoröl in die Flammen gekippt.

Als Niyazi vom Freitagsgebet zurückkam, bestand sein Meisterbetrieb nur noch aus ein paar qualmenden Wellblechen und einem angerußten Gesellen.

Memos Eltern mussten einen Kredit aufnehmen, um Niyazi auszubezahlen. Sie fürchteten, mit der nächsten innovativen Geschäftsidee könnte der Junge die ganze Familie in den Ruin treiben. Memos Vater Abdullah rief bei seinem jüngeren Bruder Cemal in Hamburg an und fragte, ob er nicht irgendwie seinen Sohn nach Deutschland holen könne, denn er selbst würde mit der unzähmbaren Energie des Jungen nicht mehr fertig. Außerdem habe ihm Cemal doch oft von einer Haftpflichtversicherung erzählt, mit der jedermann in Deutschland ausgestattet sei.

Nach wochenlanger Beratung kamen die Brüder zu einem Ergebnis: Cemal musste behördlich nachweisen, dass Memo sein eigener Sohn war und nicht der seines älteren Bruders. Abdullah bestach ein paar Beamte beim Einwohnermeldeamt und ließ seine Beziehung zum Bürgermeister spielen, der ein Cousin zweiten Grades war.

Drei Monate später, im Spätsommer 1985, war der Junge offiziell und amtlich belegt Cemals Sohn und wurde – inzwischen 13-jährig – in ein Flugzeug nach Hamburg gesetzt. Memo klebte am Fenster, als das Flugzeug abhob. Es war der erste Flug seines Lebens. Über den Wolken wich Memos Neugier der Traurigkeit. Am schwersten war ihm die Trennung von den Freunden aus seinem Viertel gefallen, mit denen er fast jeden Tag seines noch jungen Lebens verbracht hatte. Seine Eltern und die Brüder hatten am

Flughafen zwar auch betretene Gesichter gemacht und die Mutter hatte geweint, aber er wusste, am meisten würde er seine Freunde und die Fußballspiele am späten Nachmittag vermissen. Wäre dieses blöde Ding bloß nicht umgekippt, dachte er, dann hätte ich die Tore fertig gebaut und den Jungs das Geld nicht zurückgeben müssen. Und ich würde jetzt nicht im Flugzeug nach Hamburg sitzen. Dieser blöde Kanister! Noch einmal erinnerte er sich an die lichterloh brennende Werkstatt von Niyazi. Im Nachbarhaus waren durch die Wucht der explodierenden Benzinkanister sämtliche Fensterscheiben geborsten. Selbst drei Straßen weiter war das Feuer noch zu sehen gewesen, wie ihm die anderen Jungs beeindruckt erzählt hatten. Memo lächelte. Mit seiner nächsten Geschäftsidee würde er mehr Glück haben, davon war er überzeugt.

Über dem Luftraum Ungarns fielen ihm die Augen zu und er sah sich aus einem gläsernen Gebäude schreiten, an dessen Fassade in großen Lettern »Süper Memos Partyknaller« prangte. Er würde seine weiße Vespa besteigen und durch die breiten Alleen Hamburgs gleiten.

Ring frei

von Fikriye Selen Okatan

Donnerstag war immer mein schönster Tag. Der Tag, an dem ich Karatetraining hatte. Ich war 13 Jahre alt, als ich damit anfing. Der Trainer war streng. Während des Trainings durfte niemand reden und Lachen wurde bestraft. Aus Karate wurde Boxen, aus einem Hobby Leistungssport. Plötzlich war jeder Tag ein Donnerstag.

Nach überzeugenden Kämpfen und viel Öffentlichkeitsarbeit für das Frauenboxen in Deutschland erhielt ich 1995 als eine der ersten Frauen vom Deutschen Amateurboxverband meine Boxlizenz. Ein Jahr später wurde der Präsident des Türkischen Boxverbands durch Zeitungsartikel und Fernsehberichte auf mich aufmerksam. Er lud mich nach Ankara ein. Zwei Tage lang durfte ich im Leistungszentrum der Nationalmannschaft trainieren und es von allen Seiten kennen lernen. Ich knüpfte viele neue Kontakte und erhielt interessante Einblicke in die türkische Boxwelt. Dann überreichte er mir als erster Türkin feierlich das Nationalmannschaftstrikot. Ich wurde Gründungsmitglied der türkischen Damen-Box-Nationalmannschaft. Dieses Ereignis ging in die Geschichte des türkischen Sports ein, was ich als große Ehre empfinde. Ich spürte damals, hier passiert gerade etwas ganz Außerordentliches in meinem Leben.

Im Mai 1997 wurde in Athen das erste internationale Damen-Boxturnier ausgerichtet. Inoffiziell war es die erste Europameisterschaft in dieser jungen Sportart. Alle Frauen, die an den Start gingen, waren Pioniere in ihrer Disziplin. Die Meisterschaft lief parallel zum Akropolis-Turnier der Männer. Auf der einen Seite der Halle stiegen die Männer in den Ring, auf der anderen Seite die Frauen. Nach den vielen Jahren Kampf um die Akzeptanz unserer Sportart war es wunderbar, diese Art von Normalität erleben zu dürfen. Ich erinnere mich an dieses Turnier, als wäre es gestern gewesen. Es gibt Ereignisse im Leben, die einem Kraft geben. Wann immer ich an diese Woche in Athen denke, fühle ich mich stark.

Diesem Turnier folgten viele weitere und im Laufe der Zeit wurde ich türkische Meisterin und Vizeeuropameisterin. Während boxende Frauen in Deutschland noch gewöhnungsbedürftig waren, wurden die internationalen Erfolge der Damenmannschaft in der Türkei mit viel Interesse verfolgt und mit großer Begeisterung gefeiert.

Meine Eltern wurden überall mit Begeisterung auf ihre Tochter angesprochen, auf dem Wochenmarkt, in der Moschee, auf der Straße. Plötzlich war ich »bizim Kızımız, unser Mädchen«, »unsere Fikriye!« Konservative türkische Väter meldeten ihre Töchter zum Boxtraining an. Früher hätten sie ihre Töchter nicht mal in die Nähe unserer Trainingshalle gelassen. Boxen galt immer als Männersport.

Mit dem Erfolg klopften Sportmanager, Sponsoren wie *Puma* und *Henkel* und auch das Fernsehen an meine Tür. Egal, ob es *Das Sportstudio*, *Wetten, dass ...?* oder Dokumentarfilme waren, immer war ich Botschafterin für das Frauenboxen und Türkin in Deutschland zugleich. Selten wurde der Sport separat von meiner Herkunft betrachtet. Die Themen, mit denen ich konfrontiert wurde, kreisten zwar um den Sport, aber gleichermaßen auch um Integration. Manchmal war es anstrengend, immer und immer wieder mit denselben Klischees konfrontiert zu werden und Vorurteile zu bekämpfen.

Anfangs wollte ich nur als Sportlerin gesehen werden, doch bald erkannte ich, dass der Sport mir als Einzelner auch die Plattform gab, für jene zu sprechen, die sonst nicht zu Wort kommen.

Es ist für mich befremdlich, das Meinungsmonopol über »Türken in Deutschland« den Migrationsforschern zu überlassen.

Der Leistungssport, das Boxen, lief immer parallel zu meinem Studium. Ich hätte mir niemals vorstellen können, das eine für das andere zu opfern. Das Trainingspensum betrug oft vier Stunden am Tag, sechs Tage die Woche. Zwei Stunden Training morgens und zwei Stunden abends, nach den Vorlesungen. Es war eine doppelte Belastung, aber ich habe es immer als Ausgleich gesehen. Wenn es sportlich schlechte Zeiten gab, habe ich mich umso mehr ins Studium vertieft.

Im Jahr 2000 beendete ich mein BWL-Studium. Es war auch sportlich mein erfolgreichstes Jahr. Deutschlands renommiertester Boxstall bot mir an, meinen Sport zum Beruf zu machen. Ich sollte die Nationalmannschaft verlassen und Profiboxerin werden. Meine Zukunftspläne waren jedoch andere. Als Sportlerin hatte ich alles erreicht, was ich erreichen wollte. Das Angebot, Profi zu werden, lehnte ich ab. Ich wollte stattdessen die Disziplin und Leidenschaft, mit der ich das Boxen betrieben hatte, nun in den Beruf stecken. Es war logisch, dass dann für den Leistungssport kein Platz mehr war.

Nach einem MBA-Studium und drei Jahren Berufstätigkeit als Produktmanagerin in Deutschland zog ich mit meinem Freund nach New York. Ich arbeite im *German American Chamber of Commerce* und berate deutsche Unternehmen bei ihrem Markteintritt in die USA. Den Bezug zu Deutschland wollte ich nie aufgeben.

Im Sommer haben wir in Istanbul geheiratet. Zwischen Europa und Asien, mit Familie und Freunden, aus Deutschland und aus der Türkei.

Es tut gut, Deutschland einmal aus der Ferne, aus einem klassischen Einwanderungsland zu betrachten. Die Themen »Immigration« und »Integration« werden plötzlich relativ. Im Gegensatz zu Ländern wie USA, Kanada oder Australien ist Deutschland kein

Land, wo jeder, der neu ankommt, sofort Teil des großen Ganzen ist, weil dort alle irgendwann neu angekommen sind. Die Motivation, die man als Immigrant in den USA bis heute hat, heißt: »Arbeite gewissenhaft und du gehörst dazu.« Diese Motivation gibt es in Deutschland nicht.

Noch weniger kann ich verstehen, dass viele Politiker sich zum Thema »Integration« plötzlich so verhalten, als seien die Arbeiterheere aus Anatolien gerade erst in Deutschland eingetroffen. Die Türken dort sind nun in der dritten Generation. Mein Vater ist bereits in Rente. Manchmal stelle ich mir die Frage, wovon in den politischen Debatten Deutschlands eigentlich die Rede ist? Wenn im Jahr 2004 jemand Deutschkurse für Ausländer fordert, vergisst er, dass man diesen Ausländern schon in den 70er Jahren hätte helfen sollen, deutsch zu lernen.

Als meine Eltern 1965 nach Deutschland kamen, wollte das Land keine Ausländer, sondern Arbeitskräfte. Für die Menschen und ihre Geschichte hat man sich selten interessiert. Deutschland ist offen und tolerant. Einem Fremden kann es jedoch passieren, dass er ignoriert wird.

Meine Eltern lebten wie viele andere Eltern immer in der Hoffnung, in der Zukunft wieder in die Türkei zurückzukehren. In den 80er Jahren brachen wir dann tatsächlich unsere Zelte in Köln ab und fuhren wie gewohnt in den Sommerferien in die Türkei. Der einzige Unterschied war der Vorsatz, in Istanbul zu bleiben und ein neues Leben zu beginnen. Wir hatten uns schon von allen Freunden und Nachbarn verabschiedet, aber bereits nach sechs Wochen Aufenthalt in Istanbul ließen wir den Bosporus hinter uns und waren mit gepackten Koffern wieder unterwegs nach Köln.

Die Entscheidung war rein emotional. Meine Eltern hatten so viel Leben auf morgen verschoben, so viele Erwartungen an das Leben in der Türkei aufgebaut – diesen Erwartungen konnte kein Ort dieser Welt standhalten. Wie viele Koffer mit schönen Dingen haben sie jahrelang in die Türkei getragen. Alles für ein Leben in der Heimat. Eine Heimat, die es aber so, wie sie sie zurückgelassen hatten, nicht mehr gab. Das Hier und Jetzt in Deutschland hatten sie nie gelebt. Ich glaube, sie mussten den Schritt wagen, um zu spüren, dass die Türkei und vor allem sie selbst nicht mehr dieselben waren. Ich befürchte, dass meine Eltern sich nicht mehr dem abstrakten Türkentum oder einer Nation zugehörig fühlen, sondern vielmehr der türkischen Gesellschaft in Deutschland.

Ich bin ein Kind der Ära Kohl. Ich würde seine Verdienste niemals schmälern wollen, aber Integration war nie sein Lieblingsthema. Integriert zu sein oder zwischen zwei Welten zu fallen war in Deutschland Glückssache. Ich komme aus einfachen Verhältnissen, aber in meiner Familie gibt es in meiner Generation Manager, Ingenieure, Ärzte und Rechtsanwälte. Alles mit der größten Selbstverständlichkeit. Glück gehabt! Den Islam und die westliche Kultur hat niemand von uns als Gegensatz erlebt. Wir haben uns angepasst, ohne die Eigenheiten unserer Herkunft zu verleugnen.

Diese Biographien zeigen aber auch, dass es Entschlossenheit, Fleiß und Mut bedarf, um sich einen Platz in einer Gesellschaft zu erkämpfen. Den Willen, sich das Leben in Deutschland oder sonst wo zu Eigen zu machen, kann kein staatliches Förderprogramm ersetzen.

Wie im Sport habe ich auch für den Beruf und mein weiteres Leben einen wichtigen Vorsatz gefasst. Integrität ist mir wichtig. Ich möchte mich nie verbiegen müssen, um an einen Arbeitsplatz oder in eine Gesellschaft zu passen. Ich trage Deutsches und Türkisches gleichermaßen in mir. Es gibt mir die Freiheit, aus zwei Kulturen zu nehmen, was mir entspricht. Ich empfinde dies als einen großen Reichtum. Wenn man aber so wie ich ein kultureller und nationaler Mix ist und sich seine eigene Identität bewahren will, braucht man sehr viel Kraft und Durchhaltevermögen. Vielleicht hat mir da auch das Boxen geholfen.

Ich hatte mir immer vorgenommen, den Sport zu beenden, wenn es am schönsten ist. Vier Jahre später habe ich auch einen Teil meiner Heimat für eine neue Herausforderung hinter mir gelassen und das wird sicher nicht das letzte Abenteuer sein.

Aber wie die schönen Dinge im Leben muss man auch seine Heimat, egal wohin man geht, im Herzen tragen, sonst findet man sie nie. Meine Heimat sind vor allem die Menschen, die mich bisher auf meinem Weg unterstützt haben. Ich trage sie in meinem Herzen, wo immer ich auch bin.

Was ich glaube

Die Samtschatulle

von Ayşegül Acevit

Als Allah die Seele des Menschen erschuf, da forderte er sie auf, in den Körper hineinzugehen. Die Seele aber weigerte sich, weil sie nicht eingesperrt sein, sondern frei von Raum und Zeit umherfliegen wollte. Doch Allah hatte den Menschen so gemacht, dass er, ohne die Seele nicht leben konnte, und so forderte er sie wieder auf, in den Körper zu gehen. Die Seele weigerte sich erneut. Da befahl Allah den Engeln, ihre Musik erklingen zu lassen, und die Seele war so bezaubert von diesen Klängen, dass sie, ohne zu zögern, in den Körper hineinging. Es heißt, sie lebe seit dieser Zeit wie ein Vogel in einem goldenen Käfig, und nur wenn Musik erklingt, dann ist sie für eine Weile wieder frei.

Als ich klein war, da fragte ich meinen Großvater, wo das Paradies ist, und er sagte: »Was ist das für eine Frage? Das Paradies ist, wo es ist!«

Diese Antwort stellte mich nicht zufrieden und ich legte die Frage in eine kleine, rosa Schatulle aus Samt und bewahrte diese in meinem Herzen auf. Immer wenn ich jemanden traf, der etwas von Religion zu verstehen schien, dann holte ich die Schatulle wieder heraus und öffnete sie. Doch die Antworten, die ich bekam, ähnelten sich alle:

»Das Paradies kommt nach dem Tod«, sagten die Konservativen.

»Wo das Paradies ist, das weiß nur Allah«, sagten die Orthodoxen.

»So etwas gibt es überhaupt nicht«, sagten die Atheisten.

»Was für eine blöde Frage!«, sagten die Materialisten.

Aber keine der Antworten hat mir je genügt.

Eines Tages traf ich einen Freund, der sich mit Musik beschäftigte, und er erzählte mir, dass er in den nächsten Tagen einen Gast aus Istanbul bekäme, einen älteren Musikethnologen, der die anatolische Musik kenne wie kein anderer. Er würde jedes türkische Instrument spielen und sei durch halb Asien gereist auf der Suche nach den Spuren dieser Klänge. Ich wurde natürlich neugierig und der Freund lud mich für den Tag des Besuches zu einer Veranstaltung ein. Es würde ein *Sohbet* geben, ein gemütliches Beisammensein, bei dem viel geredet und auch Musik gespielt wird.

An besagtem Abend ging ich zu der angegebenen Adresse, einer Musikschule im Hinterhof einer Wohnsiedlung. Der kleine Saal war recht voll. Etwa 40 Gäste waren gekommen. Sie saßen auf Bodenkissen auf einem weichen Teppich, tranken Tee und aßen Gebäck. In einer Ecke standen Instrumente: Bongos und Trommeln, *Bağlamas* und Lauten, Rohrflöten, diverse Streichinstrumente und eine indische *Sitar*. Der Raum war liebevoll dekoriert mit leuchtenden Kerzen in bunten Gläsern, duftenden Blumen und Räucherstäbchen.

Mitten in der Menge saß ein älterer Herr mit grauen Haaren, in Anzug und Krawatte, und unterhielt sich angeregt mit zwei modernen jungen Frauen. Die Atmosphäre war genau nach meinem Geschmack: entspannt, herzlich und freundlich. Ich zog meine Schuhe aus und stürzte mich fröhlich auf ein freies Kissen. Mein Freund machte mich mit einigen der Gäste bekannt. Da waren Jürgen, ein junger Gitarrist, Levent, ein Ney-Spieler, Aylin, Juristin und Hobbyphilosophin, Martina, Psychologin, Mustafa und Hatice, ein älteres Paar, das in einer Fabrik arbeitete. Wie auf einem gemütlichen Bazar redeten alle miteinander, lachten, diskutierten und amüsierten sich.

Irgendwann wurde das Gerede leiser und leiser, bis nur noch die Worte des Ethnologen zu hören waren. Alle lauschten neugierig. »Die türkische Musik kennt über 400 Tonarten. Ähnlich wie

Dur und Moll in der europäischen Musik. Können Sie sich vorstellen, wie viele Emotionen man mit 400 Tonarten ansprechen kann? Sehnsucht, Leidenschaft, Mut, Freude und so weiter. Das hat man schon vor 900 Jahren erkannt und diese Musik im Hospital von Edirne, in der Westtürkei, als Begleittherapie eingesetzt. Bedenken Sie, dass es zu jener Zeit außerhalb der islamischen Welt keine Hospitäler gab, geschweige denn Musik als Therapie.«

Der Ethnologe erzählte von dem muslimischen Arzt und Philosophen Ibn Sina, der hier im Westen Avicenna genannt wurde und dessen Werk *Kanon der Medizin* jahrhundertelang die Grundlage der europäischen Medizin bildete. Er erzählte von wissenschaftlichen Studien, die die Wirkung der türkischen Musik auf die Psyche erforschten, und von der Bedeutung der Musik für die islamische Mystik. Bei den Zeremonien der Derwische des Mevlevi-Ordens spielten noch heute ganze Orchester.

Die islamische Hochkultur hatte zweifellos unzählige Facetten, aber sie alle wurden überschattet von politischen Konflikten, die wie dicke, schwarze Wolken am Himmel saßen und nicht weiterziehen wollten. Verschwunden sind die Facetten deshalb aber nicht. Der Ethnologe hatte in einigen europäischen Ländern Musikschulen gegründet, auch in Deutschland. Das Hospital von Edirne bekam letztes Jahr den *Europäischen Museumspreis* für seine Arbeit. Die anatolischen Instrumente, ihre Melodien und ihre Poesie sind so populär wie eh und je, und bei alldem spielte die Mystik, das Sufitum, mit seiner Offenheit die wohl wichtigste Rolle.

Da fiel mir meine Samtschatulle ein. Ich holte sie hervor, öffnete sie und brachte die Gäste mit meiner Frage zum Lachen.

»Önemli bir soru. Eine wichtige Frage«, sagte der Meistermusiker. »Das Paradies? Ja!« Dann schwieg er und nahm seine *Ud* – die Laute –, umfasste sie wie den Körper einer schönen Frau und strich sanft mit den Fingern über die Saiten. Er schaute mich an und begann zu spielen. Die warmen, stolzen Klänge der *Ud* flogen langsam durch den Raum. Wie glitzernde Seifenblasen schwebten sie sorglos umher. Die Vierteltöne taumelten wie frisch Verliebte im Frühling und reihten sich aneinander zu verträumten Melodien. Alle entspannten sich auf ihren Kissen und tranken Tee, während sie sich ganz den Liedern hingaben, die sie seit Ewigkeiten kannten. »Aşkın aldi benden beni, bana seni gerek seni. Ne varlığa övünürüm, ne yokluğa yerinirim, bana seni gerek seni. Deine Liebe nahm mich von mir, nur dich brauche ich, dich allein. Weder bin ich stolz auf das, was ich besitze, noch bin ich traurig über das, was ich nicht habe.« Yunus Emre, ein armer Hirtenjunge aus Anatolien und einer der größten islamischen Mystiker, hatte vor über 800 Jahren versucht, Worte zu finden für die Gefühle, von denen der Koran sagt, dass sie in jedem Menschen schlummern. »Beni benden sorma, ben bende deyilim, bir ben vardır bende, benden içeri. Frage mich nicht nach mir, denn in mir bin ich nicht. Ein anderes Ich ist in mir, tiefer in mir drinnen.«

Manche summten die Melodien, manche wippten langsam hin und her und manche stimmten ein in die Evergreens der anatolischen Mystik. »Sordum sarı çiçeğe, annen baban nerdedir. Çiçek der derviş baba, annem babam topraktır. Ich fragte die gelbe Blume, wo sind deine Mutter und dein Vater, und die Blume antwortete, *Derwischbaba,* die Erde ist mein Vater und meine Mutter.«

Schon als Kind kannte ich diese Lieder, deren Grenzen zur türkischen Volksmusik fließend sind. Ihre schlichte, aber tiefe Weisheit gefiel mir, weil sie keine kleinlichen Diskussionen über Dogmen oder Riten braucht. Sie gefiel mir, weil sie keine Unterschiede kennt zwischen Arm und Reich, zwischen Mann und Frau, zwischen Sunniten und Aleviten, zwischen Orthodoxen und Liberalen oder Türken und Nichttürken. Nicht einmal zwischen Muslimen und Nichtmuslimen. Im Angesicht dieser Musik waren alle gleich, wie im Angesicht der Liebe und des Todes.

Als die Musik stiller wurde, da schien es, als würden alle ein wenig über dem Boden schweben, so gelöst und entspannt saßen sie da. Sanft wie Wattebäusche berührten uns die Klänge der *Ud* und führten uns in die Tiefe der eigenen Empfindungen, in eine Welt, die grenzenlos war und in der es vor allem eines gab: *Huzur* – Stille und Frieden. Für einen Moment schloss ich die Augen und genoss diese wunderbare Freiheit.

Langsam spielte der Musiker seine letzten Töne, bis er aufhörte und die Laute zur Seite legte. Dann schaute er mich an, lächelte und sagte: »Ist deine Frage beantwortet?«

Der Wunderheiler

von Canan Büyrü

Während der Fahrt spricht Aylin kein Wort. Betrübt starrt sie aus dem Fenster. Ihre schulterlangen, dunkelblonden Haare sind ungepflegt. Unbemerkt schaue ich mir Aylins Gesicht genauer an. Was ich sehe, sind tiefe Trauer und ein grauer Schleier, der über ihren braungrünen Augen liegt. Wie sehr sie sich doch verändert hat, denke ich, wie hübsch sie doch vor ein paar Monaten noch aussah. Keiner von uns weiß, was mit Aylin, der einstigen Klassenbesten, passiert ist. Doch eins ist sicher: Irgendetwas stimmt nicht mit meiner Freundin.

Onkel Kazim, der zwischen mir und Aylin sitzt, versucht immer wieder, die junge Frau mit witzigen Bemerkungen aufzumuntern. Doch weder das Obst, das Aylins Mutter für die Fahrt eingepackt hat, noch die Sprüche von Onkel Kazim können meiner Freundin ein Lächeln entlocken. Schulter an Schulter sitzen Aylin, Onkel Kazim und ich hinten im Wagen, während Aylins Vater in Gedanken versunken den alten Mercedes steuert und die Mutter sich auf die Straßenschilder konzentriert. Im Wagen ist es eng und schwül. Draußen herrscht eine quälende Hitze, die uns förmlich erdrückt. Seit gut einer Stunde sind wir unterwegs, vom Ruhrgebiet in Richtung Münsterland, auf dem Weg zu einem türkischen Wunderheiler.

Seit Monaten geht das schon so. Meine 23-jährige Freundin Aylin ist wie verwandelt: Die früher so lebenslustige, starke junge Frau schwebt wie ein Geist durch die Gegend – wenn sie ihr Zimmer und das Bett überhaupt noch verlässt. Aylin liegt da Tag und Nacht, ohne viel zu reden; auf Anrufe von Freunden und Bekannten reagiert sie kaum.

»Du bist die Einzige, mit der sie überhaupt noch ein paar Worte wechselt und der sie etwas vertraut«, gestand mir ihr Vater vor kurzem, als ich sie besuchte. »Hat sie dir irgendetwas über ihren Zustand gesagt, etwas darüber, warum sie so geworden ist?«, versuchte er mich zu befragen, als ich Aylins Zimmer kurz verließ.

Der knapp über 50-jährige Mann schien mir innerhalb von sechs Monaten um zehn Jahre gealtert. »Warum willst du nichts mehr unternehmen? Warum liegst du nur so da in deinem Bett?« Weinend und zusammengebrochen auf den Knien hatte der Vater sie vor ihrem Bett angefleht. Doch von Aylin kam keine Reaktion.

Mittlerweile empfinde selbst ich schon dieses schwarze Holzbett aus dem alten Jugendzimmer wie einen Sarg, der meine Freundin Aylin an sich zieht, festhält und sie daran hindert aufzustehen.

Heute hat es gerade noch mit Müh und Not geklappt, sie aus dem Bett in den Wagen zu zerren. »War wirklich kein leichtes Unterfangen«, berichtet mir leise, mit gesenktem Kopf ihre Mutter.

Aylins Eltern sind fix und fertig mit den Nerven. Ich weiß nicht, wer mir im Moment mehr Leid tut: Die Eltern, die dieser Situation so hilflos und ohnmächtig gegenüberstehen, oder meine Freundin, die sich langsam, aber sicher einem Abgrund nähert, während wir ihr alle dabei zuschauen. Mich überkommt plötzlich ein Frösteln, obwohl es draußen über 30 Grad im Schatten hat. Merkt sie überhaupt, was vor sich geht? Dass sie die gesamte Familie mit ins Verderben zieht? Warum reißt sie sich nicht endlich zusammen? Ich könnte schreien vor Wut, darüber, dass ich ihr nicht helfen kann.

»Niemand kommt mehr an sie ran«, flüstert mir Onkel Kazim ins Ohr. Der beleibte Frührentner schüttelt den Kopf. Es war seine Idee, zu diesem vermeintlichen Wunderheiler ins Münsterland zu fahren. »Ich will nicht zu diesem *Hoca* fahren«, hatte mir Aylin noch kurz und gefühllos bei der Abfahrt gesagt. Doch Onkel Kazim, der langjährige Freund ihres Vaters, hatte die Eltern schon längst überredet. Nachdem er immer wieder von den Heilungskräften und Erfolgen des *Hoca*, wie der fromme Moslem genannt wird, berichtet hatte, waren sie endlich bereit hinzufahren. Schließlich ist der *Hoca* eine der letzten Hoffnungen der Familie, und wie heißt es doch so schön in einem türkischen Sprichwort: »Suya düşen yılana sarılır. Wer ertrinkt, klammert sich selbst an eine Wasserschlange.«

Und so fahren wir an diesem heißen Julitag vorbei an Kühen, Wiesen und Feldern. Meine Gedanken kreisen um den Wunderheiler, den Fluch, der meine Freundin in diesen Zustand versetzt haben soll, und um Dinge, die Bekannte und vermeintliche Freunde der Familie erzählen: »Jemand hat Aylin mit Friedhofserde bestreut«, ist die Erklärung einer alten Bekannten der Familie. »Deshalb fällt es ihr so schwer aufzustehen!« Eine andere spricht von verfluchtem Eselsfleisch, das Aylin irgendwo gegessen haben muss, weswegen sie jetzt immer gleichgültiger, teilnahmsloser wird und immer mehr abstumpft. Der Glaube an böse Blicke und Flüche ist in der türkischen Kultur weit verbreitet. Missgunst und Neid von Feinden sollen ausschlaggebend sein für Krankheiten, die einen plötzlich befallen, und für Pech, das einen verfolgt. Und mit Hexerei, gezielten Sprüchen, Gegenständen oder Speisen zwingen diese Leute ihre Opfer in die Knie. Nun ist meine Freundin angeblich das Opfer und der Wunderheiler soll diesen Fluch aufheben.

Als wir in dem kleinen Münsteraner Dorf ankommen, fragt Aylins Vater an einer Tankstelle nach der Adresse. Der Tankwart weiß sofort Bescheid: »Ach, zum *Hoca* wollen Sie?« Der junge, blonde Tankwart blickt uns mit großen Augen an und fängt an, den Weg zu beschreiben.

Nach weiteren zehn Minuten Fahrt sind wir endlich am Ziel. Meine Skepsis diesem vermeintlichen Wunderheiler gegenüber wird immer größer. Schließlich glaube ich nicht an Hexerei, Wunder und Flüche, doch ich bin sehr gespannt. Vielleicht kann er meiner Freundin ja wirklich helfen.

Vor einem kleinen, alten Reihenhaus in einer eher von Ausländern bewohnten Gegend parken wir den Wagen und steigen aus. Nach stundenlangem Schweigen murmelt Aylin nochmals den Satz: »Ich wollte gar nicht hierher!«

Doch jetzt ist es schon zu spät. Eine Frau mit Kopftuch öffnet uns mit einem zaghaften Lächeln die Tür. Wir treten ein und ziehen alle unsere Schuhe im Flur aus. Überall liegen farbenprächtige Teppiche. Die Frau mit dem Kopftuch, mittleren Alters, führt uns in ein Zimmer, das von der Einrichtung her ebenso mitten in einem Dorf im tiefen Anatolien hätte sein können. Bunt bestickte Kissen mit Blumenmotiven liegen da auf einem Sofa, auf dem wir Platz nehmen sollen. Ich bin aufgeregt. Mein Herz rast. Heimlich blicke ich Aylin an, die noch immer schweigend, gleichgültig, wenn auch etwas verärgert, vor sich hin blickt. Was Aylin wohl denkt? Was erwartet uns nur? Aylins Eltern scheinen erst mal froh darüber, angekommen zu sein. Die kühle Luft in den Räumen tut uns allen gut.

Kurz darauf ruft uns die Frau mit dem Kopftuch in ein anderes Zimmer. Dort erwartet uns ein Mann mit einem Vollbart, der mit dem Rücken zum halb geöffneten Fenster hinter einem Tisch sitzt. Der knapp 60-jährige Mann blickt uns an. Aylin soll sich nach vorne setzen. »Ich weiß, dass du nicht hierher kommen wolltest«, spricht er in einem weisen Ton.

Kein Wunder, denke ich mir, spöttisch, das hast du gehört, als wir vor deiner Tür am Fenster geparkt haben! Doch ich traue mich nicht zu sprechen. Dann bittet der *Hoca* Aylin darum, zu erzählen, weshalb sie sich verändert habe.

»Weiß nicht«, flüstert meine Freundin und zuckt mit den Achseln.

Umso energischer schießt es plötzlich aus Aylins Vater heraus: »Sehr verehrter Herr Hoca, wir wissen weder ein noch aus, was hat sie nur, bitte helfen Sie uns!«, fleht er, den ich noch nie so verzweifelt gesehen habe. Aylins Mutter fängt leise zu weinen an.

»Geht bitte alle bis auf Aylin raus«, fordert der *Hoca* uns auf, »ich möchte alleine mit ihr sprechen.«

Nach etwa zehn Minuten dürfen wir wieder hereinkommen. Jeder von uns nimmt seinen alten Platz ein. Voller Ehrfurcht greift sich der *Hoca* den Koran aus dem Regal und blickt ermahnend und ruhig in die Runde. Wie gelähmt sitze ich da, auf meinem ungemütlichen Holzstuhl, und blicke gefesselt auf die Bewegungen des *Hoca*. Was mache ich eigentlich hier? Das ist mein immer wiederkehrender Gedanke.

Aylin soll vor dem *Hoca* auf den Boden knien. Die Spannung in mir steigt. Am liebsten würde ich aufstehen, meine Freundin am Arm packen und gehen, aber ich bleibe wie gelähmt sitzen. Jetzt legt der *Hoca* den Koran auf den Kopf von Aylin, die teilnahmslos die Zeremonie über sich ergehen lässt. Dann fängt der Geistliche an, Suren aus dem Koran vorzutragen. Laut und mit einer tiefen Stimme brüllt er die arabischen Worte nahezu in den Raum, während er mit der einen Hand gestikuliert und mit der anderen den Koran über den Kopf meiner Freundin hält. Das einzige arabische Wort, das ich verstehe, ist *Scheytan*, was im Türkischen Teufel heißt. Ich komme mir vor wie in einem schlechten Horrorfilm: Meine Freundin als die Besessene, der ein Exorzist den Teufel austreiben soll. Filmische Absurditäten fallen mir plötzlich ein: grüne Galle, ein Kopf, der sich um 360 Grad dreht, und ein Mädchen, das mit tiefer Stimme wirres Zeug von sich gibt.

Zum Glück sieht die Realität weitaus nüchterner aus: Aylin ist weder ans Bett gefesselt, noch fließt irgendeine Flüssigkeit aus ihrem Mund. Sie hockt da und wartet, ruhig und regungslos. Ich höre deutlich das Weinen der Mutter, der ich mich am liebsten anschließen würde, vor lauter Scham und Unbehagen darüber, was hier passiert.

Nach etwa zehn Minuten ist die Prozedur vorbei und Aylins Vater schiebt dem *Hoca* zwei große Scheine in die Tasche. Das erscheint dem *Hoca* zu wenig, wie wir alle an seinem Kopfschütteln erkennen können. Jetzt mischt sich Onkel Kazim ein und nickt dem Vater zu, er möge noch einen weiteren Schein zücken. In der Hoffnung, dass seine Tochter nun geheilt ist, zieht der gutgläubige Mann einen weiteren Schein heraus. Onkel Kazim versucht, die Situation zu harmonisieren, und fragt, was mit Aylin denn los sei.

»Sie hat nichts. Sie ist nur sehr tief bedrückt. Sie muss viel an die frische Luft und viel ins Grüne, sie sollte sich viele schöne Dinge ansehen und sich von Problemen fern halten«, lautet der Rat des Geistlichen.

Die Eltern sind erleichtert. Hatten sie doch die Befürchtung, dass die Tochter schwanger sei oder unglücklich in jemanden verliebt, den sie nicht akzeptieren würden. Ihnen fällt zunächst ein Stein vom Herzen. Aber eine Erklärung für Aylins tiefe Trauer, ihre Schwermut und ihre andauernde Niedergeschlagenheit haben wir immer noch keine. Auf dem Weg nach draußen fragt die Mutter hoffnungsvoll ihre Tochter: »Spürst du nicht auch ein wenig Erleichterung?«

»Ja, doch, irgendwie schon«, antwortet Aylin und verschließt sich wieder in ihrer eigenen Welt.

Während der Fahrt nach Hause ist die Stimmung etwas ausgelassener, selbst Aylin spricht ein, zwei Sätze. Und wir hoffen alle auf ein Wunder.

Zu Hause angekommen, geht Aylin aber wieder direkt in ihr Zimmer und legt sich ins Bett. Und der Einzige, der von der heutigen Aktion profitiert hat, ist der Wunderheiler. Ich bin sauer und enttäuscht. Dieser Quacksalber hat Geld kassiert für nichts und wieder nichts!

Dabei wissen wir heute alle, dass Aylin an einer schweren Depression gelitten hat. Wie unbeholfen ich doch war, denke ich heute noch, nach Jahren, wenn ich auf diese Zeit zurückblicke. Doch keiner von uns hatte je von dieser Krankheit gehört, noch wollten oder konnten wir verstehen, dass Aylin sich nicht einfach »zusammenreißen« und wieder ganz die Alte werden konnte. Sie wusste ja selbst nicht, was mit ihr passierte.

Wieso gehen wir mit einem schmerzenden Zahn zum Zahnarzt, mit Magenschmerzen zum Internisten, scheuen uns aber, mit seelischen und neurologischen Problemen einen Psychologen oder Psychiater aufzusuchen? Und das, obwohl die Depression eine weit verbreitete Krankheit ist? In der Gesellschaft wird aber kaum darüber gesprochen, denn alle Krankheiten, die etwas mit der Psyche zu tun haben, sind immer noch nicht gesellschaftsfähig. Und gerade in der türkischen Gesellschaft ist es ein Tabu, darüber zu sprechen. Da bieten Hexerei, böse Blicke und auferlegte Flüche willkommene Erklärungsansätze – aber keine Lösung.

Ebenso ergeht es Aylin. Denn einige Tage nach dem Besuch beim Wunderheiler besuche ich meine Freundin. Bei Aylin hat sich kaum etwas geändert, im Gegenteil, ich empfinde ihre Stimmung noch bedrückter als vorher. Leblos und entmutigt starrt sie gegen die Decke in ihrem Zimmer. Mit »Hallo, Aylin«, spreche ich sie an, als sie mich teilnahmslos anblickt.

»Hallo«, sagt sie leise und richtet sich leicht auf.

»Wie geht es dir?«, frage ich, doch ihre Antwort beschränkt sich nur auf wenige Worte.

»Ich hasse mich und noch mehr die Tatsache, dass ich meiner Familie so viel Leid zufüge«, gesteht sie mir mit hoffnungslosem Blick. »Der Wunderheiler hat auch nichts gebracht!«, echauffiert sie sich ein wenig.

»Was hat er dir eigentlich gesagt, als ihr alleine im Zimmer wart?«, will ich in meiner Neugier wissen.

»Nichts, was ich nicht schon wusste. Er hat mich erst gefragt, was mit mir los sei, und mir dann versichert, dass es mir bald besser gehen werde. Ich solle mich nicht vor meiner Familie verschließen und mich schönen Dingen zuwenden.«

Wir blicken uns stumm an.

Die Wochen vergehen, doch Aylins Zustand wird nicht besser. Zwei Wochen später besuche ich sie wieder. Ehrlich gesagt habe ich ein ziemlich schlechtes Gewissen, weil ich mich eigentlich schon viel eher mit ihr treffen wollte. Dieses Mal sitzt Aylin in der Küche und schaufelt Süßigkeiten in sich hinein.

»Selam«, sage ich und wir begrüßen uns mit Küsschen rechts und links auf die Wange.

Ohne dass ich sie frage, offenbart mir meine Freundin: »Mir geht's von Tag zu Tag schlechter, ich kann mir nicht einmal mehr die Zähne putzen gehen, ich fühle mich ekelig und ich will nicht mehr vor mich hin vegetieren.« Sie hält kurz inne und kämpft mit den Tränen, bevor sie weiterredet: »Ich sehe nur noch einen Ausweg: den Tod. Und du sollst mir dabei helfen!«

Ich bin schockiert, weiß keine Antwort. Und sitze da und soll meiner Freundin helfen, sich umzubringen. Das ist alles so absurd. Was ist passiert? Warum ist all das passiert mit Aylin? Und wieso kann ich ihr nicht helfen?

Aylin erzählt mir von den Qualen ihres Zustands, dass sie es nicht einmal mehr fertig bringt aufzustehen, um sich zu duschen. »Ich sehe keinen Sinn mehr in einem Leben, in dem ich mir nur noch meinen alten Zustand herbeiwünsche. Du bist die Einzige, die mich nicht so bemitleidet wie all die anderen vermeintlich guten Freunde«, gesteht sie mir. »Ich ertrage es nicht mehr«, sind ihre Worte, bevor sie in Tränen ausbricht.

Ich schlage ihr vor, einen Arzt aufzusuchen, und erzähle ihr von einem bekannten türkischen Psychiater. Doch Aylin ist strikt dagegen: »Ich will nicht ins Irrenhaus, dort wird alles nur noch schlimmer«, so ihre Befürchtung. »Sie werden mich entmündigen und mich mit Tabletten voll stopfen!«, sagt sie mit ängstlicher Stimme, denn das habe sie vor kurzem in dem Jack-Nicholson-Film *Einer flog über das Kuckucksnest* gesehen.

»Ein toller Film«, sage ich, »aber der spiegelt doch nicht das wahre Bild in einem Krankenhaus wider.«

Wir reden nach langer Zeit wieder etwas umfassender miteinander und ich versuche Aylins Suizidgedanken zu beseitigen. Doch in mir läuten die Alarmglocken. Ich kann keinen klaren Gedanken mehr fassen. Pausenlos denke ich, dass meine Freundin nicht sterben darf.

Nach langem Zureden geht Aylin dann doch zum Arzt. Doch falsche Betreuung und ungenaue Einnahme ihrer Medikamente bewirken eine schlagartige Verwandlung. Sie wird manisch.

»Nun ist Aylin so aktiv, dass sie schon vier Tage am Stück gar nicht geschlafen hat«, erzählt mir ihre Mutter besorgt am Telefon. »Sie redet mit Wildfremden wie ein Wasserfall und sie glaubt, sie sei ein Engel.« Vor kurzem sei Aylin beinahe von einem Gebäude gesprungen, in dem Glauben, sie könne fliegen! »Freunde haben sie zufällig getroffen und nach Hause gebracht«, sagt die Mutter mit dankbarer und hilfloser Stimme. Nun sei es noch schwieriger geworden, sie in die Klinik zu bringen.

Wieder macht sich Verzweiflung in mir breit, ich kann die Situation nicht mehr ertragen. Ihre Familie weiß ebenfalls keinen Ausweg mehr. Seit über einem halben Jahr versucht sie schon, Aylin zu helfen, nun ist sie mit ihren Kräften am Ende. Mittlerweile hat Aylin sogar Halluzinationen und hört fremde Stimmen, wie mir die Mutter beschreibt.

»Wir müssen sie austricksen«, sage ich zu ihrer Mutter. Und unter dem Vorwand, einen befreundeten Arzt zu besuchen, gehen wir zu einem türkischen Psychiater. Schnell erkennt er, dass Aylin sofort in eine Psychiatrie eingewiesen werden muss, sie ist sowohl manisch als auch stark selbstmordgefährdet. Als sie uns durchschaut, rennt sie weg. Nach einer stundenlangen Verfolgungsjagd quer durch die Stadt erwischt sie der Vater und wir bringen sie gemeinsam in die Klinik.

»Hilf mir!«, fleht Aylin mich an. »Ich will dort nicht hin!«, schreit sie.

»Ich werde dich nicht alleine lassen!«, erwidere ich verzweifelt.

Nach einem Monat in der geschlossenen Abteilung der Psychiatrie kommt Aylin für zwei weitere Monate auf eine andere Station.

»Ist nicht so schlimm, wie ich gedacht habe«, gesteht sie mir bei einem der Besuche. »Ich habe viele interessante und nette Menschen hier kennen gelernt«, erzählt sie mir und schwärmt von der Freundlichkeit des Personals und vor allem der Herzlichkeit des Seelsorgers, den Aylin jeden Montagabend besucht. »Die Menschen hier sind offen und teilweise viel intelligenter als da draußen«, sagt sie über ihre Mitpatienten. Eine so genannte bipolare, manisch-depressive Episode hätten die Ärzte bei ihr diagnostiziert.

Heute steht Aylin mit beiden Beinen fest im Leben, hat einen guten Job und ist glücklich. Glücklich darüber, dass sie wieder lachen und Freude empfinden kann. Einfache, ja banale, alltägliche Dinge, duschen zu wollen und zu können, sich die Haare zu waschen und einschlafen oder aufstehen zu können – das sind Dinge, die sie vielleicht mehr zu schätzen weiß als viele andere Menschen. Aylin hat diese schwere Zeit überwunden, trotz der anfänglichen Unkenntnis über eine Krankheit, die wie viele Krankheiten heilbar ist – ohne Wunderheiler, Hexen und Exorzisten. Und manchmal unterhalten wir uns über die Psychiatrie und den Wunderheiler und fragen uns, ob er wohl jemals ein Wunder vollbracht hat.

Şah Lokması

von Ismail Aydın

Bei uns zu Hause war es üblich, dass jeden Tag die Lieder von alevitischen Sängern gehört wurden. Schon als Kind bin ich mit diesen Liedern aufgewachsen. Die *Aşıks* und *Ozans*, wie man diese Sänger nennt, gehörten fast schon zur Familie. Natürlich habe ich dann früh angefangen, diese Lieder, die für unseren alevitischen Glauben wichtig sind, auch selbst mitzusingen. So begann meine Liebe zur Musik.

Mein Bruder hatte ein kleines Lokal, in dem regelmäßig mehr oder weniger bekannte Künstler auftraten. Als ich zwölf Jahre alt war, stand auch ich dort zum ersten Mal vor einem Publikum. Ich war aufgeregt und hatte großes Lampenfieber. Wie würden die Leute meine Stimme finden oder meine Art zu singen? Würden sie mich mögen? Würden sie mich ausbuhen? Die Aufregung, die ich damals spürte, stellte sich als unbegründet heraus, denn ich bekam großen Beifall und das Publikum schloss mich ins Herz. Zwar konnte ich in diesem Lokal nicht die religiösen Lieder singen, die ich so gern hatte, aber da ich Musik in jeder Form liebte, sang ich stattdessen bekannte türkische Volkslieder.

Ich genoss es sehr, den Menschen auf diese Art ein wenig Freude im tristen Alltag zu schenken, und allmählich bekam die Musik einen ganz neuen Stellenwert in meinem Leben. Ich besuchte türkische Musikschulen, um *Bağlama* und *Saz* zu lernen, die traditionellen Langhalslauten, ohne die die türkische Musik nicht denkbar wäre. So konnte ich bald spielen und singen zugleich.

Die Zeit verging, und als ich 21 Jahre alt war, wurde in Mannheim das erste *Cem Evi* eröffnet, ein alevitisches Gebetshaus. Sobald ich davon hörte, wurde ich neugierig und sah es mir an.

Die Räume waren mit weichen Teppichen ausgelegt, so dass man bequem auf dem Boden sitzen konnte. An den Wänden hingen aufwändige Kalligrafien mit dem Namen Allahs und Bilder von Ali, den wir verehren und der der Schwiegersohn des Propheten Muhammed ist. Alles war schön sauber und duftete frisch, eine behagliche Atmosphäre.

Viele Menschen, die ich dort traf, kannte ich bereits. Sie kamen aus der Nachbarschaft, waren Freunde der Familie oder Leute, die im gleichen Viertel wohnten. Im *Cem Evi*, was so viel wie »Haus der Versammlung« heißt, wurden sowohl religiöse Zeremonien durchgeführt als auch kulturelle Aktivitäten. Mit der Zeit entwickelte es sich zu einem richtigen Kulturzentrum, das wir *MAKM* nannten, *Mannheimer Zentrum für alevitische Kultur.* Ein ganzes Jahr lang konnte ich mich hier mit meiner Stimme und meinen Instrumenten einbringen – im Chor, bei Kursen für die *Semah*-Zeremonie, einer unserer Gebetsformen, und bei den spirituellen Zusammenkünften. All die Lieder, die ich aus meiner Kindheit kannte, durfte ich hier nun endlich singen und spielen. Nach einer Weile zog das *MAKM* in ein größeres und schöneres Gebäude um.

Dort traf ich auch Sevda, die später meine Frau werden sollte. Sevda bedeutet Liebe. Sie war ein sehr aktives Mädchen und nahm an fast allen Veranstaltungen teil. Sie sang im Chor, lernte *Bağlama* spielen und bei der *Semah*-Zeremonie zu tanzen und übernahm organisatorische Aufgaben. Das *Cem Evi* wurde also auch deshalb zu einem ganz besonderen Ort für mich, weil ich hier Sevda kennen lernte.

Irgendwann im Winter fand unsere erste *Cem*-Zeremonie statt und dabei lernte ich eine meiner wichtigsten Lektionen für meinen Glauben. Es war praktisch das erste gemeinsame Gebet und ich übernahm die Aufgabe, den *Dede*, wie das Oberhaupt der Zeremonie genannt wird, mit meiner Stimme und meiner *Bağlama* zu begleiten. Ich sollte also *Zakir* sein, zusammen mit zwei Freunden, die die gleiche Aufgabe hatten.

Als das *Cem* begann, setzten sich alle auf den Boden und der *Dede* ließ sich vorne auf seinem Platz nieder. Wir drei *Zakirs* reihten uns neben ihm auf. Dabei war ich der Dritte und saß am weitesten von ihm entfernt. Er eröffnete die Zeremonie und wir drei spielten auf unseren Instrumenten, sangen traditionelle Lieder und Lobgesänge für Allah und Muhammed, für den ehrwürdigen Ali und seine Familie. Die Gläubigen sangen gemeinsam mit uns: junge und alte Leute, Männer und Frauen und auch einige Kinder. Manche Frauen trugen Kopftücher, die meisten aber nicht. Einige Jugendliche hatten Jeans an, andere hatten sich extra für diesen Anlass schick gemacht.

Begleitet von unserer Musik und den Lobgesängen, die so ähnlich klingen wie Mantras, standen die Gläubigen dann zum heiligen Tanz auf, bei dem man einen Kreis bildet und nach ritueller Art bestimmte rhythmische Bewegungen macht. Man führt die Hände zum Herzen oder man dreht sich mit geöffneten Armen um die eigene Achse.

Aber es gab auch stillere Momente. Wir gedachten der traurigen Ereignisse, bei denen vor vielen hundert Jahren die Söhne Alis von sunnitischen Fanatikern in Kerbela ermordet wurden. Das Gedenken an dieses sinnlose Massaker berührte die Menschen tief und einige fingen an zu weinen.

Als die Zeremonie sich dem Ende neigte, wurde eine große Platte mit leckeren *Lokmas* gebracht, die die Teilnehmer des *Cem* zubereitet hatten. Diese kleinen Teigkugeln wurden an alle Anwesenden verteilt. Mit dem Essen mussten wir aber noch warten, denn zuerst musste der *Dede* ein *Lokma* nehmen, es in die Höhe heben und dann einem der Anwesenden geben. Dieses erste *Lokma* wird *Şah Lokması* genannt, was so viel bedeutet wie Königs-Lokma beziehungsweise Lokma des Herrn, und da es den göttlichen

Segen symbolisiert, ist es immer sehr begehrt. Der eine wünscht sich diesen Segen für einen kranken Familienangehörigen, der andere für seine schwangere Ehefrau oder für das Wohlergehen seiner Kinder. Ich selbst wünschte mir diesen Segen für die Mutter des Mädchens, in das ich mich verliebt hatte. Sevdas Mutter lag im Krankenhaus und es ging ihr schlecht, aber ich musste sie auch noch davon überzeugen, dass ich ein guter Mann für ihre Tochter sein würde, denn ich wollte um Sevdas Hand anhalten.

Allerdings dachte ich, dass ich das *Lokma* nie bekommen würde, weil ich zu weit vom *Dede* entfernt saß. Deshalb bewegte ich mich auch nicht von der Stelle. Plötzlich hob der *Dede* das *Lokma* hoch und sagte: »Möge es sich fortbewegen!«, und der *Zakir* neben ihm, Zafer, ein Bekannter, nahm es reflexartig an und gab es ebenso reflexartig weiter – an mich. Ich war natürlich sehr überrascht und nahm das *Lokma* an.

Dann kam ein Verwandter von Zafer und sagte vorwurfsvoll zu ihm: »Deine Frau ist doch schwanger. Warum hast du das *Lokma* nicht behalten, um es ihr zu geben?«

Zafer schien sich gar nicht bewusst gewesen zu sein, was er getan hatte, und etwas verwirrt antwortete er: »Ich weiß nicht, warum. Der Segen muss eben für ihn bestimmt gewesen sein. Nasip onunmuş demekki.«

Seit diesem Tag ist mir klar, was Aşık Daimi, einer meiner Lieblingssänger aus meiner Kindheit, mit seinem berühmten Vers meinte: *Çok marifet var insanda, mademki ben bir insanım*. Sinngemäß bedeutet das etwa so viel wie: *Wenn der Mensch ein Mensch ist, dann sind wundersame Dinge in ihm verborgen.*

Man muss sich etwas also nur aufrichtig und von ganzem Herzen wünschen, dann kommt es einem auch entgegen!

Deutsche Muslimin

von Aisha Uğurlu

Mein Name ist Aisha Uğurlu. Ich lebe in der dritten Generation in Deutschland. Meine Großeltern sind mit der ersten Welle türkischer Arbeiter nach Deutschland gekommen, so dass meine Eltern auch in Deutschland groß geworden sind. Mein Vater musste schon relativ früh arbeiten gehen. Trotz seines großen Wunsches, einen angemessenen Schulabschluss mit anschließender Ausbildung zu machen, brachten meine Großeltern ihn dazu, schnell eine Arbeit zu finden und einfach Geld zu verdienen. Wozu Ausbildung? Den Frust darüber konnte er lange nicht überwinden.

Als meine Eltern heirateten, war meine Mutter 18 und mein Vater 20 Jahre alt. Da mein Vater sehr viel Wert auf Bildung legte, machte er zumindest jetzt seinen Traum wahr, indem er das Fachabitur und eine Maschinenschlosserausbildung nachholte, was für die damaligen Türken eine echte Hochleistung war.

Als seine Ausbildung zu Ende war, hatten meine Eltern schon drei Kinder (später kamen noch zwei weitere dazu) und sie hatten hierzulande den Islam für sich entdeckt. Während meine Großeltern eher Kulturmuslime sind, entschieden sich meine Eltern ganz bewusst dafür, als praktizierende Muslime zu leben und die Gebote des Islam zu praktizieren. Sie setzten sich daher auch intensiv mit islamischer Literatur, mit dem Koran und der arabischen Sprache auseinander. Das war für sie sehr wichtig.

Als ich drei Jahre alt war, fingen meine Eltern an, mir das arabische, das deutsche und anschließend das türkische Alphabet beizubringen. Mit fünf Jahren konnte ich absolut fließend und fehlerfrei den Koran rezitieren und wusste, wie ich das islamische Gebet zu verrichten hatte. Wenn mein Vater mich und meine Geschwister ab und zu einmal in die Moschee mitnahm, staunten alle über uns. Das, womit sich viel ältere Kinder beschäftigten, konnten wir schon perfekt. Der *Hoca* in der Moschee war immer verblüfft und lobte meinen Vater für sein Engagement gegenüber seinen Kindern. Im Allgemeinen schickte mein Vater uns anders als die anderen religiös praktizierenden Eltern nicht in die Moschee. Ihm war es dort nicht diszipliniert und streng genug, alles viel zu lasch und chaotisch. Er meinte immer, er habe von den Deutschen Disziplin und Pünktlichkeit gelernt, in vielen Dingen seien sie schlichtweg besser, daher nahm er sich eher die Deutschen zum Vorbild.

Anders als in der Moschee herrschte bei uns zu Hause regelrecht Soldatendisziplin. Egal ob Kindergartenzeit, Schulzeit, Wochenende oder Urlaub, wir wurden immer Punkt sechs Uhr morgens von meinem Vater geweckt. Jede Handlung wurde strikt nach den islamischen Geboten durchgeführt. Der Tag begann damit, dass wir alle im Bad die Gebetswaschung vollzogen und in Gemeinschaft das Morgengebet verrichteten, ebenso auch die weiteren vier Tagesgebete des Islam. Wir hatten keine hohen Möbel zu Hause. Alles fand auf dem Boden statt. Wir saßen auf dem Boden, aßen an einem sehr niedrigen Tisch und schliefen auch auf dem Boden, so, wie es unser Prophet Mohammad, Friede sei mit ihm, praktizierte.

Ich fand alles zum Kotzen. Warum war bei uns alles so anders? Warum konnten wir nicht so sein wie die anderen? Meine Freunde im Kindergarten machten nicht so ellenlange Gebete wie wir! Warum waren meine Eltern nur so streng? Ungehorsam gegenüber den Eltern? Das wäre mir und meinen Geschwistern im Traum nicht eingefallen. Die Konsequenzen waren zu hart.

Als mein Vater mit 26 Jahren unheilbar erkrankte, verlor er seinen Job und wurde von den Ärzten für absolut arbeitsunfähig erklärt. Dadurch waren die strenge Hausdisziplin und der unglaubliche Lernterror in allen Lebensbereichen überhaupt erst möglich. Bis heute ist es mir ein Rätsel, wie ein Haufen Ärzte einen Mann wie meinen Vater, der nie ermüdete vor Lern- und Kontrolleifer, für arbeitsunfähig erklären konnte. Während meine Mutter die täglich anfallenden Hausarbeiten tätigte, kümmerte sich mein Vater um die Kindererziehung. Im Gegensatz zu anderen Vätern war er der Ansicht, dass Kindererziehung Männersache sei, da Frauen nicht so konsequent sein könnten und zu emotional seien. An Wochenenden war natürlich striktes Lernprogramm angesagt. Morgens religiöses Wissen, mittags weltliches Wissen wie Sachbücher lesen, Diktate und deutsche Rechtschreibung üben.

Ich fühlte mich wie im Gefängnis, daher liebte ich den Kindergarten, es war wie ein täglicher Flug in die Freiheit. Alle Kinder wollten, dass es Wochenende wird – mir graute vor den Wochenenden. Im Kindergarten konnte ich so sein, wie ich bin, ich konnte so lange spielen, wie ich wollte, ich konnte mich äußern, wenn mir etwas nicht passte. Schon als Kind war ich ein fröhlicher Mensch, plapperte viel und fragte meine Erzieherinnen bis ins Detail aus, wenn ich etwas wissen wollte. In meinem Kindergarten gab es wenige ausländische Kinder, darauf hatten meine Eltern geachtet. Sie waren der Ansicht, zu viele ausländische Kinder sorgten dafür, dass die Kinder nicht gut Deutsch lernten. Nicht jeder bemühte sich so hart wie meine Eltern um die Sprachkenntnisse ihrer Kinder.

Zudem wollten sie auch nicht, dass ich türkische Freunde habe, ich sollte deutsche Freunde haben, gut deutsch sprechen und mich in den Umgangsformen hierzulande auskennen. Bis zu meinem 20. Lebensjahr hatte ich tatsächlich nie türkische Freunde. Die meisten waren deutsch, die anderen zumindest aus Europa.

Mit meinen Freunden verstand ich mich glänzend, jedoch irgendetwas sagte mir, dass ich anders bin als sie. Ich konnte es nicht definieren, jedenfalls nicht in diesem Alter. Im Kindergarten fiel der Unterschied vor allem am Mittagstisch auf: Ich aß kein Fleisch. Nun, dies machte insofern nichts, da ich schon damals konsequente Vegetarierin war. Hätte ich es aber im Normalfall essen wollen, so durfte ich es nicht. Dieses Fleisch war nicht nach islamischen Kriterien geschlachtet, es war nicht koscher. Meine Erzieherinnen hatten von meinen Eltern strikte Anweisung, uns, also mir oder meinen Geschwistern, keine fleischhaltige Nahrung zu geben. Ich empfand es als schrecklich peinlich, dass es mit meinen Eltern immer endlose Diskussionen über jede nur erdenkliche Kleinigkeit gab.

Selbstverständlich durfte ich im Sommer nicht mit den anderen Kindern nackt baden oder mich beim Sport neben anderen umziehen. Ich ging auf die Toilette und zog mich dort um. Das hatte nichts damit zu tun, dass ich ein Mädchen bin, nein, dasselbe galt auch für meine Brüder. Es sei den islamischen Normen nicht entsprechend, so meine Eltern.

Ich wollte aber nicht als anders auffallen. Es graute mir davor, anders zu sein als die anderen Kinder. Hier begann das große Dilemma: Zwar empfand ich alles, was meine Eltern taten, als absolut richtig, weil es Allah, dem lieben Gott, so gefiel, auf der anderen Seite aber wollte ich genauso sein wie die übrigen Kinder. Ich wollte nicht, dass die Unterschiede auffielen. Ich liebte Weihnachten, Ostern und Karneval, obwohl ich instinktiv wusste, es sind nicht unsere Feste. Doch empfand ich diese Feste im Kindergarten als viel schöner als unsere. Das sagte ich meinen Eltern natürlich nicht. Die schönen Laternen, die bunten Kerzen, die gemeinsamen Lieder, die bunten Kostüme, das Wichteln, die bunten Ostereier und und und … Ach, war das schön! Ich freute mich darauf genauso wie die anderen Kinder. Ich bemühte mich sogar, korrekter als die anderen meine Laterne zu basteln, ich wollte die schönste von allen haben, und die Sankt-Martin-Lieder konnte ich genauso auswendig wie sie.

Natürlich blieb diese Feststimmung auf den Kindergarten beschränkt, zu Hause wurde nicht gefeiert. Wenn mich andere Kinder fragten, ob wir zu Hause feiern, bejahte ich dies, ja klar, ich bekäme auch Geschenke! Innerlich war ich sehr traurig darüber, dass das nicht der Fall war. Ich lebte in einer Phantasiewelt, in der ich glaubte, dass es so war. Ich wollte einfach nicht, dass meine Freunde merkten, dass ich anders war als sie, ich war doch genauso wie sie, ich fühlte mich auch wie sie. Der Unterschied war einfach nur, dass wir andere Feste hatten als sie, aber das musste keiner wissen, warum auch?

Trotzdem gab es da noch mehr Unterschiede: Ich hatte dunkles Haar, viele andere jedoch blondes. Warum eigentlich? Ich wusste es einfach nicht. Ich beneidete sie um die blonden Haare, ich wollte auch solche Haare haben! Na ja, trotzdem war ich so wie sie. Wir verstanden uns sehr gut, wir spielten dasselbe, ich liebte sie alle, auch meine Erzieherinnen. Niemand ging so gerne in den Kindergarten wie ich. Für mich war der Kindergarten eben die einzige Möglichkeit zur freien Entfaltung und Meinungsäußerung, genauso wie die Grundschule.

Auch die Grundschule war mir sehr lieb, ich war sogar übermotiviert beim Unterricht, sagten mir meine Lehrerinnen. Erstens wusste ich das meiste schon, weil mein Vater mir vom Lesen übers Schreiben bis zum Rechnen alles beigebracht hatte. Zweitens schrieb ich die Bestnoten. Drittens war mir alles außerhalb meines Elternhauses angenehm.

Sämtliche »kleine« Unterschiede, die schon im Kindergarten existierten, waren natürlich auch in der Grundschule vorhanden. Einige kamen neu hinzu: Ich nahm nicht am Schwimmunterricht teil und zog nie kurze oder enge Sachen an. Auch nicht im Sommer. Ich hatte überhaupt keine kurze Kleidung im Kleiderschrank und ich hätte sie auch nicht angezogen, dafür hatte ich ein zu hohes Schamgefühl. Auch zu Hause zog sich keiner von uns neben dem anderen aus oder um, jeder badete getrennt hinter verschlossener Tür. Das war Intimsphäre, auch wenn wir eine Familie waren.

Während ich die Unterschiede im Kindergarten instinktiv gefühlt hatte, konnte ich sie im späteren Grundschulalter definieren. Es war ganz einfach: Wir waren alle gleich, wir hatten nur unterschiedliche Religionen! Ich glaubte an Allah, die anderen an Jesus. Daher waren wir in einigen Dingen einfach verschieden, wir hatten eben andere Feiertage. Ob es auch andere Kinder gab wie mich? Ja, die gab es. Wenn wir zu anderen muslimischen Familien zu Besuch gingen oder selber Besuch bekamen, sah ich Kinder, die so waren wie ich, da gab es überhaupt keine Unterschiede. Die Mütter von ihnen trugen auch Kopftücher, die Väter hatten auch Bärte, sie beteten genauso wie wir fünfmal am Tag, sie lasen auch den Quràn, sie feierten dieselben Feste und aßen koscheres Fleisch. Ich war eine von ihnen, hier war ich zu Hause.

Jahr für Jahr sahen wir diese muslimischen Familien. Die Mädchen, welche das pubertäre Alter erreichten, fingen an, Kopftücher zu tragen. Ich fragte mich, warum sie dies taten. Sie sagten mir, sie seien schon erwachsen, dies sei noch nichts für mich, ich sei noch zu klein. Ich war überhaupt nicht zu klein, ich war auch schon erwachsen – beziehungsweise ich wollte erwachsen sein. Für mich war klar: Ich werde auf jeden Fall auch ein Kopftuch tragen!

Meine Eltern redeten nicht viel vom Kopftuch. Trotz seiner Strenge in der Ausübung der islamischen Religion war mein Vater der Ansicht, dass das Kopftuch keine große Priorität habe. Das Kopftuchgebot werde überbewertet, ich könne später eines tragen. Zuerst solle ich mal zusehen, dass ich die Schule gut beende, dies sei bei weitem wichtiger, als ein Kopftuch zu tragen. Nichtsdestotrotz begann ich am Ende meines zehnten Lebensjahres, das Kopftuch zu tragen, zusammen mit meiner anderthalb Jahre älteren Schwester, direkt bei der Einschulung ins Gymnasium. Etwa aus religiösen Gründen? Gewiss nicht! Dessen war ich mir überhaupt nicht bewusst, ich wollte einfach nur ein erwachsenes Mädchen sein, habe einfach mit kindlichem Eifer die anderen muslimischen Mädchen nachgemacht. Die religiöse Motivation kam erst Jahre später.

Ich trug jetzt Kopftuch und war wahnsinnig stolz darauf. Voller Begeisterung ging ich meine Grundschullehrerinnen besuchen und wollte ihnen zeigen, dass ich jetzt Kopftuch trage. Zu meiner Enttäuschung waren sie ganz und gar nicht begeistert. Sie fanden das erschreckend und fragten mich, ob mein Vater mich dazu zwingen würde. Ich war total verblüfft. Warum um Himmels willen sollte mich mein Vater dazu zwingen? Was hatte mein Vater mit meinem Kopftuch zu tun? Ganz im Gegenteil, er war zuerst überhaupt nicht begeistert davon, fand, es sei zu früh. Ich war bitter enttäuscht. Ich war eben eine Deutsche mit Kopftuch, worin lag denn das Problem? Einige meiner Grundschullehrerinnen guckten mich so giftig an, dass ich sie nie wieder besucht habe. Ich war total beleidigt. Gott sei Dank bin ich jetzt auf einer anderen Schule, dachte ich mir.

Die Jahre auf dem Gymnasium waren ganz okay für mich. Ich hatte gute Noten und lernte Jahr für Jahr, selbstbewusster mit meiner Religion umzugehen. Ich liebte meine Religion über alles, die Erziehung meiner Eltern hatte sich bezahlt gemacht. Als Kind hatte ich meine Religion als äußerst lästig empfunden, aber das lag vielmehr daran, dass meine Eltern viel zu streng mit uns waren. Nicht nur in der Religion, in allen Lebensbereichen, auch was Schule angeht. Schuld war nicht der Islam, sondern meine Eltern. Der Islam ist eine wundervolle Religion, ein gottgefälliges Leben zu führen hat für mich absolute Priorität. Es gibt nichts, was ich mehr liebe als Allah.

Dagegen bedeutet mir eine Identität als Türkin oder allgemein die türkische Kultur so gut wie gar nichts. Ich kann damit nichts anfangen, was soll ich auch damit? Ich bin in Deutschland geboren und aufgewachsen, die meisten meiner Freunde sind Deutsche, ich denke deutsch, ich fühle deutsch, ja ich träume auch auf Deutsch! Wie kommen andere eigentlich auf die Idee, mich als Ausländerin zu bezeichnen oder mich gar auf der Straße mit einem Ausländerdeutsch anzuquatschen, als könnte ich nicht deutsch sprechen? Welche Frechheit! Ich kann besser Deutsch als so manch blondblauäugiger Ursprungsdeutscher! Ich finde, dass ein Bayer bei weitem mehr Ausländer ist als ich. Warum sollte ich denn Ausländerin sein? Nicht einmal meine Eltern fühlen sich besonders türkisch, weil sie sich der türkischen Kultur so entfremdet haben. Wie sollte ich es denn tun?

Als eine Frau mich auf der Straße fragte, aus welchem Land ich denn käme, antwortete ich ihr mit einer natürlichen Selbstverständlichkeit: »Aus Deutschland.« Die Frau lachte mich aus und zeigte mir den Vogel. Okay, Gegenfrage: Was glauben Sie eigentlich, aus welchem Land ich komme? Etwa aus der Türkei? Wie soll ich aus einem Land kommen, das ich ganze fünf Mal für je einen Monat gesehen habe, dessen Sprache ich nicht fließend sprechen kann, wo ich nicht geboren und nicht aufgewachsen bin?

Um ehrlich zu sein, staune ich über die Logik einiger Mitbürger hierzulande. Einige? Leider nein, die meisten denken so. Ich finde, es ist an der Zeit, uns endlich als *deutsche Muslime* anzunehmen. Jawohl!

Wer ich bin

Passkontrolle

von Birand Bingül

Ich hab es damals gar nicht richtig mitbekommen. Auf einmal hatte ich einen deutschen Pass. Da ein Pass nicht mehr ist als ein paar Blatt Papier, löste diese Änderung bei mir keine großen Gefühle aus. Bis ich das erste Mal allein in den Türkei-Urlaub flog.

Meine Eltern hatten jahrzehntelang eine virulente Passkontrollenphobie. Dazu haben beide Seiten beigetragen. Noch in den Siebzigern bekamen meine Eltern in Deutschland dicke Stempel in ihre Unterlagen: »AUSLÄNDER«. Dazu Aufenthaltsgenehmigungsverlängerungsanträge und und und … Bei den Türken musste mein Vater immer wieder nachweisen, dass er wirklich beim türkischen Militär gewesen war und kein Deserteur, der verrückt genug ist, mal wieder in der Türkei vorbeizuschauen (Kost und Logis frei Haus). Außerdem hatten meine Eltern bei jeder Reise irgendein neues Gerücht aus dem türkischen Freundeskreis gehört, welche Fieserei sich die Zollbeamten nun wieder ausgedacht hätten.

Zeitsprung. Ich selbst bin an der Grenze – Passkontrolle in der Türkei – vorbelastet mit Bauchgrummeln vor diffuser Willkür einiger Zollbeamter. Ich lege den nagelneuen, magentafarbenen deutschen Pass auf den Schalter. Der Beamte guckt auf den Bundesadler und sieht zu mir auf, er blättert im Pass und mustert mich kühl. Mühsam halte ich seinem Blick stand. Türkische Grenzbeamte sind bekannt, für ihre Furcht einflößende Art und Weise, nicht nur den Pass, sondern die Figur vor sich zu durchleuchten.

»Türkmüsün?«, fragt er herablassend und wedelt mit dem deutschen Pass. »Bist du Türke?«

Den Widerspruch, auf den er hinauswill, vor Augen, antworte

ich wahrheitsgetreu: »Meine Eltern sind Türken und ich bin in Deutschland geboren.«

»Ob du dich als Türke fühlst, will ich wissen«, blafft mich der Grenzer an.

Das startet in mir Bilder von früher, einen Film in Sekundenbruchteilen: Wie mein Opa mich öffentlich fragt, welches Land schöner ist. Wie Nachbarskinder in Istanbul mich mit einem strammen »Heil Hitler!« begrüßen. Und so weiter.

Der Grenzer starrt mich an. Er fixiert mich. Er hat mich jetzt auf dem Kieker. Allein, dass ich zögere, macht ihn wütend. Ob ich Türke bin?

»Ja, schon, klar, auch, irgendwie.«

»Warum sprichst du dann so schlecht Türkisch?«, setzt er nach.

Was mir ziemlich skurril vorkommt. Denn ich spreche zwar mit deutschem Akzent, doch immerhin Hochtürkisch, er aber ein wirklich grässliches Tiefenanatolisch. Aus taktischen Gründen erscheint es mir sinnvoll, das nicht gerade zu diesem Zeitpunkt ausführlich zu thematisieren, sondern diplomatische Erklärungen abzugeben. »Ich bin halt in Deutschland geboren, in unserem Dorf gibt es kaum Türken, in der Schule nur meinen Bruder und mich und deswegen …«

Den Grenzer lässt das ungerührt, er sieht nochmal in meinen Pass und zischt hervor: »Birand? Was ist das denn für ein Name?«

Ich weiß, dass Birand ein seltener Name in der Türkei ist, aber ich ahne immer noch nicht, wohin die Reise geht. »Das ist der Name, den mir meine Mutter und mein Vater gegeben haben«, antworte ich.

»Tse«, macht der Grenzer, blättert nochmal vor und zurück und nimmt mich wieder ins Visier.

Ich habe keine Ahnung, wie lange ich diesem Treiben noch standhalten kann. Es gibt keine Chance auf Hilfe für mich. Ich bin auf mich allein gestellt. Ich habe keine klaren Gedanken. Ich weiß nur, ich darf ihn nicht provozieren. Darauf wartet er nur. Er sucht einen Anlass, das spüre ich. Dann wird er mich richtig durch die Mangel drehen. Ruhig bleiben. Immer ruhig bleiben. Dir kann nichts passieren. Du hast korrekte deutsche Papiere. Aber trotzdem. Wenn er will, dann …

Der Grenzer sieht wieder in meinen Pass und blättert hin und her. »Birand? Das ist doch kein türkischer Name.«

»Doch, natürlich.«

»Was ist dein Vater? Armenier? Kurde?«

»Nein, nein, er ist Türke«, sage ich.

»Sag deinem Vater einen schönen Gruß von mir. Ich spucke auf deinen Namen. Ich spucke auf ihn. Auf so Leute wie euch.«

Mir verächtlich in die Augen sehend haut der Grenzer wuchtig einen Stempel in meinen Pass und wirft ihn mir so zu, dass er über den Schalter rutscht und mir vor die Füße fällt. Er sagt noch deutlichere Worte, die so manchen Türken leicht von den Lippen gehen. Ich hebe meinen Pass auf und gehe, auf wackligen Beinen.

Herzlich willkommen und schönen Urlaub in der »Heimat«.

Kernspaltung

von Serdar Somuncu

Mit Schallgeschwindigkeit fliege ich durch das kleine Rund meiner Pupille hinter die Oberfläche und suche, was sich dort verbirgt. Im Salto und mit wechselnder Geschwindigkeit, Schwindel erregend über Gebirge von Erinnerungen, in unterschiedlichen Wetterlagen durch Flüsse von Schmerzen, über steile Wände von Hoffnungen und dunkle Abgründe von Erkenntnissen, durch Sätze, die gesagt sind in Sprachen, die ich gelegentlich verstehe, aber niemals vergesse, obwohl ich fühle, dass sie meine Muttersprachen sind.

Ich sehe runzelige Hände meiner Vorfahren, ihre trockenen Lippen und ihr fahles Haar, ich sehe zu große Hosen, mit Schnüren festgebunden, Strickjacken und karierte Pullunder, Mützen wie Rollläden ins Gesicht gezurrt, ich sehe dunkle, glühende Augen und schwarze Haare, kalte, feuchte Hände und Fingernägel, ungeschnitten, voller Dreck darunter, rieche sonnenmüde Ziegen, höre Gackern von bald zu schlachtenden Hühnern und das Kikeriki von stolzen Hähnen auf steinigen Böden, das kratzende Röhren riesiger Hirsche wie das Surren emsiger Bienen, das Bellen von eitlen Hunden und das eifrige Zwitschern von Vögeln und ich rieche den Duft von 1000 Rosen, Hyazinthen, Aprikosen und süßlich schweren Maulbeerbäumen.

Ich höre Musik von zitternden Saiten, weinenden Flöten und dumpfen Trommeln, ich spüre die Sehnsucht der Stimmen und die Last der Tränen, wie sie in Liedern beschrieben werden, oft entstanden aus Kränkung, falschen Versprechen, Eifersucht, ebenso oft bekämpft mit gezückten Messern und geladenen Pistolen – und doch: Ich weiß nicht mehr, was ich damit anfangen kann.

Ich drehe mich. Auf der anderen Seite sehe ich das gleiche Bild, die Gedanken demselben Keim entsprungen, die Bilder aus derselben Farbe gemalt, Worte in derselben Tinte getunkt und aufgezeichnet und Zeit im selben Takt verstrichen. Ein Hut, kariert, die Hand voll Schwielen, der Mund verzogen zum bittren Lächeln, die Höflichkeit nicht selten aus Verzweiflung und Einsamkeit erstarrt zum unumgänglichen Ritual.

So gelange ich denkend und vergleichend weiter, immer weiter hin zum Kern, sammle die Erkenntnisse wie Schnappschüsse und bin darauf gespannt, wie im roten Licht der dunkelsten Kammer Entwicklungsflüssigkeit gleich Fragen, die wir stellen, und Neugier, die uns treibt, sie zu erkennbaren Motiven verwandelt, ihnen endgültig Kontur und gleichsam Charakter gibt, und höre währenddessen schon den Schlag meines Herzens, schneller als den Rhythmus, der mich umgibt, sehe die Luft, die ich atme, schwerer als die Luft, die ich rieche, und ich spüre den Druck des fließenden Blutes, stärker als das Verlangen, das meine Sehnsucht stillt.

Doch dann, auf einmal bleibe ich stehen und warte plötzlich für einen Bruchteil von Sekunden. Ich warte. Auf einen Moment der Gemeinsamkeit, auf einen Augenblick der übereinstimmenden Hoffnung. Ich warte auf die Gerechtigkeit, welche unsere Schicksale schließlich zum Guten vereint, wie ein Richter, der die Streitenden versöhnt, und glaube an dieses eine mehr als an alle Götter, die ich kenne, und glaube, dass es kommen wird. Glaube, dass das, was uns verbindet, wirklich existiert und unsere Hände hält, sie zusammenführt. All das glaube ich nur für den Bruchteil von Sekunden und fliege dann in doppelter Geschwindigkeit weiter.

Vielleicht umsonst, gerade weil ich weiß, dass es eine Hoffnung bleibt. Weil ich die rohe Gewalt und den schrillen Schrei, der sich in der Angst und im Hass entlädt, genauso sehe und höre wie die stechenden Schritte derer, die sie zu Spuren werden lassen, indem sie in den Gesichtern ihrer Opfer landen wollen und doch nur ihre Herzen treffen.

Vorbei fliege ich auch an den bauschigen Wolken der Programme und Ideologien, die sich wie Kalk im Wasserrohr in meinen Lungenflügeln abgelagert haben, und rausche vorbei an den Feldern der großen Reden und der nachdenklichen Momente, auf denen gesät ist, was wachsen soll zu hehren Gedanken und bewundernswerten Taten wie zu Denkmälern der Utopien, an die schon längst keiner mehr glaubt.

Aus der Perspektive eines Vogels, der in sich selbst hineingeflogen ist, voll dröhnender Kräche von Märschen und skandierten Parolen, voll Ab- und Erwägungen guter und schlechter Gedanken, ohren- und atembetäubender Schläge von naiver Renitenz, angetrieben von einem Motor der Leidenschaft, dessen Kraftstoff »Liebe« durch Unsicherheit entsteht und doch die Stärke hat, auf die man viel zu selten baut.

Vorbei an Gesinnungsgenossen, an mitleidenden Heuchlern, an denen, die sich verleugnen, um Wahrheit vorzutäuschen, und an denen, die nicht wissen, wem sie sich unterwerfen, wenn sie die Hand zum Gruße heben. An Religionen und Asketen, an Fetischisten und Dogmatikern, an Festhaltern und Loslassern, an den Urhebern der gleichen Ideen wie die Ideen derer, an denen man sie ausübt, und an den Ausgeübten, an den unschuldigen Mördern und ihren zufälligen Opfern und an den Waffen, mit denen man sich im letzten Moment in den eigenen Schädel schießt.

Vorbei fliege ich und bleibe niemals stehen, suche nach der Freiheit des Geistes wie meiner eigenen Existenz und finde immer nur mich selbst im Spiegel meiner Erinnerung und versuche wiederzuerkennen, was mich gemacht hat und ob es so sein sollte, wie es letztendlich gekommen ist, dass das, was ich zu sagen habe, dem anderen nur ein Rätsel bleibt, solange das, was er versteht, sein eigenes Weltbild nur den Heiligen seiner eigenen Kirchen weiht.

Ich versuche, einen Sinn zu finden und weiß doch, wie sinnlos es ist, immer zu suchen und niemals zu finden. Auch wenn ich weiß, wie schön die Suche ist, auch wenn ich weiß, wie ermunternd manchmal die Hoffnungslosigkeit sein kann, auch wenn ich die Träume von der Wirklichkeit zu unterscheiden gelernt habe, so glaube ich immer wieder an das Gegenteil, glaube, dass nichts eine Form besitzen muss und alles dennoch verstanden werden kann. So reiche ich oft Hände und ernte Schläge, ich leihe Augen und Ohren und bekomme Spucke ins Gesicht.

Dann gelange ich zu den Gedärmen, dem Innersten, den Weichteilen, und ich sehe, was in ihnen ist. Die unterschiedlichen Füllungen, die Essenzen und Zutaten der mühsam komponierten Speisen, die ebenso aufwändig wieder getrennt werden müssen, obwohl sich in ihrer Zusammensetzung auf wundersame Weise das vereint hat, was nicht vereinbar schien. Vom Markt in die Tüte, aus der Tüte in den Topf, in den Mund, durch die Speiseröhre in den Magen, hin zum Darm und in die Schüssel zu einem Klumpen ausgepresster Assimilation.

Ich spüre die Kraft, die mein Magen braucht, um zu trennen, ich rieche die Säure, die er bewegt, um aufzulösen, und ich sehe das Wabern und Pumpen, das Glucksen und Stottern und den Druck, mit dem sich die verdaute Masse in Richtung Ausgang bewegt. Ich folge ihr noch ein Stück des Weges, dann lasse ich sie ziehen, weil ich weiß, dass der nächste Tag kommen wird und ich, ohne etwas dafür tun zu müssen, den nächsten Klumpen verdauen werde und ich, ohne etwas dagegen tun zu können, die nächste Gemeinsamkeit zerstören werde.

Dann denke ich, dass alles darin verborgen liegt, dass ich vielleicht nicht hierhin gehöre und gerade im Nichthierhingehören das Unglück liegen mag, dass im Nichthierhingehören die Unzufriedenheit, die fehlende Fassung, die Anpassungslosigkeit entsteht, die mich treibt, umtreibt, nicht in Ruhe lässt, aus mir jeden

Tropfen Energie saugt und in neue ungestüme Energie verwandelt, die mich antreibt und unter- und übertreibt, wie ein Sog sich um mich windet und wie ein Strudel mich in sich zieht.

Dann denke ich, dass das Nichthierhingehören vielleicht ein großer Vorteil ist gegenüber dem Nichtwissenwieeswoanderseinkann, ständig sich Sehnendem, ständig Träumendem, ständig Angsthabendem, ständig Sichverfolgtfühlendem und nie vorbereitet immer Überrumpeltem.

Denn auch der Nichtwissenwieeswoanderseinkönnende ist sich seiner selbst nicht klar. Auch er ist voller Widersprüche. In seinem Magen dümpeln dieselben Säfte und kämpfen die gleichen Kräfte, aus seinen Poren quillt derselbe Schweiß und in seinen Gedanken vereinen sich die gleichen Bilder, mit dem Unterschied, dass er noch nicht einmal weiß, wie er sie deuten soll.

Denn ihm fehlt es an der Sprache, an dem Werkzeug, an den Schlüsseln, die ihm die Tore öffnen könnten zu sich selbst. Er weiß nicht, dass er niemals rein sein kann, dass jeder Einfluss eine Zerstörung des Reinen ist, dass jedes Wort, das er hört, ein Wort zu viel ist, wenn er seine Reinheit nicht verlieren will, dass jede Neugier der Feind seiner reinen Existenz ist und jedes Begehren des Unbekannten seinen Untergang bedeuten kann.

Er steht so in seinem Korsett und versucht, seinen Mangel zum Reichtum zu befördern, indem er ihn willkürlich zu ertragen scheint.

Er steht in seinem Korsett, fühlt sich fast frei und kann sich nicht bewegen.

Er führt seine Angst zur Wut und trifft doch im Innersten nur sich selbst, während er den anderen, die auf ihn zugehen könnten, so die Knochen bricht.

Und während ich so noch beginne, es zu verstehen, sehe ich vor mir schon das Geschlecht, gierig und voll ungeduldiger Erwartung auf seinen Auftrag wartend, auszufahren und hineinzustoßen in die fremde Welt, aus der es gekommen ist, in die es wieder hineingehen will.

Ich sehe seinen Schweiß und sein Blut, ich sehe sein Sperma wie eine Lava aus ihm herauskriechen und merke in ihm das Leben, die Kraft, die Energie, von der ich eben sprach.

Ob dadurch entstanden, das man selbst Hand angelegt oder von anderen gerieben wurde, ob selbst aufgeschlossen oder von anderen provoziert, spielt keine Rolle.

Hier ist es jetzt, und da es auf einmal sichtbar ist, mehr ehrlich als verletzend, mehr aufrecht, als man denkt, wirkt es plötzlich wie ein Beweis für die Funktion und die Vergänglichkeit des Lebens. In seiner Form ebenso ähnlich wie anders, in seiner Mechanik keinen Deut besser und doch im Unterschied stets verehrt wie ein abstruses Götzenbild.

Schnell weiter, denke ich, und beschleunige und fliege und überschlage mich und kämpfe wieder mit den Wellen und peitsche und drehe und bremse, bis ich in Windeseile und in doppelt schnellem Rückflug wieder vorbei an allem, was ich bisher sah, mit tausend schnellen Gedanken und ebensolchem Verlangen, das Innere zu begreifen, es zu kennen, es zu beherrschen, an den Ausgangspunkt meiner Reise zurückgelange und wie ein Pfropfen aus dem Punkt herausschieße, mit einem Schub wie von tausend bremsenden Flugzeugen an die Wand geschleudert werde, die wir alle manchmal in unseren Köpfen haben, wenn wir versuchen, um die Ecke zu blicken, um geradeaus zu sehen.

Macht der Kulturen

von Canan Büyrü

Ich kann es nicht mehr hören, die ständige Debatte darüber, ob wir Kinder von Einwanderern nicht irgendwie zwischen den Stühlen sitzen? Nein, ich fühle mich nicht so, vielmehr sitze ich in einem Sessel, der mit feinen türkischen Stoffen bezogen und in echter deutscher Wertarbeit hergestellt worden ist.

Wie ich jetzt auf das »Zwischen-den-Stühlen-Ding« komme? Gestern Abend lief bei mir in der Küche wieder das Radio. Und während ich den abendlichen Tee vorbereitete, hörte ich mir eine Diskussionsrunde über die Integration von jungen Türkinnen und Türken in Deutschland an:

»Wie ist das denn bei Ihnen, Sevim? Haben Sie das Gefühl, zwischen zwei Kulturen zu leben?«, fragte die Moderatorin mit einfühlsamer Stimme.

»Also, früher in der Schulzeit, da war es schwierig, mit den deutschen Freundinnen mitzuhalten, was Weggehen angeht und so«, antwortete die junge Frau selbstsicher. »Aber heute ist das zum Glück anders. Ich picke mir die Dinge aus der jeweiligen Kultur heraus, die mir wichtig und lebenswert erscheinen.«

Und so geht's nicht nur Sevim. Ich empfinde das Leben mit der deutschen und der türkischen Kultur eher als eine Bereicherung denn als eine Belastung. Doch die positiven Seiten geraten meist in Vergessenheit, wenn so manche »deutsche Ureinwohner« bestrebt sind, Kinder von Einwanderern wegen ihrer vermeintlichen kulturellen Identitätslosigkeit zu bemitleiden. Schließlich ist das ja auch einfacher als zu akzeptieren, dass wir meist einen deutschen Pass haben und uns sowohl in der deutschen als auch in der türkischen Kultur zu Hause fühlen.

Gut, das Ganze besteht nicht nur aus Vorteilen. Sevim hat es auf den Punkt gebracht: Da war doch noch die Schulzeit, die gerade am Wochenende bedrückend sein konnte – zum Beispiel immer dann, wenn sich die gesamte Klasse am Samstagabend traf und für mich ein Diskobesuch ohne beschützende männliche Begleitung nicht infrage kam. Das hätte mein Vater nie erlaubt, auch wenn er für damalige Türkische-Väter-Verhältnisse recht liberal war. So weit wollte er es dann doch nicht kommen lassen. Denn türkische Eltern der ersten Generation kennen Diskotheken meist nur aus alten türkischen Filmen. Und da werden jungen Mädchen heimlich ominöse Drogen in die Cola geworfen, dann werden sie verschleppt, vergewaltigt und landen im Bordell oder als drittklassige Sängerin in einer verruchten Bar.

Es ist wohl gerade diese Zeit, in der sich vor allem türkische Mädchen und junge Frauen zwischen den Kulturen fühlen. Doch mit wachsendem Selbstbewusstsein und mit stärkerer Entscheidungsfreiheit lassen sich beide Kulturen gut vereinen: zu Hause, beim großen Familientreffen, bei dem es bewusst eher türkisch zugeht, im Büro, wo ich es genieße, deutsch zu sprechen, oder in der Freizeit, in der ich mit meinem Mann Backgammon spiele, tanzen gehe oder deutsch-türkische Freunde besuche.

Dass ich mich aber nie als Deutsche fühlen werde, obwohl ich seit zehn Jahren den deutschen Pass habe und im Ruhrgebiet geboren wurde, liegt sicherlich nicht nur an meiner inneren Haltung. Letzten Endes machen mir »deutsche Ureinwohner« immer wieder klar, dass ich keine Deutsche bin. Zum Beispiel dann, wenn es um Vorurteile geht: Vor kurzem erzählte mir eine Hebamme, dass die türkischen Mütter manchmal »so komisch riechendes Essen« von zu Hause ins Krankenhaus mitgebracht bekämen, aber das sei schon okay. Dann führte sie weiter aus, dass diese Mütter, die Knoblauch essen und dabei ihr Baby stillen würden, keine Bedenken wegen Blähungen haben müssten: »Sonst hätten ja alle türkischen Kinder Blähungen«, fügte sie mit hämischem Grinsen hinzu. Darauf folgte, wie so oft, der Satz: »Aber das ist jetzt nichts gegen dich.« Diesen Satz habe ich schon so oft gehört, der stinkt mittlerweile.

»Warum fühlen wir uns eigentlich mehr türkisch als deutsch?«, fragte mich letztens meine Freundin Buket, während wir miteinander telefonierten. Buket arbeitet als Deutsch- und Geschichtslehrerin an einer Gesamtschule und ist, so wie ich, in Deutschland geboren. Ich nahm den Hörer auf die andere Seite und blickte nachdenklich auf den Wald vor unserer Terrasse. Liegt es an uns oder an der deutschen Gesellschaft? Wir kamen ins Grübeln. Einig waren wir uns darüber, dass wir nie als Deutsche gesehen würden.

»Woher kommen Sie?«, werde ich oft gefragt, worauf ich dann meist antworte: »Aus dem Ruhrgebiet.«

»Nein, wo sind Sie geboren?«, geht es dann weiter.

»In Bochum!«, sage ich selbstsicher, wohingegen mir kopfschüttelnd die nächste Frage gestellt wird.

»Ihre Eltern, aus welchem Land sind die?«, wird dann mein Gegenüber langsam ungeduldig. Und schließlich kommt nach meiner Antwort die Erleichterung: »Ja, wusste ich es doch, Sie sind Türkin!«

Und da kannst du noch so gut die deutsche Sprache sprechen, den deutschen Pass besitzen oder in diesem Land geboren sein! Eine volle Akzeptanz existiert in der deutschen Gesellschaft nun mal nicht. Und auf der anderen Seite stellt sich bei mir die Frage: Will ich überhaupt als Deutsche wahrgenommen werden?

Seit die Diskussion um die Integration von Türken im vergangenen Jahr erneut angefacht wurde, sprechen Buket und ich immer öfter über dieses Thema. Jeder Urdeutsche würde uns als voll integriert bezeichnen. Schließlich hockt Buket ganz selbstverständlich mit ihrer Familie Heiligabend unter dem geschmückten

Weihnachtsbaum, während ich mich mit Grönemeyers *Bochum, ich komm aus Dir* bestens identifizieren kann. Das sind Gewohnheiten und Gefühle, die sich in all den Jahren entwickelt haben. Ebenso wie das Bemalen von Eiern zu Ostern oder die weihnachtliche Dekoration im Haus am Ende des Jahres. Nachdenklich werde ich erst bei der Frage: »Wann geht's denn wieder zurück in die Heimat?«, die manche älteren Deutschen gerne mal stellen. Doch zu Hause ist für mich dort, wo ich lebe und arbeite, dort, wo Familie und Freunde sind, der Ort, mit dem ich eine lange und tiefe Verbindung habe.

Plötzlich fällt mir meine frühere Nachbarin Frau Althuber ein, die mich nach jedem Urlaub fragt: »Na, wie war es denn inne Heimat?«

Die 84-jährige Dame ist immer noch felsenfest davon überzeugt, dass Urlaub à la Turca darin besteht, den Ford Transit bis oben hin voll zu packen und drei Tage lang durch die Walachei zu fahren, um dann in irgendeinem Dorf mit Schafen und Eseln, abgeschnitten von jeglicher Zivilisation, Baumwolle zu pflücken und Hammelfleisch zu essen.

»Frau Althuber«, sage ich, »ich bin hier geboren, da kann man nicht von Rückkehr sprechen.«

Jetzt ist die alte Dame völlig konfus. Schließlich kennt sie nur den Gastarbeiter Toni, der früher bei ihr zur Untermiete gewohnt hat und eigentlich nur fünf Jahre in Deutschland bleiben wollte, um dann in sein sizilianisches Dorf zurückzukehren. Aber Toni hat seine Frau Maria aus Italien nachgeholt. Dann haben sie hier noch zwei Kinder bekommen und leben jetzt in Recklinghausen. Und all die Tonis und Hasans sind nun mal keine Gastarbeiter mehr. Ihre Kinder fühlen sich in Recklinghausen, Köln und Bochum zu Hause; ebenso lieben sie aber den Strand in Antalya oder in Rimini und freuen sich auf die Oma in Istanbul.

Unsere Pässe sind mittlerweile deutsch und unsere Herzen fühlen türkisch. Für mich ist das ein Kultur-Zapping der feinen Art: Mal bedienen wir uns der deutschen Lebensform, mal genießen wir die Vorteile, die die türkische Kultur bietet.

Und während die einstündige Radiosendung sich dem Ende neigt, wird mir klar: Nein, ich sitze nicht zwischen den Stühlen, sondern in meinem breiten Sessel aus feinen türkischen Stoffen, hergestellt in deutscher Wertarbeit. Und es sitzt sich gut auf diesem deutsch-türkischen Sessel, vor allem dann, wenn es türkischen Tee und deutschen Kuchen dazu gibt!

Das Klischee der Welt

von Sülbiye V. Günar

Früher habe ich viele Eintragungen in mein Tagebuch gemacht. Meistens, wenn ich unglücklich war. Seit einigen Jahren scheint es mir besser zu gehen, denn ich schreibe außer Drehbüchern eigentlich nichts mehr. Vielleicht Rechnungen, Einkaufslisten oder mehr oder weniger belanglose Notizen zu Momenten, die das Leben mir ab und zu unterstrichen rüberzubeamen scheint. Zum Beispiel, wie es mir gestern passierte, als ich einen Zuhälter mit zwei seiner blonden Prostituierten in einem türkischen Kreuzberger Mittagslokal antreffe, die Alarmanlage des silbernen Zuhälter-Ferraris draußen immerzu nervtötend piepst, die Frauen sich mit slawischem Akzent über das gute, aber viel zu fette türkische Essen beklagen und die Karten spielenden orientalischen Männer mit lasziven Seitenblicken zu mir rüberschauen, bis ich sie mehr oder weniger mutig in meinem spärlichen Türkisch ansprechen möchte: »Ne var? Ne yok? Gibt's irgendwas? Oder warum guckt ihr so blöd?«

Mit meiner kleinen Tochter India verbringe ich so viel Zeit, wie irgend geht. Sie ist pures Gold. Das kleine Wesen so früh wie möglich von der Tagesmutter abholen, damit es nicht schon dunkel ist, wenn wir nach Hause kommen. Putzen. Nicht nur Indias Dreck, auch meinen eigenen. Ich will dieses Bild von ihr, wie sie in dem kleinen Dreieckspark zwischen Gips- und Auguststraße von den beiden fremden Mädchen wie ein schwerer Pokal hochgehoben wird, wie sie etwas klein und dick aussieht in dieser viel zu großen bordeauxfarbenen Steppwinterjacke, wie sie lächelt, wie ihre Augen rund und dunkel und voller Durchtriebenheit sind, niemals vergessen. Niemals!!!

Und wer wäre ich denn noch so alles gerne?

PJ Harvey singt:

When I'm not with you
I dream of my hair
just falling out.

Es gibt so viel zu sagen.

Natürlich würde ich gerne auf einer einsamen Insel der Bahamas leben. Handy und Internet dürften natürlich nicht fehlen. Die Einsamkeit habe ich absolut verlernt.

Wie sollte ich auch nicht.

Meine Religion ist die Freiheit. Im Kopf. Im Bauch. In der Liebe. (Eine Allgemeinfloskel?)

(SEX)

Ideale?

Zukunft.

Gestern habe ich bei einem extrem charmanten Finanzberater zwei Kapitallebensversicherungen abgeschlossen. Eine für meine Rente. Und eine für die Rente meiner 18 Monate alten Tochter … Er hatte diese eindrucksvollen Klamotten an, roch frisch gebügelt – bügelt er selbst? –, hatte einen bayerischen Dialekt, in den man sich zurücklehnen konnte, und reflektierte etwas von dem Licht einer Dachgeschosseigentumswohnung mit Blick auf den Arconaplatz. Von nun an werde ich, wenn ich nichts verlieren will, wenn alles gut geht, mindestens zwölf Jahre lang monatlich mehr oder weniger fiktive Beträge auf irgendein fiktives Konto überweisen, in irgendeinen fucking Fonds, der vielleicht in 33 Jahren nicht einmal mehr als fiktive Idee in diesem fiktiven, man könnte sagen fucking, Universum existieren wird. Und die Rente meiner Tochter? Auf jeden Fall wird sie f… noch steuerfrei sein. Denn f… Hartz IV hat uns noch nicht ganz ergriffen.

Ich komme aus einer der Parallelhalbwelten. Mein Vater ist 1959 aus der Türkei eingewandert. Er hat seine türkische Frau und seine vier Töchter für meine, in den schrecklichen, grausamen Zeiten des Deutschen Reiches hätte man ohne Zögern sagen können, absolut arische Mutter verlassen. Natürlich war es keine einfache Entscheidung gewesen. Die rotblonden Haare. Mein Schrei. Das linke Auge hatte ich zu. Na bitte schön. So fing es an.

Wäre ich ohne Hitler und seinen totalen Krieg überhaupt nie entstanden? Wären die Gastarbeiter alle zu Hause in ihren Dörfern, bei ihren Frauen geblieben? Kann hier überhaupt jemand ein ganzer Mensch werden mit all diesen Verstrickungen? Auf diesem Planeten? Hallo?!

Kürzlich habe ich eine Art Medienpreis für Integration gewonnen. Auf der Bühne habe ich meinen Eltern gedankt und gesagt, dass sie ein Beispiel für das friedliche Zusammenleben zweier Kulturen sind. Dass sie über 30 Jahre auf engem Raum miteinander gelebt haben. Dass ihre Liebe ein Vorbild sein möge.

Meine Halbschwester in der Türkei, irgendwo dort am südlichsten Zipfel, auf einem Berg, in einer Bucht, im milden Winter, wo nichts übrig geblieben ist außer den Geistern der abgereisten Touristen, der hingebungsvollen Schönheit von Küste und Landschaft, Handyantennen, Rakıflaschen, das Kabelfernsehen, meine Halbschwester Saime, die die wahre Geschichte bis aufs Messer kennt, besser gesagt, überlebendes Opfer dieses multikulturellen Schiffbruchs ist, zappte zufällig genau in dem Moment, in dem der Name meines Films auf der Bildfläche erschien. *Karamuk*. Brombeere. Ein Wort, das niemand wirklich versteht. Auch nicht die Kurden. Das Kommunikationsproblem meiner Eltern auf den Punkt gebracht. Dann ich, ihre Halbschwester, wie ich wackelig, in den extra dafür angeschafften, viel zu hohen 40-Euro-Schuhen, die hoffentlich teurer aussahen, auf die Bühne tipple (ein Freund meinte, ich hätte ausgesehen wie kurz nach der Geburt; meine Mutter natürlich: wie Jackie Kennedy!). Sie zappte da zufällig rein und traute ihren Augen und Ohren nicht. Aber das Fernsehen ist ohnehin verloren. Und ich, ich habe spontan meinen Beitrag zur großen Lebenslüge geleistet, die jeden Abend über den Bildschirm flattert und allen den Eindruck verschafft, als existiere auf Erden Realität, als sei der Mensch ein gepriesenes Wesen, als gäbe es Gutes und Schlechtes, als wären da Freunde und Feinde, von Angesicht zu Angesicht.

Seid mir nicht böse! Ich habe in Momenten von Schwäche, Momenten von Depression vielleicht einfach zu viel hin und her gezappt zwischen den Heimatfilmen auf sardinischen Sommerinseln, in der Toskana, zwischen perfekten Körpern von absolut perfekten Frauen, die am Ende perfekt von den männlichen Samen geschwängert werden (haben wir Deutschen unbewusst wirklich eine irrsinnige kollektive Angst, kollektiv auszusterben?). Zu viele Oscarveranstaltungen. Wie könnte ich da der Öffentlichkeit wahrhaftig ins Auge schauen? Wo sie doch alles täglich so deutlich serviert bekommt. Zerfetzte Kinder, vergewaltigte Frauen, fickende, betende Präsidenten.

Fliehen wir eigentlich alle vor der Realität?

Oder fliehe nur ich?

Hallo?

I don't need anything but you.

Such a shame shame shame

Shame is the shadow of love.

WHO? FUCK?! FUCK!? FUCK???!! YOU!!!!!

Mama, Papa … Ihr, meine Wurzeln! Strengt euch jetzt an! Wir sind die Vorzeigebilder! Wir sind die Multikultigesellschaft! Wir sind die Übereinkunft von Okzident und Orient! Wir werden gebraucht!??! Wir können nicht einfach so aufgeben! Multikulturell verdammt und verseucht bis ans Ende aller Tage sind wir.

Um mich für mein nächstes Leben – welche Nationalität werde ich wohl haben? Auf welchem Kontinent werde ich das Licht der Welt erblicken? – vorzubereiten, gehe ich ab und zu ins *Bi-*

kramyoga. Das ist Yoga bei 40 Grad Celsius. Auf verschweißtem Teppichboden. Man trinkt eineinhalb Liter Wasser. Man entgiftet. Eine Erfindung aus Hollywood. Am Ende kriegen sie einen dann doch. Die Show muss weitergehen. Wäre es sonst vielleicht einfach langweilig??

Knowledge of past and future lives unfolds when one is free from greed for possessions.

Patanjali, Vater des achtgliedrigen Weges hin zur Erkenntnis: Ich habe mich weit von dir entfernt. Doch ich liebe dich. Du bist der Einzige.

Einmal, als ich in Indien/Puna, im Ashram von Osho alias Baghwan, herumzelebrierte – ich war bis über beide Ohren verliebt –, hörte ich plötzlich drei Männer türkisch sprechen. Es durchzuckte mich. Ich hatte noch niemals spirituelle Türken gesehen. Der Islam schien fast alles Männliche durchsickert zu haben, das mir bis dahin über den Weg gelaufen war. Und siehe da, türkische Männer mit Bärten, in dunkelroten Roben. Ich setzte mich neben sie auf die steinernen Stufen vor dem Hinterausgang. Es plätscherte irgendwoher (ein pinkelnder Inder?). Es war Nacht. Menschen in weißen Roben liefen vorbei zum Videovortrag ihres »von der Welt gegangenen« Meisters. Da, wo geraucht werden durfte, saßen die Türken natürlich, da, wo alle sich als Normaldurchschnittssterbliche begegnen, connecten (ein Arrangement für die Nacht schließen?), bevor sie am Morgen wieder zurückkehren, um in dynamischen Meditationen ihr Selbst abzuschütteln. Die türkischen Männer. *Nie wart ihr erotischer!*

Es gibt immer wieder Momente, wo ich es bitter bereue, dass mein Vater mir seine Sprache nicht bis ins Blut eingetrichtert hat. Dass ich nicht einfach auch die, die doch irgendwie so sind wie ich, in einer Sprache umarmen kann, in ihren Worten die Zärtlichkeit fühlen, mit ihnen die Lust teilen kann. *Wie durch ein Kaleidoskop will ich in eure Träume schaun!*

Am dritten oder vierten Schultag im schwäbisch-altsprachlichen Gymnasium in Esslingen am Neckar teilte mir eine wirklich einheimische Mitschülerin (ich bin nur in Stuttgart geboren, meine Mutter ist Schlesierin!) auf der Schultoilette mit (ich konnte noch nie Dialekte nachahmen): »Weischd du, i hab ja am Anfang gdenkt, dass des nett schön isch, mit so 'ner Türkin zusamme in oine Klass zu ghä, aber jetztetle, wo i di bissele kenn glernt hab, da find ich's richtig supar!«

Irgendwann habe ich gemerkt, dass es praktisch sein kann, anders zu sein.

Herr Mayer, ich werde Ihnen nie vergessen, dass Sie mir Ihr altes Lateinwörterbuch nach einer der Unterrichtsstunden geschenkt haben. Mir. Der Subtext war klar. Ich verdiente das Buch. Eine aus der Parallelgesellschaft muss gefördert werden. Trotzdem war es nett, Herr Mayer. (Auch wenn ich damals andere Phantasien hatte und mich mehr über den Packpapiereinschlag Ihrer Liebesgedichtsammlung von Catull gefreut hätte, um die Abdrücke Ihrer schwitzenden Finger vor dem Einschlafen über meinem Bett anzuhimmeln).

Sein Selbst abschütteln? Ich habe mich schon immer wie ein Gefangener meines Selbst gefühlt. Okay, was kann man noch machen? Brustvergrößerungen? Privatcoachings? Pilates? Einen neuen Namen annehmen? Ich wollte zum Beispiel schon immer Roxanne heißen. Oder auch: Ahamazaharatrustra.

Heidi Klum hat anscheinend vor kurzem in einem Interview behauptet, sie wisse eigentlich nicht, wer sie wirklich ist. Seitdem ist sie meine große Philosophin. Natürlich auch, weil sie in *Sex and the city* einen Zehn-Sekunden-Auftritt hatte. Was mache ich seit Mr Big's Sieg über die Vernunft eigentlich Dienstagabends zwischen 21 und 22 Uhr? Wird dort nun ewiglich ein leeres Loch im Programmplatz meines multikulturellen Seelenlebens herrschen?

When I'm not with you
my dreams are so very dark.
When I'm not with you
everything just comes apart.

Früher habe ich viel gelesen. Als allein erziehende Mutter zu den Zeiten von Hartz IV hat man dafür aber einfach keine Zeit mehr. Ab und zu die *Gala*, ab und zu Gebrauchsanweisungen oder die Tageszeitung. Ab und zu Ingeborg Bachmann oder auch Rumi, den erleuchteten Sufi. Auch ins Theater mag ich nicht mehr gehen. Das hat allerdings nichts mit Hartz IV zu tun, wenn auch Theaterkarten nicht unbedingt billig sind. Ich habe mich einfach dem Kino verschrieben.

Heute, im *Café Milchhalle* (sprach Jesus nicht: »Und lasset die Kindlein zu mir kommen«?), da stieß ich auf einen Artikel, es war die Nobelpreisrede von Elfriede Jelinek. (Ich wollte schon immer ihren Roman *Die Klavierspielerin* verfilmen. Aber selbst die Tatsache, dass dort sogar ein richtiger Türke vorkommt, der mit einer Österreicherin im Park herumvögelt, hat niemanden davon überzeugt, dass ich die Richtige gewesen wäre.)

Eine Rede über Worte, über das unausdrückbare Nichts. Eine Ode an die Realität.

An die Oberfläche der Welt.

It's you.

Sprisch misch rischtisch

von Aslı Sevindim

Namen sind wie Schall und Rauch?

Nein! Nein! Nein! Auf gar keinen Fall! Ich will ja nicht kleinlich sein, aber es macht nun mal einen Unterschied, ob jemand Seenay oder Schenay heißt, Gülsen oder Gülschen. Wobei das nur so ausgesprochen, aber anders geschrieben wird. Sie wissen es vielleicht, das türkische *s* mit Häkchen drunter, unser *sch*.

Wie schon gesagt, ich will nicht kleinlich sein, wirklich nicht, aber türkische Ohren nervt es furchtbar, wenn zum Beispiel ein prominenter, medienpräsenter Europaabgeordneter ständig Ötzdemiir geschimpft wird, ja, geschimpft! Oder wenn ein zuweilen durchaus erfolgreich kickender Herr Baschtürk von diversen Kommentatoren 90 Minuten lang als Herr Bastüürk deklamiert wird. Aaaaaah!!! Aufhören!!!

Beklemmungen, Schweißausbrüche und Atemnot sind da das Mindeste, worunter ich leide, manchmal brülle ich dann auch den Menschen am Zuschauertelefon schrecklich an – ob er sich denn nicht wenigstens ein bisschen Mühe geben könnte mit dem Namen, der Mann ist ja nun wirklich kein Unbekannter, fragen Sie doch irgendeinen Türken auf der Straße, verdammt nochmal!

Aber zum Glück rufe ich nicht wirklich an: Name-falsch-ausgesprochen-Hass-Tiraden gehören sich nicht, finde ich. Aber es gehört sich auch nicht, den Namen eines Menschen permanent und mit großem Elan falsch auszusprechen! Wie lange leben nun schon Türken in Deutschland? Joah, eine ganze Weile schon. Okay, vielleicht könnten wir da doch ein kollektives weiches *z* üben? Bitte, ja? Oder ein zartes, weiches *g* mit Schrägdach? Damit Frau Eminoglu sich am Telefon nicht mehr so anhört, als würde sie gleich ihre Zunge verschlucken, nur weil sie versucht, ihren Namen so deutsch wie möglich auszusprechen. Oder damit Frau Tschawusch, die Cavus geschrieben wird, *C* und *s* mit Häkchen drunter, also Çavuş, auch endlich so genannt wird und nicht als Frau Kaawuus über diesen Planeten wandeln muss. Und damit meine zarten teiltürkischen Ohren mir nicht irgendwann heiß vor Kummer und Zorn einfach abfallen.

Ist das kleinlich? Bevor Sie das beantworten, stellen Sie sich diese Sprachakrobatiknummern doch bitte an Ihrem eigenen Namen vor. Christina heißt dann Kiristinna, mit Betonung auf -tinna! Jürgen wird Yürgün gerufen und Karlheinz kann froh sein, dass er Kalhanz gerade noch so wiedererkennt. Und dieses Programm ständig und überall und von jedem und noch ein deutliches Stück schlimmer! Das ist doch nicht schön, oder? Das muss ganz einfach nicht sein.

Eine Nachfrage, ein konzentriertes Üben und schon geht Ihnen Timucin Emirhanogullari (dann aber richtig geschrieben als Timuçin Emirhanoğulları) über die Lippen, als hätten Sie Ihr Lebtag nichts anderes getan, als altosmanisch-türkische Namen auszusprechen. Ein glückseliges Lächeln und ewig währende Dankbarkeit über so viel Sensibilität, Bemühen und Respekt sind Ihnen sicher. Und wenn es trotzdem nicht ganz klappen sollte mit den vielen Häkchen und Ösen auf, unter und neben den türkischen Buchstaben, tja, dann lachen wir einfach zusammen darüber. Wir wollen ja nicht kleinlich sein!

Pendeln

von Canan Topçu

Es gibt kaum einen Tag, an dem ich mich nicht über die Intoleranz oder Ignoranz der Deutschen aufrege. Leider ertappe ich mich auch ziemlich oft dabei, dass ich kaum anders bin. Während ich zu meinen Vorurteilen stehe, ärgert es mich aber bei den Deutschen.

Mich ärgert es aber nicht weniger, wenn ich Leuten begegne, die vor lauter Political Correctness nicht mehr wissen, wie sie einen Menschen ansprechen sollen, der nicht in diesem Land geboren ist, aber schon lange hier lebt oder als Kind von Zugezogenen zur Welt gekommen ist. Ausländer? Migrant? Bürger ausländischer Herkunft? Ausländischer Mitbürger? Wortkonstruktionen machen die Sache nicht besser.

In Rage bringen mich zuweilen auch meine Landsleute, die seit Jahrzehnten hier leben und sich immer noch nicht damit abfinden wollen, dass sie hier leben. Und es packt sie noch immer das Heimweh, sie fühlen sich hier nicht wohl, nicht angenommen von den Deutschen und träumen von der Rückkehr.

Manche träumen nicht nur davon, sondern machen sie auch wahr – wie beispielsweise meine Freundin Belgin. Als sie mir erzählte, sie wolle in die Türkei zurückkehren, war ich verwundert. Denn meine Freundin ist – wie ich – als Kind nach Deutschland gekommen und hat hier mehr drei Jahrzehnte gelebt. In der Schule hatte Belgin wenig Erfolg, sie machte sich selbstständig und eröffnete eine Imbissbude.

»Hier bin ich einfach nicht heimisch geworden«, sagte sie immer wieder. Weil es ihr an »menschlicher Wärme«, an Herzlichkeit, an Hilfsbereitschaft gefehlt habe. »Wenn du auf der Straße zusammengeschlagen wirst, schauen die doch weg, aus Angst, Ärger zu bekommen.«

Meine Einwände, dass sie nicht von »den Deutschen« sprechen könne, differenzieren müsse und keine Ressentiments pflegen solle, überzeugten sie nicht. Belgin blieb bei ihrem Urteil, die Deutschen seien fremdenfeindlich, arrogant, besserwisserisch und ängstlich. Für andere Erfahrungen war sie nicht offen, obwohl sie genug Gelegenheiten dafür gehabt hätte. Bekanntschaften, geschweige denn Freundschaften zu Deutschen hat sie nicht gepflegt und ist nun zurückgekehrt. In Antalya, wo sie sich als Restaurantbetreiberin niedergelassen hat, fühlt sie sich aber auch nicht wohl. Dort fehlt es ihr an verbindlichen Absprachen. Jetzt ärgert sie sich über die »orientalische Mentalität« ihrer Geschäftspartner, die Vereinbarungen nicht immer ganz wörtlich nähmen.

Ich persönlich rege mich besonders über unflexible Deutsche auf. Es gibt Situationen, die mich schier zur Verzweiflung bringen. So breche ich vor Wut in Tränen aus, wenn der Busfahrer, der mich zur Haltestelle laufen sieht, vor meiner Nase abfährt, weil er den Fahrplan einhalten will. Dann hasse ich die Deutschen, die sich penibel an Anordnungen halten und für die Güte ein Fremdwort zu sein scheint. »Was sind das nur für Menschen?«, frage ich mich und denke mir in solchen Situationen, dass das »bei uns« nicht passieren würde. Bei uns heißt: in der Türkei. Dort schätze ich wiederum die deutsche Pünktlichkeit, wenn ich an einer Haltestelle warte und warte, um mich dann in den verspätet einfahrenden Bus zu stopfen, in den eigentlich kein Fahrgast mehr reinpasst.

Ich rege mich auch über die Deutschen auf, die abfällige Bemerkungen über uns machen, aber noch nie über den eigenen Tellerrand geschaut haben. Werde ich von Deutschen angesprochen, die ihre Werte und Normen für die einzig wahren halten, reagiere ich patzig. Wenn sie türkische Frauen bemitleiden, weil sie meinen, dass wir alle unterdrückt werden und rechtlos dahinsiechen, dann könnte ich Pickel bekommen. Ich kenne genug Mütter von deutschen Freundinnen, die nicht den Mut aufbringen, alleine in Urlaub zu fahren, weil dann »Papi« nicht zurechtkäme. Ich möchte nicht einmal als Mäuschen Zeugin des Psychoterrors werden, der in deutschen Familien ob des Haushaltsgeldes herrscht.

Meistens bin ich geduldig mit den Deutschen; schließlich gehören nicht alle in einen Topf. Es gibt kleinkarierte, penible, besserwisserische, übervorsichtige, auf Recht und Ordnung pochende Deutsche – und andere. Es gibt unter ihnen auch Gutmenschen, die aus Prinzip Ausländerfreunde sind und alles, was fremd ist, per se gut finden, weil sie Probleme mit ihrer eigenen Herkunft haben. Solche Menschen gehen mir genauso auf die Nerven.

In mancher Hinsicht bin ich »den Deutschen« allerdings ähnlicher, als mir lieb ist. Wenn mich auf der Einkaufsmeile Zigeunerinnen mit ausgestreckten Händen anflehen, unterscheide ich mich kaum von den ängstlichen, mir nicht gerade besonders sympathischen Deutschen. Auch ich fühle mich bedrängt von den Bettlerinnen; sie sind mir lästig. »Zigeunerinnen, die aus Rumänien angereist sind, um hier zu betteln«, vermute ich. Der Schreck setzt später ein: »Um Gottes willen, ich – die ich ja selbst Ausländerin bin –, entwickle ich mich etwa zu einer Rassistin?« Dass ich keine Rumänen und Zigeuner persönlich kenne, dass ich eigentlich nur wenig über diese Menschen weiß, all diese Überlegungen sind ja in dem Moment, in dem die ablehnenden Gedanken auftauchen, irrelevant. Spontan greife ich auf meine wenigen – negativen – Erfahrungen zurück und sitze Vorurteilen auf.

Meine eigenen Landsleute sorgen bei mir oft dann für Unmut, wenn dunkelhaarige, dunkeläugige und somit als »Ausländer« zu identifizierende türkische Jugendliche in der Straßenbahn ohne Rücksicht auf andere Fahrgäste Lärm machen. »Warum müssen die sich so auffällig verhalten?«, frage ich mich. Wir sind in diesem Land sowieso nicht gern gesehen, daher sollten wir den Deutschen keinen Anlass geben, sich über uns aufzuregen. Mag sein, dass ich das Gefühl, hier nur Gast zu sein, zu sehr verinnerlicht habe. »Bloß nicht unangenehm auffallen« war die Maxime türkischer Gastarbeiter. Auch ich habe diesen Satz manches Mal von meinen Eltern zu hören bekommen.

Aber ich bemitleide auch diese angepassten Türken, die Knoblauch nur noch am Wochenende essen, in ihrer Wohnung keine türkische Musik mehr hören, ihre Herkunft verleugnen und nicht einmal ihren Namen richtig aussprechen. Mit der Einbürgerung werden sie von Hassan Kaptan zu Hans Kapitän, nur um den Deutschen zu gefallen.

Da sind mir dann doch die jungen Deutsch-Türken, die ihr Selbstbewusstsein in der Öffentlichkeit demonstrieren, weitaus sympathischer – auch wenn sie ihr Anderssein manchmal zu provokant nach außen kehren. »Auffallen oder nicht auffallen« – für viele Enkel von Gastarbeitern ist das kein Thema mehr. Die meisten sind weitaus souveräner als ihre Eltern und ergreifen schneller das Wort. Sie wissen sich zu wehren, wenn sie von Deutschen gemaßregelt und als Ausländer stigmatisiert werden. Manchmal beneide ich diese Generation um ihr Selbstbewusstsein, manchmal bedauere ich sie aber auch. Denn so manche von ihnen wittern auch dort eine Verschwörung, wo keine Fremdenfeindlichkeit im Spiel ist. Es gibt Jugendliche, die sich abgrenzen und ihre Nischenkultur pflegen. Die Deutsch-Türken gebärden sich ganz nach dem Motto: »Ihr müsst uns nicht mögen; wir sind aber da und gehören hierher.« Sie haben ihre Standpunkte.

Ich selbst hingegen springe hin und her, schlüpfe in die Rolle der Verteidigerin, gewollt oder ungewollt. Mal identifiziere ich mich mit den Türken, mal mit den Deutschen. Meinen Landsleuten gegenüber nehme ich die Deutschen in Schutz, umgekehrt lasse ich es nicht zu, dass sich Deutsche despektierlich über uns äußern. Abfällige Bemerkungen über Türken verletzen mich, ich fühle mich persönlich angegriffen, wiewohl ich oft genug über Türken herziehe.

Gespräche mit Deutschen, sei es bei einer öffentlichen Veranstaltung oder bei einer privaten Feier, verlaufen häufig nach demselben Schema:

»Sie sprechen aber sehr gut Deutsch!«

»Danke!«

Es folgen weitere lobende Worte. Mir wird Weltoffenheit attestiert, weil ich ganz anders als die anderen Türken sei.

»Wie viele Türken kennen Sie denn?«, möchte ich dann fragen. Und: »Warum sollte ich die Sprache nicht gut sprechen, schließlich lebe ich seit 33 Jahren hier.« »Es gibt jede Menge Türken und Türkinnen, die so sind wie ich.« Doch ich nehme mich zusammen, schließlich wollen sie mir mit diesen Komplimenten eine Freude bereiten – ich bin allerdings erstaunt darüber, wie beschränkt der geistige Horizont von Menschen ist, von denen ich es so gar nicht vermute.

Kaum bin ich als Türkin enttarnt, möchten »die Deutschen« von mir hören, was sie schon immer über uns Türken wissen wollten. Schwups, schlüpfe ich also in die mir aufgedrängte Rolle. »Wie wenig ihr doch über uns wisst, obwohl wir schon so lange hier leben!«, geht es mir dann oft durch den Kopf. Desinteressiert sind sie nicht alle. Immerhin möchten manche von mir hören, warum ich als Türkin kein Kopftuch trage. Darauf zu antworten langweilt mich zwar, ich erkläre es trotzdem jedes Mal.

Nicht nur die Kopftuchfrage beschäftigt die Deutschen. Während mein Vater als praktizierender Muslim kommentarlos zur Kenntnis nimmt, dass ich Wein trinke, komme ich des Öfteren in die Verlegenheit, mich Deutschen gegenüber zu rechtfertigen.

»Na, was sagt denn Allah dazu?«, werde ich gefragt, wenn ich ein Weinglas in der Hand halte.

Sie meinen es ja nicht böse, »die Deutschen«. Sie wissen es nicht besser. Sie haben eben irgendwann gelernt, dass Türken Muslime sind und Muslime keinen Alkohol trinken dürfen.

Ich verstehe den Ärger darüber, dass Türken, obwohl sie seit Jahrzehnten hier leben, sich nicht integrieren und immer noch kein Deutsch können. Allerdings liefere ich sofort eine Rechtfertigung: Die Türken identifizieren sich nicht mit dem Land, in dem sie Pflichten, aber keinerlei politische Rechte haben. Sie haben nicht das Gefühl, hier gern gesehen zu sein, erkläre ich. Wobei ich im Ungewissen darüber bin, ob meine Eltern tatsächlich nicht Deutsch können, weil sie kein Wahlrecht haben.

Das Desinteresse vieler Türken an dem Land, in dem sie leben, arbeiten, alt und auch sterben werden, ist bedauerlich und unverständlich. Sie sind schon so lange hier und wissen kaum etwas über die Deutschen und Deutschland, sind nicht einmal neugierig, mehr zu erfahren. Das will ich ihnen aber nicht vorwerfen. Ich denke daran, wie groß der Kulturschock für die meisten meiner Landsleute war, die sich aus den anatolischen Dörfern auf den Weg nach Deutschland gemacht haben. Sie verließen ihr geschütztes Umfeld und wurden hier nicht nur mit einer unbekannten Sprache, sondern mit einer Welt konfrontiert, die ihnen völlig fremd war. Und wie ihre deutschen Äquivalente verängstigt diese Menschen alles, was sie nicht kennen. Sie haben sich hier ihre Welt, ihre »Gettos« – wie manche Leute sagen – geschaffen, in denen sie sich behütet und geschützt fühlen. Die Einwanderer der ersten Generation werden ihre Zurückhaltung gegenüber dieser Gesellschaft wohl kaum ablegen.

Wäre das Zusammenleben nicht viel friedlicher, wenn wir die Andersartigkeit der anderen akzeptieren könnten? Doch der Toleranz sind Grenzen gesetzt. Wenn eine türkische Frau Kopftuch trägt, dann geht mich das nichts an, auch nicht, wenn sie meint, auf Deutschkenntnisse verzichten zu können. Wenn türkische Männer in Cafés oder Moscheen unter sich bleiben wollen, sollen sie es.

Unverzeihlich ist es allerdings, wenn türkische Eltern ihre Kinder und Kindeskinder daran hindern, hier heimisch zu werden. Ich hatte Glück. Ich stamme aus einer liberalen Familie. Meine Eltern haben ihre Kinder keinen Repressalien ausgesetzt. Sie haben mir und meinen Schwestern das Studium ermöglicht. Schließlich sind sie in dieses Land gekommen, um ihren Töchtern eine bessere Zukunft zu geben. Die Grenzen meiner Toleranz sind erreicht, wenn türkische Schülerinnen nicht an Klassenfahrten teilnehmen dürfen, wenn ihnen nicht erlaubt wird, die Schule zu beenden und eine Ausbildung zu machen. Wütend werde ich auf türkische Väter und Mütter, die ihren Kindern den Kontakt zu deutschen Jugendlichen verbieten. Traurig macht es mich, wenn hier aufwachsende Mädchen gegen ihren Willen verheiratet werden, damit sie nicht »verdeutschen«. Dann möchte ich diesen Eltern ins Gesicht schreien: »Kehrt zurück in die Heimat, wenn ihr die Deutschen und das Leben hier so schlimm findet! Aber ihr habt nicht das Recht, darüber zu entscheiden, wo die Heimat eurer Kinder zu sein hat.«

Aksentfray

von Selim Özdoğan

Ein ganz normaler Tag, ich stehe auf, putze mir die Zähne, mache einige Atemübungen, koche Kaffee, frühstücke, schaue in den Briefkasten, gehe raus, grüße meine Nachbarin, fahre Fahrrad, treffe einen Bekannten auf der Straße und rede einige Takte mit ihm. Im Supermarkt kaufe ich ein, in der Videothek gebe ich eine DVD zurück, ziehe mir einen Kontoauszug in der Bank, muss nochmal kurz im Copyshop vorbei und gehe dann wieder heim. Zu Hause koche ich und telefoniere gleichzeitig mit einer Freundin. Nachdem ich gegessen habe, schreibe ich an meinem Roman, in dem es um Träume geht. Ich befinde mich für einige Stunden in einer Welt, in der man die Träume fremder Menschen nicht nur sehen, sondern auch fühlen kann.

Und irgendwann an diesem Tag schaue ich nach meinen Mails. Und dann passiert es: Zwei Herausgeber schreiben, Deutschland sei bunt wie noch nie. Türkischstämmige Menschen würden hier Farben verbreiten und den deutschen Alltag und die deutsche Kultur bereichern. Doch die Deutschen selber würden das kaum bemerken und deswegen wollten sie eine Anthologie herausbringen, um auf die Vielfalt unserer Einflüsse aufmerksam zu machen. Sie bitten mich, auch einen Beitrag zu verfassen.

Stimmt, jetzt fällt es mir wieder ein, ich bin Türke. In meinem normalen Tagesablauf spielt das kaum eine Rolle, aber jetzt bin ich auf einmal Türke und deswegen bekomme ich solche Anfragen.

Vor vier Jahren habe ich einen Beitrag zu einer ähnlichen Anthologie geschrieben, wo Texte nichtdeutschstämmiger Autoren versammelt sind. Jamal Tuschick, der Herausgeber, sagte damals: »Wir machen diese Anthologie, um zu zeigen, dass sie nicht mehr nötig ist.« Was seltsam klingt. Sollte wohl heißen, dass wir hier längst im Mainstream angekommen sind und nicht nur kleine Ausländerliteraturnischen bevölkern.

Ich bin es manchmal so leid, diese Anfragen zu bekommen, die für mein Verständnis immer auf eins hinauslaufen: Mach uns doch mal den Türken.

Und selbst wenn ich versuche, von mir abzusehen, finde ich diese Projekte fragwürdig. Was tun wir? Wir picken uns eine bestimmte Gruppe von Menschen heraus, die nicht viel mehr gemeinsam haben als ihre Herkunft, und isolieren sie in einem Buch. Und warum? Weil wir zeigen wollen, wie sehr sie schon integriert sind, wie sehr sie schon in Deutschland angekommen sind. Wir machen diese Anthologie, um zu zeigen, dass sie nicht mehr nötig ist. Im Jahr 2000, 2005 und 2018 wahrscheinlich auch noch. Wir drehen uns im Kreis.

Ich habe keine Lust mehr, der Türke zu sein, und ich habe auch keine Lust, eine Bereicherung für die deutsche Kultur zu sein. Wenn das passiert, wenn ich tatsächlich dazu beitrage, hier andere Farben zu entfalten, dann ist das nur ein Nebeneffekt, aber nicht meine Aufgabe. Allein das Wort »bereichern« macht mich schon wütend. Das klingt für mich übersetzt immer ungefähr so: Du bist Ausländer? Kannst du Fußball spielen, Basketball, kannst du schreiben, malen, singen, kochen oder tolle Geschichten über deine Heimat erzählen? Ja? Gut, dann bist du eine Bereicherung für uns. Ansonsten kannst du gleich wieder nach Hause gehen. Dieses Wort hat etwas davon, dass die Guten ruhig bleiben können, die, die Deutschland bereichern. Die, an denen Deutschland sich bereichert.

Aber so läuft das Spiel nicht, es gibt hier nun mal jede Menge nichtdeutschstämmiger Menschen und die sind hier und bleiben erst einmal; ob sie ein Gewinn für den Alltag und die Kultur sind oder nicht, spielt dabei keine Rolle. Es hat für mich etwas Anbiederndes, zu sagen: Seht mal her, ich mache euren Alltag bunter, habt mich doch lieb. Diese Zeiten sind einfach vorbei. Ich finde, heute müsste es heißen: Pow, hier bin ich, ihr müsst mich akzeptieren, was anderes bleibt euch nicht übrig. Wir sind hier keine Bittsteller, die ihre Vorzüge anpreisen müssen.

Wer kauft überhaupt diese Anthologien? Die üblichen Verdächtigen, oder? Und nur deshalb schreibe ich diesen Text, weil ich nicht weiß, wie ich diese Leute sonst erreichen soll: türkischstämmige Kulturinteressierte; die Redakteure von Radio Multikulti, ein paar Deutsche, die einen fremdländischen Partner haben; aufgeschlossene, Strickkleider tragende Mittvierzigerinnen, die im Restaurant *Bol Kepce Ciğ Köfte* bestellen und das auch noch richtig aussprechen können; an fremden Kulturen interessierte Globetrotter mit einem kleinlichen Hass auf ihre Heimat, diese Leute, die ihre Autos mit Aufklebern dekorieren wie: »Ausländer, bitte lasst uns mit diesen Deutschen nicht allein.« Was soll das denn, ich bin nicht hier, um euch Gesellschaft zu leisten, und wenn ihr mich nie auf eurem Beifahrersitz seht, so hat das seinen Grund.

Ich mutmaße, es sind nicht wenige umweltbewusste, weltoffene Menschen, die im Bioladen einkaufen und an der VHS einen Türkischkurs besuchen oder sich für Bauchtanz begeistern. Ich vermute, es sind Menschen wie die Dame, die nach einer meiner Lesungen bis ganz zum Schluss geblieben ist, bis die Bücher signiert und fast alle Gäste gegangen waren. So lange hat sie sich Zeit genommen, um mir schließlich folgende Frage zu stellen: »Haben Sie denn gar keine türkischen Wurzeln mehr?«

»Doch«, sage ich, »aber heute habe ich zufällig keine der Geschichten gelesen, die damit zu tun haben.«

Ich sage nicht, ich bin kein Baum, ich bin ein Mensch, ich brauche keine Wurzeln, die sind mir beim Zugfahren zu Lesungen sowieso nur hinderlich.

»Ja«, sagt sie, »ich hatte eigentlich etwas anderes erwartet. Ich bin sehr enttäuscht.«

Ich kann auf diese Multikultifaschos verzichten, die mir am liebsten die Themen vorgeben würden, über die ich schreiben soll.

Und bevor sich jetzt gleich wieder soundso viele Menschen persönlich angegriffen fühlen: Das sind Mutmaßungen und grobe Verallgemeinerungen, die dazu dienen, meinen Standpunkt zu verdeutlichen. Möglicherweise liegt kein Grund vor, diese Aussagen auf sich selbst zu beziehen.

Es gibt eine Zen-Geschichte, in der der Schüler zum Meister kommt und in einer bestimmten Sache um Rat fragt. Nachdem der Meister geantwortet hat, sagt der Schüler: »Aber Meister, letztes Jahr habe ich dich dasselbe gefragt, da hast du genau das Gegenteil geantwortet.«

»Siehst du«, sagt der Meister, »letztes Jahr hatte ich das Gefühl, du gehst zu sehr nach links, dieses Jahr habe ich das Gefühl, du gehst zu sehr nach rechts.«

Ich bin sehr weit davon entfernt, ein Meister zu sein, in welcher Disziplin auch immer. Ich habe unter anderem deswegen angefangen zu schreiben, weil ich keine Ahnung habe, weil ich nicht weiß, was gut ist in diesem Leben, was wahr und was richtig ist. Weil ich mich manchmal allein fühle und weil mir das Schreiben zuweilen einen Halt gibt, eine Möglichkeit, einer Welt zu begegnen, die ich nicht begreife.

Und wenn es nun vielleicht so scheint, als würde ich meine Herkunft leugnen wollen, dann nur, weil ich das Gefühl habe, dass zu viele versuchen, mich darauf zu reduzieren.

Autorenverzeichnis

Acevit, Murat, geboren 1981 in Recklinghausen, ist begeisterter Partygänger und studiert Modemanagement an der Hochschule Niederrhein in Mönchengladbach.

Alakuş, Buket, geboren 1971 in Istanbul, aufgewachsen in Hamburg, ist Filmregisseurin. Mit *Anam* gewann sie mehrere Preise. Ihr aktueller Film ist *Eine andere Liga.*

Asül, Django, geboren 1972 im Ort Hengersberg in Niederbayern, ist Kabarettist. Diverse Tourneen mit Soloprogrammen und TV-Auftritte. Django Asüls bürgerlicher Name ist übrigens Uğur Bağıslayıcı.

Atalay, Erdoğan, geboren 1966 in Hannover, ist Schauspieler. Als Hauptkommissar Semir Gerkhan spielt er seit langem erfolgreich in der Fernsehserie *Alarm für Cobra 11.* Er trat auch an großen deutschen Theaterbühnen auf.

Aydın, Ismail, geboren 1972 in Erzincan, wurde als sechs Monate junges Baby von seinen Eltern mit nach Deutschland gebracht. Er ist gelernter Industriekaufmann und lebt als Musiker in Mannheim.

Batman, Güncer, geboren 1981 in Bochum, studiert Textilmanagement an der Akademie für Modedesign in Düsseldorf. Sein zweites Praktikum absolvierte er in Südafrika.

Bayraktar, Murad, geboren 1974 in Witten, ist Redakteur der türkischen Radiosendung *Köln Radyosu* beim Westdeutschen Rundfunk. Er lebte von seinem 10. bis 22. Lebensjahr in Istanbul und studierte anschließend in Bochum Anglistik und Soziologie.

Büyrü, Canan, geboren 1972 in Bochum, ist wissenschaftliche Mitarbeiterin am Institut für Medienwissenschaft an der Ruhr-Universität Bochum. Sie moderiert im Sprachmix auf Deutsch und Türkisch die Kultsendung *Çılgın* im WDR Funkhaus Europa.

Çevikkollu, Fatih, geboren 1972, spielt Murat in der RTL-Fernsehserie *Alles Atze*. Er studierte an der Ernst-Busch-Schauspielschule in Berlin und arbeitet heute u. a. am Düsseldorfer Staatstheater.

Deniz, Yıldız, geboren 1959 in Istanbul, lebt seit 1966 in Deutschland. Sie arbeitete zunächst als Dolmetscherin und Pädagogin, bevor sie als Autorin für den Rundfunk tätig wurde. Heute ist sie Redakteurin bei Funkhaus Europa im WDR.

Ergeç, Selma, geboren 1978 in Hamm, ist Model und Schauspielerin. Sie wirkte in der türkischen Fernsehserie *Yarım Elma* mit und ist in türkischen Musikvideos und Fernsehwerbespots zu sehen. Sie ist die Tochter eines türkischen Arztes und einer deutschen Krankenschwester.

Ergün, Erci, geboren 1973, war Bandmitglied der legendären Gruppe *Cartel*. Er studierte Politikwissenschaften und lebt heute als Musiker, Produzent und Radiomoderator in Berlin.

Günar, Sülbiye V., geboren 1973 in Stuttgart, ist Filmregisseurin und Autorin. Sie studierte an der Filmakademie Berlin und hat seither zwei Spielfilme mit den Titeln *Karamuk* (Prix Cifej 2003, Jury Award Creteil 2003, ARD Civis Medienpreis 2004) und *Saniyes Lust* realisiert.

Haslaman, Hakan, geboren 1974 im Schwarzwald, ist in deutschen und internationalen Filmen als Stuntman zu sehen. Er studierte Medienmanagement und betreibt seit seinem dritten Lebensjahr Kampfsport. Hakan Haslaman ist Mitglied der *Taurus Hollywood World Stunt Awards Academy* und hat eine eigene »Stuntproduction Firma« in Berlin.

Ipekçioğlu, Ipek, geboren 1972 in München, ist in der Musikszene als DJ Ipek bekannt. Sie lebt in Berlin und ist überzeugte Kreuztanbulerin. Ipek Ipekçioğlu ist international als Eventmanagerin, DJ und Sounddesignerin tätig.

Özdemir, Cem, geboren 1965 in Bad Urach, ist für die Grünen seit 2004 im Europäischen Parlament.

Özdoğan, Selim, geboren 1971 in Köln, ist Schriftsteller (*Es ist so einsam im Sattel, seit das Pferd tot ist*). Neu 2005: *Die Tochter des Schmieds*.

Pamuk, Kerim, geboren 1970 an der türkischen Schwarzmeerküste, ist Kabarettist und Buchautor *(Sprich langsam, Türke!)*. Für den Kinofilm *Süperseks* schrieb er das Drehbuch und stand selbst vor der Kamera. Kerim Pamuk lebt in Hamburg.

Selen Okatan, Fikriye, geboren 1978, hat den Amateurboxsport für Frauen in Deutschland und in der Türkei bekannt gemacht. Sie hat mehrere deutsche und türkische Titel errungen und wurde Europameisterin in ihrer Gewichtsklasse. Heute lebt sie als Betriebswirtin in New York.

Sevindim, Aslı, geboren 1973 in Duisburg, moderiert beim Westdeutschen Rundfunk in Köln das Fernsehmagazin *CosmoTV* und im Radio (Funkhaus Europa) *Cosme*.

Somuncu, Serdar, geboren 1968 in Istanbul, ist studierter Schauspieler und Regisseur. Bekannt wurde er in ganz Europa vor allem durch seine kabarettistischen Lesungen aus Adolf Hitlers *Mein Kampf*. 2004 gewann er den renommierten *Prix Pantheon*.

Talay, Türkiz, geboren 1974 in Berlin, ist als Schauspielerin aus zahlreichen deutschen Fernseh- und Kinofilmen bekannt, wie z. B. der RTL-Serie *SK-Babies*. Derzeit spielt sie in der SAT1-Serie *Alphateam* eine türkische Ärztin.

Topçu, Canan, geboren 1965 in Bursa, ist Redakteurin bei der *Frankfurter Rundschau* und Lehrbeauftragte an der Fachhochschule Darmstadt im Studiengang Online-Journalismus. Sie hat Literaturwissenschaft und Geschichte studiert. Ihre Geschichte *Pendeln* ist bereits in der *Zeit* erschienen.

Uğurlu, Aisha, geboren 1981 in Köln, ist Jurastudentin. Sie hat vier Geschwister und ist in der Muslimischen Jugend Köln aktiv.

Anmerkung: Einige dieser Texte wurden, meist in kürzeren Fassungen, bereits in WDR Funkhaus Europa, in der *Westdeutschen Allgemeinen Zeitung* oder in der *Zeit* veröffentlicht.